KB142571

혁신학교,
행복한 배움을
꿈꾸다

혁신학교, 행복한 배움을 꿈꾸다
(혁신학교 최초 기획자의 행복한 교육 멘토링)

[행복한 교과서®] 시리즈 No.14

지은이 | 이성대
발행인 | 홍종남

2015년   4월 16일 1판 1쇄 발행
2015년   8월 15일 1판 2쇄 발행
2017년 12월 24일 1판 3쇄 발행(총 5,000부 발행)

이 책을 만든 사람들
책임 기획 | 교육연구소 배움, 홍종남
북 디자인 | 김효정
교정 교열 | 주경숙
출판 마케팅 | 김경아

이 책을 함께 만든 사람들
종이 | 제이피씨 정동수·정충엽
제작 및 인쇄 | 다오기획 김대식, 알래스카커뮤니케이션 장준우·김은재

펴낸곳 | 행복한미래
출판등록 | 2011년 4월 5일. 제 399-2011-000013호
주소 | 경기도 남양주시 도농로 34, 부영e그린타운 301동 301호(도농동)
전화 | 02-337-8958   팩스 | 031-556-8951
홈페이지 | www.bookeditor.co.kr
도서 문의(출판사 e-mail) | ahasaram@hanmail.net
내용 문의(지은이 e-mail) | jungam@gmail.com
※ 이 책을 읽다가 궁금한 점이 있을 때는 지은이의 e-mail을 이용해주세요.

ⓒ 이성대, 2015
ISBN 979-11-86463-01-7
〈행복한미래〉 도서 번호 032

혁신학교 최초 기획자의 행복한 교육 멘토링

혁신학교,
행복한 배움을
꿈꾸다

|이성대 지음|

행복한미래

혁신교육과 함께한 시간,
행복한 꿈을 꾸다

꿈을 꾸는 것은 행복한 일이다. 꿈을 꿀 수 있는 것은 행운이다. 경기도교육청에서 3년을 지내면서, 아무도 기대하지 않았던 희망을 꿈꾸면서 우리는 대한민국 교육의 변화를 이끌어내었다. 그렇게 혁신학교가 시작된 지도 벌써 5년이 흘렀다. 얼떨결에 합류한 선거는 어렵다는 모두의 예상을 뒤엎고 김상곤 교육감의 당선과 함께 새로운 역사의 시작을 준비하는 과정이었다. 14개월짜리 교육감이라는 한계를 안고 출발하는 김상곤 호를 지켜내기 위해서 학교를 휴직하고 교육청에 합류할 때만 해도 내 앞에 어떤 일들이 벌어질지 상상하지 못했다. 그렇게 시작한 혁신교육과 나의 교육청 생활은 늘 긴장과 사투의 연속이었다. 그러나 늘 꿈을 꾸고 그것이 현실화되는 것을 지켜볼 수 있는 행복한 시간들이었기도 하다.

김상곤 교육감과의 인연은 전국교수노동조합 시절로 거슬러 올라간다. 김상곤 교육감은 교수노조의 창립에 주도적인 역할을 하였고, 당신이 위원장을 하던 시절 함께 일하게 되었다. 김 교육감에 대한 기억은 조직을 이끄는 탁월한 능력과 철저함이다. 내 기억으로는 일주일마다 하는 간부회의를 일 년 동안 50번을 해서 모든 교수들이 혀를 내두를 정도로 철저했다. 참고로 일 년은 52주이다. 나에게는 존경의 대상이었고 닮고 싶은 멘토였다.

그래서 미국에서 교육학을 전공하고 귀국한 지 이틀 만에 만난 김 교육감이 "나 사고 쳤어. 이 선생이 도와줄 거지?"라는 한마디에 단 일 초의 주저함도 없이 "당연히 해야지요."라고 대답할 수 있었던 것이다. 그 사고란 바로 교육감 선거 출마였고, 마침 미국에서 교육학을 전공하고 아이들을 미국에서 초등학교와 고등학교를 보낸 경험으로 혁신교육의 틀을 만들게 되었다.

짧지 않았던 그 시간을 돌아보면 어렵고 힘든 일도 많았다. 그래서 보람과 자부심을 느끼지만 한편으로는 아쉬움과 미안한 마음도 크다. 가장 큰 아쉬움으로 남는 것은 교사들과 학부모들에게 했던 약속을 다 지키지 못한 것이다. 이 부분은 두고두고 마음에 걸린다. 혁신학교를 시작하면서 현장의 교사들과 학부모를 만나면 이들의 걱정은 하나였다. '다 좋다. 전적으로 동의한다. 그런데 이거 시작만 해놓고 떠나버리면 그건 누가 책임질 거냐?'라는 것이었다. 그때마다 '걱정하지 마라. 우리가 진심으로 정책을 추진하면 모든 사람들이 알아줄 것이고 그렇게 10년만 가면 누구도 돌이킬 수 없는 커다란 흐름이 될 것이다. 그렇게 함께 만들어 가자.'라고 설득했었다. 그때는 정말 그렇게 믿었다. 우리가 하는 일은 교육의 본질을 위한 것이었고 그렇게 해보니 진짜 학교가 바뀌기 시작했기 때문이다. 이대로 10년만 밀고 나가면 그 누구도 되돌릴 수 없는 큰 물줄기를 만들 수 있다고 믿었다. 그리고 한눈팔지 않고 오직 그 길에 헌신할 수 있을 것으로 확신했다. 그러나 사람 마음은 알 수 없는 것이었다. 나는 내가 책임질 수 없는 약속을 했고 그것이 마음을 짓누르는 부담이 되고 있다. 다른 역할로라도 언젠가는 그 미안함을 씻고 싶은 마음이다.

혁신학교로 대표되는 혁신교육은 우리 교육에 있어서 큰 의미를 갖는다. 우리나라 교육의 흐름을 바꾸어 놓은 일대의 사건이기도 하다. 혹자들은 김상곤 교육감의 당선이 현재의 13개 교육청의 진보교육감을 탄생시키는 계기가 되었다고 한다. 이것도 맞는 말이다. 그러나 더 정확히는 혁신교육의 성공이 진보교육감의 시대를 만들어낸 것이다. 처음 혁신교육, 그리고 혁신학교가 나왔을 때 많은 사람들이 방향도 맞고 옳은 이야기라는 데는 동의했다. 그러나 아무도 그것이 성공할 것이라고는 생각하지 않았다. 우리 교육의 문제가 무엇인지는 다들 알고 있었다. 그러나 그 문제를 해결하기 위한 해결책으로 내세운 정책들은 거의 모두 실패했기 때문에 혁신교육도 곧 사라질 것이라고 생각했던 것이다.

그런데 이상한 일이 벌어졌다. 뭔가 되어가는 조짐이 보이기 시작한 것이다. 학교가 서서히 꿈틀거리고 학부모들 사이에서 열광적인 반응들이 쏟아지면서 혁신학교는 기존의 정책과는 다르다는 인식이 싹트게 되었다. 이것이 전국적으로 진보교육감에 대한 기대를 높였던 것이라고 평가할 수 있을 것이다.

이제 우리는 혁신교육에 대한 국민들의 기대를 안고 이것을 지속시키고 발전시켜야 할 책임이 있다. 그래서 혁신교육의 의미와 정책을 추진하면서 경험했던 일들을 글로 써야겠다는 마음을 먹게 된 것이다. 결심을 하고도 책이 나오기까지는 매우 오래 걸렸다. 단순히 경험만을 늘어놓는 것보다는, 정책의 의미와 철학을 체계적으로 정리하고 여러 가지 정책들의 역할을 자세히 설명하는 것이 내가 할 일이라고 생각했기 때문이다. 이런 내용들이 이제 막 혁신학교를 시작하는 다른 지역에서 제대로 된 혁신교육을 실천하고, 그것이 학교를 바꾸는 데 도움이 되기를 바라는 마음과 책임감이 담겨 있음을 밝혀두고 싶다.

교육청 생활의 또 다른 행복은 많은 사람들을 만난 것이다. 현장에서 만난 학부모, 교사들, 관리자들이 나에게는 늘 배움을 주는 소중한 존재들이다. 그들의 열정과 순수함은 늘 나를 채찍질하게 하는 힘이었고, 아이들을 바라보는 그들의 눈을 통해 정책의 방향을 가다듬을 수 있었다. 현장을 잘 안다고 생각하는 사람들에게, 자신이 알고 있는 그 현장이 의외로 제한되어 있음을 깨달아야 한다고 이야기하고 싶다. 교사나 학부모를 만나면 만날수록 그들의 이야기는 다양하고 복잡하다는 것을 깨닫게 되기 때문이다. 현장에는 대단한 강호의 고수들과 열정으로 가득 찬 교사들이 있다. 그분들의 이야기를 듣고 수업을 보면서 진심으로 희망을 보았고 감동했다. 그것이 온갖 공격에도 불구하고 초심을 밀고 나갈 수 있었던 힘이 되었음을 고백하며, 지면을 통해 감사하고 싶다. 그리고 함께 프로젝트 수업을 연구하던 교사연구팀은 나에게 교실의 세밀한 모습까지 이해시켜준 귀한 동료들이다. 주말마다 밤늦게까지 서로 머리를 맞대고 토론하고 고민하면서도 그것을 실천으로 옮기려는 생각으로 머릿속이 복잡했던 그 열정이 학교가 바뀔 수 있다는 믿음을 주었다. 이런 대단한 교사들을 만난 것은 행운이었다.

그리고 나의 멘토가 된 직원들에게 늘 감사하는 마음을 가지고 있다. 우리의 생각과 달리 공무원들은 대단히 유능하다. 모두가 놀랄 정도로 빨리 교육청 업무에 적응할 수 있었던 것은 나에게 끊임없이 조언하고 실수하지 않도록 도와준, 지금은 사무관이 된 우리 팀의 차석이었던 한 모 사무관 덕분이다. 나는 지금도 어디에서나 나의 멘토라고 이야기한다. 공무원들은 누가 기관장이 되던 그 방향에 맞게 최선을 다하는 것이 의무이다. 그런 면에서 우리 부서의 직원들은 최고였다. 자신들이 지금까지 해온 정책과 전혀 다른 방향으로 가야 함에도 불구하고 최선을 다해준 덕분에 여러 가지 가볍지 않은 성과를 낼 수 있었다. 관료나 공무원들을 적대시하는 분위기는 결코 도움이 되지 않는다. 그들을 잘 설득하고 격려하면 우리가 기대한 것 이상의 성과를 보여준다. 행정 경험이 없는 사람들이 대거 교육청에 진입해서 겪을 수밖에 없는 여러 가지 시행착오나 갈등을 줄이고 조직이 안정적으로 갈 수 있는 방법이기도 하다.

혁신교육의 철학에 동의해서 늘 나를 격려해주고 오류를 줄일 수 있도록 도와준 것은 장학관, 장학사와 현장의 교사들이다. 혁신학교 전도사를 자처한 혁신학교 교사들, NTTP를 헌신적으로 추진해준 담당 장학사와 지원단, 배움중심수업의 확산에 총대를 메고 나섰던 교수학습과장, 혁신교육지구 사업에 신명나게 뛰어들었던 파견교사들. 이분들이 혁신교육을 만들어간 숨은 공로자들이다.

한편으로 필자는 정책과 예산을 총괄하면서 나름대로 일관성과 체계성을 갖춘 정책을 추진하려고 했고, 그것이 효과를 발휘했다는 점에서는 자부심을 가지고 있다. 경기도교육청의 혁신교육정책은 늘 교육의 본질을 고민하는 자세를 유지하고 수많은 토론을 거쳐서 나온 것이다. 혁신교육을 실천하기 위한 세부적인 과제들은 현장의 교사들과 전문가들이 함께 참여한 집담회를 통해서 만들어졌고, 이것을 실천하는 것도 현장의 힘을 빌었기 때문에 큰 무리 없이 잘 정착되었다. 내 경험으로는 현장을 잘 안다고 생각하는 사람들은 오히려 현장과 소통하는 노력을 게을리한다. 너무 잘 알고 있다고 생각해서 나오는 오류인 듯하다. 많은 이야기를 듣고 검토에 검토를 거듭하지 않으면 반드시라고 해도 좋을 정도로 생각하지 않았던 문제가 튀어나온다.

이렇게 혁신교육은 교육의 본질을 되찾기 위한 수많은 사람들의 노력으로 함께 만들어간 새로운 길이다. 학교의 문화를 바꾸고 교사들의 자발성과 헌신성을 되찾고 모두가 성장하는 학교를 만들어가기 위한 희망을 꿈꾸는 일이었다. 무엇보다 혁신교육은 양주동 선생의 《몇어찌》에서 말하는 '아찔한 현기증' 즉 배움이 주는 충격의 순간을 느끼는 아이들을 길러내는 일이다. 이런 아이들을 꿈꾸면서 교사들은 변해갔다. 이렇게 교사들이 바뀌고 그것은 학교의 변화로 나타나고 있다. 그것은 아이들의 변화를 끌어내고 있으며, 학력에서도 혁신학교의 성과가 나오기 시작하고 있다.

이렇게 혁신교육은 학교현장의 자발성을 기반으로 그 물줄기를 만들어가고 있으며 아직 진행 중이다. 그 물길을 확고하게 터놓지 못한 것이 못내 마음에 걸리지만 교사들의 자발적인 움직임은 희망을 갖기에 충분하다고 생각된다. 혁신교육, 그리고 혁신학교는 우리 교육을 변화시키는 기폭제

가 되었다. 이제 그 흐름이 교육의 변화를 도도하게 이어가고 교육의 변화
가 세상을 바꾸는 거대한 힘을 끌어내게 되기를 희망한다.

　마지막으로 아이들의 행복한 삶을 위한 일을 한다면서 정작 우리 아이
들에게 좋은 부모이지 못했던 것은 너무도 미안한 일이다. 나의 사랑하는
아이들 슬, 강에게 이 책을 바친다.

차례

3부   학교 문화의 리모델링이 필요하다   84

1부

혁신학교,
새로운 교육을
상상하다

우리 아이들이 살아가야 할 '가까운' 미래와 '먼' 미래

1

앞으로 인간은 평균적으로 얼마나 살게 될까? 전문가마다 다른 예측을 하지만 적어도 현재의 아이들은 100세는 너끈히 살게 될 것 같다. 현재의 중년들도 건강관리만 잘하면 100세까지 사는 것이 어렵진 않을 것이다. 그러나 오래 사는 것이 과연 행운일까? 오래 살 준비는 되어 있는가? 스스로에게 물어봐야 할 일이다. 은퇴 후에는 뭘 하면서 살아온 만큼이나 남은 긴 삶을 살아갈 것인가? 보험이라도 열심히 들어야 하는 건 아닌지 모르겠다.

교직이나 공무원이 아니라면 평균적으로 50대 초반에 은퇴하게 된다. 은퇴 후에 남은 100세까지의 삶을 아무것도 하지 않고 무의미하게 살 수는 없을 것이다. 그래서 미래사회의 변화와 모습에 대한 이해는 우리 아이들만의 문제일 수 없다. 내가 살아야 할 가까운 미래만 해도 상상할 수 없는 전혀 다른 세상이 펼쳐질 수 있기 때문이다.

미래사회의 첫 번째 특징은 지식과 정보가 폭증할 뿐만 아니라 지식과 정보의 생성 주기가 급속히 단축된다는 점이다. 이로 인해 사회의 변화 또한 급격하게 이루어질 것이라 예측되고 있다. 과거에 우리가 상상했던 것과는 전혀 다른 세상이 펼쳐질 것이다. 한마디로 불확실성의 시대가 다가오고 있다. 이미 우리는 이런 전조를 보고 있다. 하루하루 변화의 속도를 따라잡기 힘든 상황이 되고 있고, 더 편하자고 만든 기술이 더 많은 것을 요구하며 우리의 삶을 더 복잡하고 힘들게 한다. 미래학자들의 예측 중 가장 정확한 것이 "미래란 예측할 수 없을 정도로 모호하다."라는 말이라는 게 농담만은 아닌 듯하다.

바꿔 말하면 평생 배우면서 살아야 하는 시대가 오고 있다는 것이다. 과거에 배웠던 사실은 이미 낡아 더 이상 쓸모가 없고, 새로운 시스템에 적응하기 위해서는 다시 배워야 한다. 스마트 폰이 나왔을 때 50대 이후 세대들은 처음에는 거부감을 보였지만, 열심히 배워 이제 문자서비스보다는 앱의 톡 기능을 더 많이 사용한다. 70세가 넘으신 노모가 카톡으로 말을 걸어왔을 때의 그 생경함은 이제 익숙함으로 바뀌었다. 그렇게 진화하는 것이다. 단순해 보이지만 이것이 사회의 변화를 단적으로 보여주는 사례이다. 이런 증거들은 주변에서 수도 없이 찾아볼 수 있다. 굳이 복잡한 기술적인 문제를 거론하지 않더라도 내 캐비닛 안에 굴러다니는 플로피디스크가 그렇고, 장식용으로만 존재하는 LP판도 마찬가지이다. 친숙했던 것이지만 이제는 사용할 수 없다.

또 우리는 인터넷 뱅킹이 일반화된 시대, 핸드폰이 없으면 본인인증이 안 되는 시대에 살고 있다. 스마트폰을 쓰지 않겠다고 굳게 결심한 사람들은 인터넷 거래나 인터넷 뱅킹 같은 것을 하지 않고 살면 된다. 수많은 불편함과 손해를 감수할 각오가 되어 있다면 말이다. 사실 스마트폰을 이용한 거래나 앱을 사용하는 것은 컴퓨터를 사용하는 것과 마찬가지이다. 다시 말하면 거의 모든 국민들이 컴퓨터를 사용하는 그런 시대가 된 것이다. 불과 몇 년 전만 해도 컴퓨터는 배우기 어렵고 복잡해서 젊은 사람들이나 쓰는, 부럽긴 하지만 굳이 배우고 싶지는 않은, 그런 그림의 떡이었던 것을 생각하면 격세지감이란 말이 절로 나온다.

이렇게 세상은 급속도로 점점 더 많은 부분에서 변화가 일어나고 있다. 그런 세상에서는 개인이 살아가기 위해 배워야 할 것도 점점 늘어난다. 이

사회를 등지고 단절된 삶을 살겠다면 문제가 되지 않겠지만 이 사회의 시스템 안에서 벗어날 수 없다면 평생 배워야 하는 사회에 살게 될 것은 확실해 보인다.

미래사회의 또 다른 특징은 복잡성이다. 다중의 참여와 소통에 의해 지식과 정보의 생산과 유통이 이루어지고, 생산자나 공급자 중심으로 이루어지던 제품의 기능과 서비스가 이용자 중심으로 발전해 나가는 특징을 보이는 것이다. 이러한 현상의 대표적인 사례로 위키피디아, Lunch 2.0, 아이폰의 성공 요인을 들 수 있다. 이것은 미래사회가 기존의 폐쇄적이고 경쟁중심의 사고가 지배하는 구조에서 개방과 협력의 사고가 강조되는 사회로 변화하고 있다는 것을 보여준다. 또 다원화와 지식자본의 확대에 따라 한 개인의 능력으로 해결할 수 있는 문제는 점점 줄어들고, 집단적 작업에 비하면 그 효율도 많이 떨어진다. 따라서 학교교육은 건강하게 경쟁하면서 협력하는 새로운 패러다임에 적합한 가치를 교육해야 할 것이다.

개인과 개인, 개인과 사회, 사회와 사회를 연결하는 네트워크의 중요성이 무엇보다 강조된다. 사회가 다양해지고 복잡해질수록 우리가 직면하는 문제 또한 다양한 성격을 가지고 복잡해진다. 이런 성격의 문제를 해결하기 위해서는 한 개인의 능력이 아닌 다양한 분야의 전문성과 경험이 통합되어야 한다. 다양한 사람들이 협력할 수 있는 방법이 서로를 연결하는 네트워크이기 때문에 미래사회에서는 이러한 네트워크의 중요성이 더욱 커질 것이다.

다음은 노동시장의 변화이다. 이미 평생직장이라는 의미는 사라진 지오래이지만 미래사회에서는 정규직은 더 줄어들고 시간제, 임시직, 계약직 등이 대세가 될 것이다. 직장만이 아니라 직업 또한 전 생애를 거쳐 여러 번 바뀌게 될 것이다. 많은 직업들이 빈번하게 사라지고 새롭게 만들어질 것이며, 평생 같은 직업을 갖는다는 것이 특별한 일이 될 것이라고 예측되고 있다. 직업이 바뀐다는 것은 새로운 능력을 요구하는 것이다. 따라서 새로운 직업을 찾으려면 그에 걸맞은 능력을 갖추기 위한 학습이 필요해진다.

이쯤 되면 평생학습사회를 지금과는 다르게 인식할 필요가 있다. 흔히들 평생교육이란 취미생활이나 여가활동 정도로 생각하지만, 이제 평생교육은 직업의 유지와 전환을 위한 필수 과정이 된 것이다. 평생학습은 자기주도적인 특성이 강하다. 자신의 삶을 의미 있게 만들기 위해 늘 사회의 변화를 읽고 준비하고 능력을 갖추는 일은 누군가가 지시하고 간섭해서 될 일이 아니다. 다 큰 성인이 자신의 인생을 설계하고 거기에 맞는 준비를 하는 것은 오로지 자신의 몫이자 책임이기 때문이다. 그러나 이런 능력은 하루아침에 생기는 것이 아니기 때문에 오랜 시간 동안의 훈련이 필요하다. 스스로 학습하는 능력을 어려서부터 길러야 한다고 말하는, 또 중앙정부나 지방자치단체가 평생교육에 관심을 기울이는 이유이기도 하다. 이제 좋은 국가, 좋은 고장이 되려면 사회적으로 지속적인 학습을 지원하는 평생학습사회로의 전환이 필요하다. 그러기 위해서는 스스로 지식과 정보를 확보하고 생성하는 자율적 학습능력(자기주도 학습능력)과 타인과 협력하여 문제를 해결하는 협동적 작업능력이 요구된다. 세상이 너무 빠르게 변화하니 정보를 받아들이고 해석하고 내 것으로 만드는 능력이 필요하다. 너무 빨리 많은 것이 변하므로 함께 협력하지 않으면 문제를 해결하지 못하는 경우가 대부분이기 때문이다.

그 외에도 세계화로 국경의 장벽이 없어지고, 일인 미디어시대의 도래로 개인의 의견이 미치는 영향력이 확대되는 등 많은 특징이 있지만 교육과 관련된 특징은 이 정도로 정리할 수 있겠다.

학교, 진정한 학력을 위한 변화

2

이제 미래사회와 우리 교육 현실이 전혀 다른 방향으로 달려가고 있다는 것이 보일 것이다. 학교와 교육이 비판을 받는 이유는 미래사회의 변화에 적응하지 못하고 시대에 뒤처지고 있기 때문이다. 18세기의 교육시스템을 가진, 19세기의 학교에서, 20세기의 교사들이, 21세기를 사는 아이들을 가르치는 것이 오늘날의 교육이라는 비유가 결코 근거 없는 것은 아닐 것이다. 심하게 말하면 시대를 역행하고 있는 것일 수도 있다. 문제의 원인은 여러 가지이지만 특히나 산업화시대에 확립된 교육의 목적과 인식이 그대로 굳어져서 학습내용의 객관성이나 절대성에 대한 맹신이 확고하고 광범위하게 자리 잡고 있기 때문이라고 볼 수 있다.

영국의 저명한 교육자 켄 로빈슨은 우리가 교육개혁을 이야기해야 하는 이유는 현재의 교육시스템이 다른 시대를 위해서 디자인되고 구상되었으며 구조화되어 있다는 사실 때문이라고 했다. 현재의 공교육 시스템은 계몽주의 시대의 지성주의 문화와 산업혁명 시대의 경제적 상황 속에서 만들어졌다. 공교육의 탄생은 당시의 경제적 필요에 의한 영향이 컸음을 알 수 있다. 또 켄 로빈슨은 그 핵심적인 아이디어를 '지성적 사고모델'이라고 분석했다. 계몽시대 당시의 지배적인 관점이었던 지성적 사고모델은 '지성'이 특정한 연역적 사고력과 고전문학에 대한 지식으로 구성된다고 보았으며, 오늘날 우리는 이것을 '학업능력'이라고 부른다. 로빈슨의 분석은 오늘날 공교육의 저변에 깔려 있는 기본관념에 대해 비판적이며, 이러한 관념이 사람을 두 가지 유형으로 분류한다는 점에 문제를 제기하고 있다. 계몽주의 시대의 지성적 사고모델은 인간을 학구적인 사람과 학구적이지 않은 사람, 똑똑한 사람과 똑똑하지 않은 사람으로 구분하는데, 이런 분류의 문제는 많은 특출한 능력을 가진 사람들이 자신들을 그렇지 않은 사람으로 생각하게 만든다는 것이다. 세상이 그들을 이 특정이론에 기초한 잣대로 평가하는 한 그들이 가진 다른 뛰어난 능력들은 쇠퇴될 수밖에 없기 때문이다.

사회의 변화와 다양화로 이제 지식은 완성된 것, 고정불변한 것이 아니라 늘 다양하게 변화하고 새로운 생성의 과정을 거쳐 신지식으로 창조된다. 거기서 멈추는 것이 아니라 다시 재창조의 과정을 거쳐 확대, 발전되는 것으로 이해되고 있다. 그것이 창의적인 사회, 다양성의 사회의 특징이다. 그럼에도 불구하고 여전히 학교에서는 다양성과 창의성을 자극하는 교육이 아닌 획일화된 Text(교과서)를 이용한 교사 위주의 일방적인 가르침이 이루어지고 있다.

또 학교는 교육의 중요한 측면을 외면하고 있다. 지식의 전달과 성적 경쟁에 매몰된 학교는 역설적으로 학력을 무시하는 결과를 가져왔다. 학력을 높이는 것이 학교의 책임이자 중요한 역할이라는 필자의 입장은 확고하다. 아이들의 학력에 관심이 없다면 학교가 존재해야 할 가장 근본적인 이유를 부정하는 것이다. 물론 학교가 해야 할 다른 역할들도 있다. 그러나 그것은 꼭 학교가 아니면 안 되는, 학교만이 할 수 있는 역할은 아니다. 아이들의 삶과 미래를 위해 제대로 된 학력을 키워야 하는 학교의 역할은 최우선적인 목표가 되어야 한다.

성적경쟁과 맹목적인 문제풀이식 입시대비가 아이들의 학력을 높이는지에 대해 제대로 살펴봐야 한다. 학력을 다른 의미, 즉 세상을 살아가는

데 필요한 중요한 가치로 보지 않고 단순히 평가에서 좋은 결과를 얻는 것으로 제한하더라도 이런 방식의 교육은 문제가 있다. 어떻게 보면 학교는 더 힘들고 더 많은 노력이 필요한 것들을 외면할 수 있는 좋은 핑계로 입시라는 괴물을 이용하고 있는지도 모르겠다.

세월호의 비극, 수동적인 사고 VS 자유로운 사고

3

아이들을 입시와 성적경쟁의 틀 안에 가두는 것은 자유로운 사고와 스스로 판단하는 능력을 제한하는 것이다. 그런 문화에서는 각종 규칙과 권리의 제한으로 학생들을 대상화하고, 타율적인 존재로 길들이는 것이 가능하다. 그러나 이러한 학교의 특성들은 교사들의 자기효능감과 자발적이고 능동적인 참여 의지를 저하시키는 역작용을 초래하기도 한다.

이런 학교문화가 세월호 사건에서 아이들이 보여준 수동적인 모습을 만들어낸 것인지도 모르겠다. 세월호 사건은 우리 사회에 엄청난 문제의식을 던지고 있다. 교육계에도 마찬가지이다. 모든 국민들이 가슴 아파하고 쉽게 그 여파가 가라앉지 않는 이유는 우리 눈앞에서 생때같은 아이들이 죽어가는 것을 온 국민이 바라보고만 있었다는 자괴감과 죄책감, 그리고 분노가 한데 뒤엉켜서일 것이다.

그렇게 많은 아이들이 어처구니없이 희생된 것에 대해서 여러 가지 논란이 있다. 그런 위급상황에서는 중앙통제를 따르는 것이 옳고 그래야 혼란으로 인한 더 큰 사고를 막을 수 있다고 주장하는 사람들도 있다. 그러나 중앙의 통제가 무너졌을 때 어찌해야 하는지, 그것을 판단하는 능력을 갖추지 못한 사람들이 당하는 불행은 너무도 가혹하다. 대구 지하철 참사 때도 이미 그런 사례를 보았다. 그때도 역시 가만히 있으라고 해서 가만히 있었던 사람들만 희생된 것이다. 가만히 있으라고 한다고 가만히 있는 자기 판단의 부재를 이야기해야 하지 않을까? 우리 아이들이 긴급한 절체절명의 순간에 중앙통제의 적절함을 판단할 능력이 없었던 것은 아닐까? 살아난 아이들 중에는 배가 기우는데도 가만히 있으라는 말이 도대체 이상해서 스스로의 판단으로 밖으로 뛰쳐나온 아이들이 있지 않을까? 구조되려면 갑판에 나가 있어야 하는 것이 아닌지 의문을 가진 아이들 말이다.

필자는 평소에도 반항하는 아이들을 사랑하고 그 아이들을 눈여겨보라고 강조했는데, 그런 아이들일수록 자기 생각이 강한 아이들인 경우가 많기 때문이다. 자기주장이 뚜렷하고 분명한 아이들은 의문이 많고 그 의문이 풀리지 않으면 수긍하지 않게 된다. 스스로 설득되어야 하는 것이다. 이런 아이들은 절박한 상황에서 자기 스스로가 납득할 수 있는 방향으로 행동하게 된다. 어떤 선택이든 스스로의 책임이므로 아쉬움은 덜할 것이다. 그냥 시키는 대로 따르지 않는다고 아이들을 나무라고 문제아 취급하면 수동적이고 자기 판단을 배제하는 아이들로 자라게 된다. 그런 아이들은 위기 상황에서도 자신의 판단이 아니라 외부의 판단에 의존하게 되는 것이다.

아이들 하나하나를 설득하고 이해시키는 것은 힘들고 많은 정력이 필요하다. 참고 또 참지 않으면 웬만해서는 성공하기 어렵다. 그에 비해 강압과 폭력을 동원하는 방법은 어떨까? 바로 효과가 나타나며 손쉽다. 그러나 서로에게 상처만 남기는 최악의 수단인 것도 사실이다. 어른들이 선택한 손쉬운 길은 아이들과의 벽을 만들고 아이들을 수동적이고 자립심이 없는 존재로 만들게 된다. 그렇게 키웠으면서도 정작 어른들이 기대한 것은 그런 아이들이 아니었으므로 혼란과 자괴감에 빠지게 된다. 아이들이 받은 악영향은 아이들에게서 그치는 것이 아니라 그렇게 무기력한 아이들을 보는 부모와 교사들의 자존감과 사기에도 영향을 미친다. 아이들이 성장하는 모습에서 가장 큰 보람을 느끼는 존재 역시 부모와 교사이기 때문이다.

어느 순간 소통을 거부하고 대화를 단절하는 아이들을 보면서 부모들은 혼란에 빠지게 된다. 이런 부모들의 공통적인 반응은 '내가 얼마나 희생했는데, 쟤가 왜 저러는지 모르겠다.'이다. 골은 점점 더 깊어지고 수습 불가, 자포자기 상태에 빠지게 되는데 그러면서 부모는 절망스러운 상태가 된다. 교사들도 마찬가지이다. 희망 없는 눈빛으로 아무것도 하지 않으려는 아이들을 매일 마주하는 것은 아무리 의욕이 없는 교사라도 참기 힘든 고통이다. 이런 상황에서 교사의 사기는 바닥으로 내려앉게 되고 교사들의 사기 저하는 다시 직접적으로 학생들에게 전파된다. 이러한 학교일수록 역설적으로 학생의 인권이나 자율권을 심하게 제한하는 악순환이 더해지고, 학생들이 점점 학교에서 멀어지게 만드는 결과를 초래한다. 이 악순환을 끝내지 않으면 학교와 학생, 모두가 실패자가 될 것이다.

해결책은 전혀 복잡하지도 멀리 있지도 않다. 누군가 먼저 이 악순환의 고리를 끊어야 하며, 그 누군가는 학교와 교사가 되어야 한다. 선생님의 마음에 아이들은 늘 좀 부족하고 못마땅해 보인다. '조금만 더 하면 좋을 텐데 왜 저것밖에 못 하지.'라는 마음이 드는 것이 당연하다. 아이들의 행동이 이해되지 않을 때 화가 날 수도 있다. 선생님이나 기존의 질서를 존중하지 않는 것처럼 보일 때 욱하고 치밀어 오르는 것이 한두 번이 아닐 것이다. 그러나 관심을 가지고 바라보고, 아이들의 마음속에 피어나는 의문과 생각을 존중하는 열린 마음을 회복해야 한다.

공감하겠지만 우리나라에서 개인이란 거의 존재하지 않는다. 그러나 개인을 인정해야 학생 하나하나의 생각과 주장을 존중하는 민주적인 문화가 학교에 자리 잡게 될 것이다. 한 사람의 개인으로서 자신의 의문이 풀릴 때까지 파고드는 집요한 탐구 정신과 사물을 바라보는 자신만의 독특한 사고를 키워갈 수 있는 개방적이고 관용적인 분위기가 학교와 학생이 화해할 수 있는 기본적인 조건이다. 적어도 학교는 그러해야 한다. 그것이 아이들을 자기 생각을 가지고, 다른 사람의 생각을 너그럽게 포용할 줄 아는 자립적인 존재로 당당하게 설 수 있게 하는 힘이 된다. 눈앞에 다가온 난관과 절체절명의 순간에 스스로의 판단에 따라 독립적인 결정을 할 수 있는 힘을 가진 아이들로 키워야 한다.

아이들은 정말 작은 것을 소망한다. 번호가 아닌 자신의 이름을 불러주기를, 교과서 같은 설교 말고 그냥 가만히 자기의 이야기를 한 번만이라도 진지하게 들어줄 사람을 소망한다. 애정 담긴 눈빛으로 자신의 성장을 위해서 간절한 마음을 가지고 지켜봐주는 어른을 애타게 찾고 있다. 어린 아이든 대학생이든 똑같다. 자기 이름을 기억해주는 교수가 얼마나 친근하게 느껴지는지, 그 교수의 수업이 어떻게 다르게 느껴지는지는 경험해보지 않은 사람들은 절대 알 수 없는 놀라운 일들이다. 그래서 아이들을 한 사람의 인간으로 존중하는 학교문화가 중요하다는 것이다.

통제해야 한다는 시각은 학생들을 한 무리의 집단으로 바라보는 인식에서 나온다. 한 사람 한 사람의 개성과 꿈을 생각할 수 있다면, 그들을 통제의 대상이 아니라 귀 기울여 들어야 할 고민과 알아주어야 할 엄청난 잠재력이 꿈틀거리는 가능성의 존재로 볼 수 있게 될 것이다. 이야기를 들어주고 언젠가 엄청난 위력으로 터져 나올 힘을 알기 위해 관심의 끈을 놓지 않는 것이 학교와 교육이 해야 할 중요한 역할이다. 혁신학교는 그런 학교와 교사를 상상한다.

이런 믿음과 기대가 무너질 때 학생들은 학교를 버리고 교사를 멀리하게 된다. 이미 마음이 학교를 떠난 아이들이 수업시간에 엎드려 자고, 교사에 대한 신뢰가 무너진 아이들이 다른 아이들과 교사를 향해 분노를 표출하는 현상을 우리는 '교실 붕괴'라고 이야기한다. 오늘날 대한민국의 교육은 모두를 고통스럽게 하는 상황에 이르렀다. 교사들은 아이들을, 아이들은 학교와 교사를 괴물로 여기는 현실은 학교를 고통의 공간으로 만들고 있다. 모두가 불행하지만 누구도 이 상황을 개선하지 못하는 난관을 뚫고 나가는 일은, 바로 학교의 변화에서부터 시작되어야 한다.

혁신학교로 시작하는 진정한 교육

4

혁신교육에서 생각하는 교육이란 미래사회를 준비하는 과정일 뿐만 아니라 한 개인이 인간으로서 행복한 삶을 실현하고 인류 공동의 지속적인 공존에 기여할 수 있는 힘을 기르는 과정이다. 학교는 개개인의 삶의 공간이어야 하며, 사회적 참여를 위해 배움을 추구하는 공간이어야 한다. 진정한 의미의 교육은 사회적 관계를 형성하며 더불어 살아가는 과정을 통해 서로가 서로에게서 배우는 것이기 때문이다.

이러한 관점은 기존의 전통적인 교육관과는 상당한 거리가 있다. 두 관점 간에는 교육을 통해서 인간이 가지고 있는 어떤 능력을 발굴하고 길러낼 것인지에 대한 입장의 차이가 분명히 존재하며, 이 차이를 줄이기 위한 사회적 합의와 공통의 노력이 필요하다. 지금까지는 전통적인 교육방법이 주류였으나 여러 가지 문제가 드러난 상황이므로, 이제 새로운 시각과 목소리에 관심을 보여도 될 때인 듯하다.

지금껏 인류를 이끌어온 것은 주로 논리와 이성을 주도하는 좌뇌의 역할이었으며, 감성과 정서를 주도하는 우뇌는 보조하는 역할을 해왔다. 하지만 미래사회는 지식과 정보, 기술 중심의 좌뇌중심형 사회에서 창조와 공감 능력이 필요한 우뇌 중심의 하이콘셉트, 하이터치 시대로 옮겨 가고 있다. 하이콘셉트는 예술적·감성적 아름다움을 창조하는 능력, 트렌드와 기회를 감지하는 능력, 훌륭한 스토리를 만들어내는 능력, 언뜻 아무 상관 없어 보이는 아이디어들을 결합해 뛰어난 발명품으로 만들어내는 능력 등과 관련되어 있다. 하이터치는 마음의 공감을 이끌어내는 능력, 인간관계의 미묘한 감정을 이해하는 능력, 어떤 사람의 개성에서 다른 사람을 즐겁게 해주는 요소를 도출해내는 능력, 평범한 일에서 목표와 의미를 이끌어내는 능력과 관계가 있다.(다니엘 핑크, 《새로운 미래가 온다》, 한국경제신문사, 2012)

이 말을 간단히 정리하면 단어나 공식을 암기하고 문제만 열심히 푸는 아이들의 미래는 암울하다는 것이다. 지식을 머릿속에 집어넣고 정해진 답을 찾는 방식의 교육이 더 이상 유효하지 않다는 것은 이미 오래전부터 알고 있었던 사실이다. 모두 알고 있지만 감춰온 비밀이며, 그 근거로 100년 전의 이야기를 해보려고 한다.

* * *

1921년 미국에서 새로운 시도가 이루어졌다. 우리에게 창의력의 아이콘으로 잘 알려진 토마스 에디슨이 자신의 회사 —이 회사가 나중에 미국의 거대기업인 GE가 된다.— 입사 지망생들을 평가하기 위한 새로운 입사시험을 도입한 것이다. 우리나라 기업들도 한동안 전범처럼 활용했던 150가지 상식문제가 수록된 시험으로, 나중에 '에디슨 질문서'라 불리게 되었고 많은 화제를 불러일으키며 급속도로 확산되었다. 내용을 들여다보면 '엉클 샘이 에바를 위해서 한 일은?, 구텐베르크 금속활자는 어떤 금속으로 만들어졌는가?' 등 암기형 지식을 묻는 문제들이 포함되어 있지만, 당시로서는 새롭고 신선한 시도로 받아들여졌던 모양이다.

마침 이 시기에 아인슈타인이 미국을 방문했었다. 언론과 인터뷰를 하게 되었는데 어떤 기자가 아인슈타인에게 돌발질문을 던졌다. "음속의 값은 얼마인지 혹시 기억하십니까?" 기자는 어떤 기대를 하고 이 질문을 던졌을까? 아마도 단순히 음속의 값뿐 아니라 파동의 특성과 양자역학적 특성까지 설명하는 해박한 물리학 강의가 뒤따라 나올 것을 기대하지 않았을까? 그 기자를 물끄러미 바라보던 아인슈타인은 이렇게 대답했다.

"저는 책에서 쉽게 찾을 수 있는 정보를 머릿속에 담아두지는 않습니다."

아인슈타인의 대답에 충격을 받은 기자는 에디슨의 입사시험을 소개하면서 그에 대한 아인슈타인의 의견을 재차 물어보았다. 아인슈타인의 대답은 간단하고 명쾌했다.

"정보의 습득은 교육의 본질이 아닙니다. 스스로 사고하는 법을 훈련시키는 것, 교육의 본질은 바로 그것입니다. 사고하는 능력이 지식보다 더 중요하니까요." 덧붙여 아인슈타인은 지능의 진정한 지표는 지식이 아니라 상상력이라고 강조했다.

* * *

1920년대의 이야기이다. 지금으로부터 거의 100년 전에 아인슈타인은 교육이 어떠해야 하는지 이미 알고 있었던 것이다. 이 일화는 교육의 본질은 시대에 따라 변하는 것이 아니라는 것을 잘 보여주고 있다. 고대로부터 변하지 않은 진정한 교육의 목표는 사고하는 능력이지, 지식을 머릿속에 축적하는 것이 아니라는 사실의 증거이기도 하다. 필자 개인의 주장이 아니라 현대사에서 가장 뛰어난 과학자가 한 이야기이니 말이다. 인류의 역사를 통틀어 가장 위대하다는 철학자들의 가르침이기도 하다. 그때와 차이가 있다면 세상이 바뀌어서 이런 사고력이 더 많은 사람들에게 요구된다는 점이다. 일부 지배계층이 아니라 이제는 모든 개인에게 요구되는 필수적인 능력이 된 것이다.

교육에 대한 반성, 그 새로운 출발

5

현재의 학교는 삶과 유리된 죽은 지식의 교수학습기관으로 전락하였다. 여러 가지 문제가 누적되고 학교에 대한 불신은 높아져가고 있다. 몇 가지로 정리해보자.

첫째, 쓸데없는 것을 과잉 학습하는 과정에서 정작 배워야 할 내용들을 등한시한 나머지 자신의 성장 동기를 상실하는 부조리한 상황이 일어나고 있다. 이것은 학생들의 배움에 퇴행이 일어나고 있다는 것을 의미한다.

둘째, 다른 나라 학생들에 비해 많은 시간을 학습에 투자하지만 시간 대비 학습효율성, 자기 주도적 학습능력, 학습 흥미도 및 학습가치 인식도는 국제평균 이하로 나타나고 있다. 이것은 매우 비효율적인 학습을 하고 있다는 것을 말해준다.

셋째, 학교교육이 다양성과 창의성을 자극하는 것이 아니라 획일화된 교과서를 이용한 교사위주의 일방적 가르침을 벗어나지 못하고 있어, 아이들을 점점 배움으로부터 멀어지게 만든다.

넷째, 일선 학교에 대한 지나친 교육과정 통제는 교사가 자신의 판단과 계획에 따른 다양한 수업을 하기가 어렵게 만든다. 여기에 일제고사, 고입, 대입 시험 등 평가에 따라 교육 내용과 방법에 제한이 가해지는 현실적 한계가 더해져, 다양하고 특성화된 교육이란 교육부나 교육청의 공문서에나 존재하는 이야기가 되고 말았다. 이런 현실에 익숙해진 교사들은 획일적이고 절대적인 내용을 가르치는 것을 당연하게 여기게 되었고, 교과의 내용을 재구성하거나 조정해서 학생들 스스로 탐구하며 비판적이고 성찰적인 사유를 통해 지식을 창조하는 과정은 상상할 수 없도록 만들었다.

예외가 있을 수는 있지만 이것이 대부분 학교의 일반적인 현실이다. 혁신학교 초기에는 이런 것들을 문제라고 인식하지도 못하는 분위기였다. 이러한 한계를 극복하고 학교 본래의 역할인 아이들의 진정한 배움을 실현할 수 있는 교육환경을 만들기 위해, 학교공동체를 형성하는 학교문화 혁신운동이 경기도교육청 혁신학교의 출발점이자 지향점이다.

물론 필자를 비롯한 혁신학교 초기의 주체세력들은 잘 알고 있었다. 이런 좋은 의도만으로는 성공하지 못한다는 것을. 지금까지도 좋은 취지의 정책들과 운동들이 있어 왔으며, 그것들이 결국 성공하지 못하고 수많은 상처만 남긴 채 사라졌다는 것까지도. 그러나 혁신학교는 성공적으로 안착하고 있다고 자신할 수 있었는데, 그 배경에는 과거에 대한 철저한 분석과 반성이 있었기 때문이었다.

우리의 분석은 이러했다. 그동안 수많은 교육개혁이 시도되고 추진되었지만 실질적인 성과를 얻지 못한 요인 중 가장 큰 문제는 추진주체 내부에 있었다는 점이다. 아무리 좋은 취지로 시작하였더라도 관주도의 개혁으로 진행되면 현장으로부터의 자발적인 참여를 이끌어내는 데 실패하여 지속성을 유지하기가 힘들다. 그래서 인센티브를 제시하고 유인책을 내놓지만 그것은 내부에 더 큰 갈등을 초래한다. 교사들은 전문가들이다. 누구나 그렇지만 특히 지시나 강요에 의해 뭔가를 하는 것에 대해 강한 반감을 표시한다. 그래서 이런 말이 있다. 교사들에게 무엇인가를 억지로 시키면 결과는 나온다. 알맹이는 하나도 없지만 형식적으로 완벽해서 흠잡을 수도 없는 그런 결과가 말이다. 반감을 고스란히 드러내는 방식이다. 누구에게나 마찬가지이지만 특히 교사들에게는 공감을 얻는 것이 중요하다. 교사를 전문가로서 존중하면서 자발적으로 움직이고 함께 참여할 수 있는 동기가 만들어졌을 때 학교는 변하기 시작한다.

또 다른 문제는 외형적인 실적에 매달리는 성과주의의 문제이다. 설익은 결과를 강요하게 되면 외형만 그럴싸한 실적을 양산하게 되는데, 이것은 정책이 본래 가지고 있던 가치를 심각하게 훼손시키는 것으로 대부분의 사례에서 확인되었다. 더 큰 문제는 이런 실적에 대한 강요가 현장의 피로감으로 이어져 정책에 대한 반감으로 발전한다는 것이다. 가장 피해야 할 상황에 직면하게 되는 것이다. 성과주의의 문제는 교육과 전혀 상관없는 쓸데없는 일들로 교사들의 부담을 만들어낸다는 점이다.

필자가 교육청에서 일을 시작하면서 가장 많이 들었던 이야기가 공문과 보고서를 줄여야 한다는 거였다. 공문에 대한 현장의 이야기는 너무나 심각하고 납득할 수 없는 내용들이어서 설마 그 정도일까 싶었다. 그런데 실제를 들여다보니 공문 때문에 수업까지 내팽개쳐야 하는 상황이 벌어지고 있었다. 수업시간에 수시로 울려대는 메신저의 알림음이 교사들에게는 공포의 소리였다. 그것도 겨우 한두 시간의 시한을 두고 전달되는 경우가 많아서 아이들의 수업을 중단하고 공문을 처리해야 한다는 하소연은 학교가 얼마나 아이들로부터 멀리 와 버렸는지를 잘 말해주고 있었다. 이런 현실은 학교 안에 감춰져 외부에서는 전혀 알 수 없는 괴상한 문화였던 것이다. 학부모들도 이런 사실을 제대로 알지 못한다.

또 하나 공문과 더불어 교사들을 괴롭히는 것이 여러 가지 보고서이다. 학교에 대한 평가는 필요하다. 문제는 이것이 형식적인 보고서 위주이다 보니 좋은 평가를 받기 위해 자료를 잔뜩 만들고 보기 좋게 꾸미는 것에만 노력을 기울인다는 점이다. 얼마나 좋은 교육을 했는지가 아니라 얼마나 많은 행사를 했고 그것을 얼마나 폼 나게 잘 정리하는가가 그 학교의 교육력을 증명하는 척도가 된 것이다.

* * *

　몇몇 우수한 평가를 받은 학교를 방문해서 사례를 살펴봤다. 이런 학교들은 대부분 수십 권이나 되는 자료 파일들이 보기 좋게 나란히 진열되어 있다는 특징이 있다. 우선은 대단하다는 생각이 들었다. 이 정도 자료를 만들기 위해 선생님들은 엄청난 시간을 들여서 고생했을 것이다. 그런데 퇴근시간 무렵에 학교를 방문해서 그런지 학교가 텅텅 비어서 자료에 대해 물어보려고 찾는 선생님마다 이미 퇴근하고 없단다. 최고의 평가를 받은 학교에서 퇴근시간이 되자마자 선생님들을 찾아볼 수 없는 상황을 어떻게 이해해야 할지 순간 난감해졌다.

　그렇게 몇 권의 자료를 넘겨보고 필자는 더 이상 자료를 볼 필요가 없겠다고 판단했다. 먼저 각 자료마다 다른 자료에서 보았던 내용이 중복되어 다시 사용되고 있었다. 사진도 똑같은 것으로, 분량을 늘이기 위해 서너 번씩 반복해서 사용된 활동도 눈에 띄었다. 더 실망스러운 것은 여러 가지 교육활동을 제시하면서 활동내용만 형식화된 틀에 따라 설명하고 있지 그것이 가지는 교육적 의미나 활동과정에서 교사가 파악한 아이들의 성장이나 성과에 대한 이야기들은 거의 없다는 점이었다. 잘 꾸며진 케이크를 유리케이스를 통해서 보기만 한 듯한 느낌이었다.

* * *

　많은 시간을 들여 만든 이런 보고서가 다른 학교, 심지어 자신의 학교 교육에조차 별다른 도움이 되지 않는다는 것을 생각하면 성과주의의 심각성에 대해 이해할 수 있을 것이다. 이런 일은 수많은 연구학교, 시범학교, 정책사업들에서 똑같이 반복되고 있다. 오죽하면 연구성과나 운영성과가 전혀 확산되지 않고 연구학교나 시범학교가 끝나면 다 사라진다는 푸념이 나올까?

　현실이 이런데도 왜 교사들은 묵묵히 그 일들을 감당하고 있을까? 일반인들로서는 잘 이해가 안 되는 일일 것이다. 아이들 교육과 직접적으로 관련된 일인 경우 노골적으로 불만을 이야기하기 어렵지만, 이런 잡다한 일들이 쏟아지면 당연히 불만이 터져 나온다. 그래서 내놓은 당근이 바로 '승진가산점'이다. 승진을 원하는 교사들은 보고서가 넘쳐나는 이런 연구학교나 시범학교를 쫓아다니기도 한다. 이 점수들이 차곡차곡 쌓여야 교감으로 교장으로 승진할 수 있기 때문이다. 그렇게 아무 소리 없이 척척 이런 문서들이 생산된다. 교사들이야 그렇다 쳐도 아이들은 무슨 죄인가? 교사들이 이런 일에 치여 허덕이면 수업을 위한 준비나 아이들에 대한 관심은 상대적으로 떨어지기 마련이다. 좀 더 나은 교육을 하겠다고 하는 일들이 교육을 망치는 현장을 보게 된 셈이다.

혁신학교의 성공 비결, 교사들의 자발성!

6

    혁신학교는 현장의 자발성에서부터 시작되어야 했다. 이를 위해 학교 현장의 공감을 이끌어내고 정책 추진의 진정성에 대해 설득하는 것이 급선무였다. 무엇보다 먼저 혁신학교가 가려고 하는 방향은 교육청에서 제시하지만, 이것을 제대로 실천하기 위한 구체적인 방안은 학교현장과 함께 고민한다는 원칙을 세웠다. 수업과 학교와 교육의 변화를 이끌어낼 수 있는 구체적인 방안과 모델은 그것을 실천할 당사자들이 스스로 만들었다는 생각을 갖도록 하는 것이 중요하다. 자신들이 만든 내용이라는 자부심은 책임감을 불러일으키고 기꺼이 동참하는 마음을 갖도록 하기 때문이다. 이것은 아이들이나 교사들이나 마찬가지이다.

    또 교사와 학부모에게 혁신학교가 무엇인지를 제대로 알릴 필요가 있었다. 막연히 좋은 것과 제대로 이해하고 그 철학에 빠져드는 것은 전혀 다른 행동을 유발한다. 초기 혁신학교의 성공은 이런 전략의 성공이라고 봐야 한다. 처음에는 호의적인 사람들조차 기대감만 있었을 뿐 제대로 이해하고 있다고 보기는 어려웠다. 정확한 방향을 알고 집중하는 것은 조기 안착을 위한 중요한 요소이다. 그래서 혁신학교에서 무엇을 하고 싶은지를 최대한 많이, 충분히 설명하려고 노력했다. 충분히 많은 사람들에게까지 전달되었는지는 모르겠지만 혁신학교 초기에 보았던 교사나 학부모들의 열망과 요구는 어느 정도 이런 의도가 성공적이었음을 잘 보여주고 있다.

그러나 이것들만으로는 부족했다. 이미 오랫동안 쌓인 교육에 대한 불신과 정책들에 대한 실망감은 아무리 좋은 이야기라도 시니컬한 반응을 불러일으키는 상황이었다. 안타깝지만 이런 상황을 극복할 수 있는 별다른 묘안, 신의 한 수는 없다. 진정성을 보여주고 설득하는 방법 외에는. 그것은 신뢰를 얻을 수 있는 구체적인 정책, 즉 실천이다.

혁신학교의 선정부터 제대로 하지 않으면 초장에 신뢰를 잃을 수도 있었다. 그래서 혁신학교에 대한 요구나 압력이 많았음에도 불구하고 매우 조심스럽고 엄격하게 기준을 적용해야 한다는 강박감마저 있었다. 혁신학교에 대한 열기가 올라가자 이런 저런 이유로 혁신학교를 신청하는 경우가 생겨났다. 지역의 국회의원이나 정치인을 동원한 압력도 만만치 않았다. 어떤 지역에서는 주민들의 이기주의로 신청하는 경우도 적지 않았다. 혁신학교에 대한 제대로 된 이해도 없이 혁신학교를 유치하면 집값이 올라간다는 소문에 학부모가 아닌 아파트 동대표들이 나서서 혁신학교 지정을 요구하는 사례까지 나왔다. 환경이 열악한 학교에서는 혁신학교로 지정받아 침체된 학교를 살려보겠다는 간절한 바람을 전하기도 했다. 이런 경우 특히 학부모들의 요구를 뿌리치기가 쉽지 않았다.

그러나 혁신학교는 내부의 준비가 충분하지 않으면 성공할 수 없다는 우리의 판단은 확고했고 흔들리지 않았다. 내부 구성원들의 동의와 준비 상태가 가장 중요한 판단 기준이었다. 지원하는 학교는 급속히 늘어갔지만 이런 기준을 통과할 수 있는 학교가 그리 많지 않다는 것이 우리의 고민거리였다. 그럼에도 불구하고 우리의 의지를 굽히지 않을 수 있었던 것은 그동안 교육감과 교수운동을 같이 하면서 쌓아온 민주적 의사결정구조가 그대로 유지되었기 때문이었을 것이다. 여기에 현장의 목소리와 판단을 존중하고 준비된 교사들과 학부모들과의 긴밀한 소통으로 혁신학교에서 추구하려는 목표를 정확하게 이해하고 공유한 것이 큰 힘이 되었다. 그것이 혁신학교에 대한 신뢰와 안정적인 정착을 이루어낼 수 있었던 동력이었던 것 같다.

혁신학교 선정과정은 쉽지 않았다. 탈락된 학교에서 불만이 터져 나오는 것은 예상했지만 내부에서 준비하고 열정을 가졌던 교사들의 상실감을 달래는 것은 무엇보다 아픈 일이었다. 혁신학교를 준비하고 누구보다 열정이 넘쳤던 교사들이 납득하기 어려워 눈물 글썽이는 모습을 볼 때는 미안한 마음과 고마운 마음이 교차했다. 탈락시킬 수밖에 없었던 이유를 설명하고 다시 준비해서 제대로 해보자고, 더 잘할 수 있을 것이라고 이야기한 것은 진심이었다. 위로하면서도 한편으로는 이런 열정과 의지라면 혁신학교가 정말 제대로 성공하겠구나 하는 위안을 도리어 받기도 했다. 이런 교사들은 어디에서도 찾을 수 없는 귀한 보배 같은 존재들이다. 혁신학교의 성공은 이런 준비된 교사들이 있었기에 가능했던 일임을 고백하지 않을 수 없다.

누가 뭐라고 해도 교사는 교육의 핵심이다. 아이들을 만나고 부딪치고 땀과 눈물을 함께 나누는 것은 교사들이다. 교사들만이 할 수 있는 일이다. 단 한 명의 아이들도 포기하지 않느냐, 단 한 명만을 생각하느냐는 오로지 교사의 몫이다. 경기도에서 일하면서 알게 된 사실은 교사들이 함께 교육을 고민하고 수업의 질을 높이기 위한 연구모임을 꾸준히 그리고 폭넓게 해왔다는 것이다. 전국에서 가장 오랜 전통과 가장 많은 회원을 보유한 교과연구회도 경기도에서 시작되었다. 남한산초등학교, 조현초등학교를 비롯한 작은 학교 살리기의 중심에도 경기도 교사들이 있었다. 이런 전통과 저력이 있는 경기도에서 혁신학교를 시작한 것은 천운이었다. 우리나라 교육을 위해서도 엄청난 행운이었다고 감히 말할 수 있다. 경기도의 준비된 교사들, 그들이 꿈꾸던 학교의 모습과 혁신학교는 공통점이 너무도 많았다. 자신들이 언제나 하고 싶었지만 여러 가지 제약으로 해보지 못했던 교육을 실현할 수 있다는 것에, 그런 자율을 누릴 수 있다는 사실에 교사들은 가슴벅차했고 너무도 행복해했다. 이것이 혁신학교의 참모습이다. 교사들의 이기주의가 아니다. 오로지 아이들을 위한 교육을 실천하고자 하는 순수한 선생으로서의 열정으로 자신들이 힘들어지는 길을 마다하지 않고 기꺼이 즐거운 마음으로 나선 것이다.

나중에 혁신학교에 대해서 이런 저런 비난이 있었다. 전교조가 교장을 하기 위한 학교니 특별대우를 받는 특혜학교니 하는 여러 가지 말들이 난무했지만, 이것은 자기는 하기 싫지만 남 잘되는 꼴은 보기 싫다는 심보일 뿐이다. 초기에 내부에서 혁신학교를 반대했던 교사들이 이구동성으로 한 이야기는 혁신학교를 하면 교사들이 힘들어진다는 것이었다. 예산도 싫고 자율권도 다 싫으니까 자기들을 그냥 이대로 내버려 두라는 말을 대놓고 했다. 그러나 모두가 알고 있다. 아이들이 행복해지려면 교사가 힘들어야 한다는 것을. 지금 이대로가 너무도 편하고 좋은데 그 평화를 깨려는 우리들이 미웠을 것이다.

그러나 그 편안함이 너무도 불편한 교사들이 있었다. 아이들의 고통스러운 삶을 바라보면서 자신들이 누리는 평화에 죄의식을 가진 교사들이 혁신학교로 몰려들었다. 이것은 어떤 조직이나 집단의 문제가 아니었다. 선생의 DNA가 살아 꿈틀거리면서 터져 나오는 그 힘이 혁신학교를 끌고 나가는 동력이었다. 실제로 성공적인 혁신학교의 상당수가 비전교조 교사들이 주축이 되거나 전교조와 비전교조 교사들이 마음을 모아서 추진한 학교들이다.

혁신학교 선정과정 못지않게 조심스럽고 중요한 과정은 예산을 학생 교육에 직접적으로 영향을 미치는 분야에 사용하도록 배정하되 운영에서의 자율성을 보장하는 것이었다. 지금까지 대부분의 사업들이 예산이 어떻게 교육적으로 영향을 미쳤는가보다는, 정해진 항목에 맞게 집행되었는지 그리고 정산이 잘되었는지가 관심사이다 보니 예산을 사용하고 이를 보고하는 것이 현장에 큰 부담이 되었다. 그래서 당장 필요하지 않아도 지정된 항목에 맞게 지출한 것이 잘한 일이 되고, 주어진 예산을 깔끔하게 맞춰서 집행하는 기술이 가장 중요한 사업성과라는 자조 섞인 말들이 나오는 상황이었다. 이런 식으로 학교는 숱한 예산과 시간을 낭비해왔다. 그래서 혁신학교 사업은 예산 사용에 자율성을 주되 학생 교육과 관련된 일에 주어진 예산의 대부분을 사용하도록 하고, 학교 시설이나 설비 교체에 사용하는 것을 최소화하도록 했다. 학생 교육에 사용하는 예산도 무료 방과 후 학교나 무료 체험활동 같은 반복지원이 필요한 프로그램은 하지 않도록 하였다. 혁신학교에서 예산을 지원하는 이유는 학교의 교육력을 높이고, 확산 가능한 모델을 만들기 위한 것이라 예산 없이도 지속가능한 프로그램을 만들어야 했기 때문이다.

그래서 교육과정을 개발하거나 새로운 수업모델을 만들어 교육력을 높이고, 지속적이고 확산 가능한 모델을 만드는 데 사용하는 것을 권장했다. 혁신학교 예산의 대부분은 교사들의 전문성을 키우는 학습공동체를 만들고 교사 연수를 하는 데 사용되고 있다. 아이들의 진정한 배움을 위해서 어떤 내용을 어떻게 라는 끊임없는 질문을 할 수 있도록 지원하는 것은 곧바로 우리 아이들의 행복한 배움으로 연결된다. 이런 일에 대한 아낌없는 투자가 교육의 질을 보장한다는 것이 우리의 생각이었다. 교사의 중요성을 이해하지 못하면 절대 좋은 교육이 나올 수 없다. 그러나 이 단순한 진실을 제대로 실천하는 사례를 찾기 어려웠던 것이 우리 교육의 현주소에 대한 명확한 설명이 될 것이다.

예산 사용의 모범적 사례는 교사들의 단순행정업무를 돕기 위한 인력의 보충이었다. 교사들이 학생들에게 집중하려면 우선 모든 잡다한 행정업무로부터 해방될 필요가 있었다. 그래서 학생 교육과 직접적인 관계가 없는 모든 행정업무를 처리할 수 있는 전담인력을 학교에 배치해서 정말 행정업무를 교사들이 하지 않아도 되는지 시범적인 운영을 해보았다. 그 결과는 대만족. 학교에 한두 명 정도의 인력만 보충하면 교사들이 하던 행정업무를 대신 처리할 수 있었다. 물론 초기에는 이 인력들에게 책임 있는 일을 맡기기 어렵다는 우려와 전문성을 기대할 수 있겠느냐는 의구심 때문에 주저하는 학교들도 많았다. 그러나 결과는 학교가 어떻게 운영하느냐가 문제이지 믿고 맡기면 충분히 기대한 성과를 얻을 수 있다는 것으로 나타났다. 실제 학교에서 처리해야 할 행정업무라는 것이 양식이나 시스템에 익숙해지면 처리시간이 매우 단축될 수 있는 단순작업이다. 교사들은 이런 일들을 자주 하지 않기 때문에 매번 할 때마다 새롭게 접하는 일처럼 서툴고 그래서 많은 시간을 허비해야 한다. 여러 교사가 하는 이런 일들을 한두 사람이 모아서 처리하다 보면 숙달되고 몇 배의 속도로 처리할 수 있게 된다. 최소한 수업시간에 메신저가 울려서 수업을 팽개치는 일은 막을 수 있게 된 것이다.

어떤 이들은 이런 인력들이 늘어나고 정규직으로 전환되면서 교육청 예산에 큰 부담이 된다고 비판한다. 이런 예산 때문에 학교에 비가 새도 고치지 못하고 냄새나는 화장실을 그대로 방치하고 있다고. 하지만 이들에게 반문하고 싶다. 아이들을 생각한다면 무엇이 더 시급한 일일까? 번듯한 교실에서 방치되는 아이들을 원하는가? 아니면 시설은 좀 떨어지더라도 아이들에게서 눈을 떼지 못하는 뜨거운 열정의 교사들이 있는 교실을 원하는가? 외국의 많은 학교를 방문했던 필자의 경험에 비추어 보면 우리나라의 학교 시설은 거의 세계 최고 수준이라고 할 수 있다. 그런데도 여전히 30~40명의 아이들이 한 교실에서 수업을 받아야 하는 현실과 교과 선택이라는 말이 무색한 교육과정을 보면 할 말이 없어진다. 무엇이 더 중요한지를 굳이 얘기해야 하는 문제일까?

이런 점에서 초기 혁신학교에 동참했던 많은 사람들과 우리는 통했던 것 같다. 기존의 방식과는 많이 다른 우리의 접근 방식이 그들의 가슴을 열게 했으리라. 실적을 강조하고 수많은 보고서를 작성하고 정작 아이들 교육과는 관계없는 일들로 괴롭히던 많은 정책들과 달리 교사들 스스로 고민하고 그런 여유를 가질 수 있도록 지원하는 노력들이 먹혀들었던 것이다. 그 결과로 혁신학교의 철학에 동의하는 그룹으로부터 열정을 끌어낼 수 있었다. 미친 사람들을 끌어낸 것이다. 누구보다 앞장서 혁신학교를 흠집 내거나 반대하는 목소리에 침을 튀기면서 대응할 수 있는 사람, 진심으로 갈망하는 마음으로 주변의 사람들을 설득할 수 있는 사람들이 여기저기서 뛰쳐나왔다. 그런 사람들을 감동시키고 열정을 불사르게 할 믿음을 주는 정책을 일관성 있게 밀고 나가는 것이 우리에게 주어진 역할이었다. 단지 그것으로 충분했다. 그 다음은 이 사람들이 스스로 해나갔다. 지역에서 모임을 만들어서 학부모와 교사, 지역사회가 함께 토론하고 고민하면서 혁신학교를 준비하고 만들어갔다. 혁신학교의 작고 소박한 출발이지만 거대한 물줄기를 만들어가는 위대한 출발이었다.

좋은학교란

C 7

좋은 학교라고 불리는 학교들에는 필자가 발견한 공통된 비결이 있다. 여기서 좋은 학교란 학생들이 행복하고 학교에서 구체적인 삶의 실천이 일어나는 진정한 배움의 학교를 의미한다.

첫째, 아이들이 안정감을 느낀다.

학교라는 곳이 안전한 곳이라는 느낌을 주어야 한다. 외부의 위협으로부터 안전하다는 것이 아니라 한 인간으로서 자신이 보호받고 존중받는다는 느낌을 받는 것을 의미한다. 누구에 의해서도 자신의 인격이 무시당하지 않을 것이라는 믿음과 자신의 의견이 하나의 소중한 의견으로 존중받는다는 믿음이 있을 때 아이들은 안정감을 느끼게 된다. 좋은 사례로 교사든 관리자든 아침에 아이들을 따뜻하게 맞이하는 것으로 하루를 시작하는 것이 있다. 우리나라에서도 이런 경험으로 교사들이 바뀌고 있다. 아침맞이를 하고부터 아이들과의 관계가 달라졌음을 고백하는 교사들이 늘고 있다. 바쁜 업무를 처리하느라 아이들이 교실에 들어오든 말든 신경도 쓸 수 없었던 때와 아침에 눈길을 마주치며 선생님이 안아주지 않으면 기다리는 아이들을 볼 때의 관계는 상상할 수 없을 정도이다. 여기서부터 배움이 출발한다. 아이들은 안전하다는 믿음과 안정감을 느낄 때 온몸의 감각이 열리고 행복해지며 마음의 문이 열리고 배울 준비가 되는 것이다.

둘째, 아이들의 다양한 배움의 권리를 보장하고 있다.

좋은 학교는 아이들의 재능과 적성을 잘 살리는 학교이다. 한 아이의 가능성도 놓치지 않겠다는 굳은 결의마저 보인다. 요즘 말하는 꿈과 끼를 살리는 교육을 하는 학교들이다. 이런 학교에서는 자유학기제 같은 특별한 일들을 하지 않아도 아이들은 자신이 무엇을 잘하는지 무엇을 잘할 수 있는지 스스로 찾아간다. 자신이 무엇을 원하는지 생각하라고 강요하지도 않는다. 그냥 아이들이 자신의 흥미를 찾아갈 수 있도록 많은 기회를 제공하고 지켜보며 기다린다. 같은 수업이라도 아이들 저마다의 재능이나 관심이 드러나도록 유도하고 그런 각자의 장점을 모두가 인식하도록 한다. 수업에서 장점과 재능이 드러나도록 늘 교사들이 관심을 두고, 그런 과정에서 모두가 우수한 아이들로 서로를 인정하게 된다. 진정한 의미의 역동적 수월성을 추구하고 있는 것이다. 수월성의 의미는 매우 중요하다. 특정한 과목에 뛰어난 아이들만을 인정하는 그런 수월성이 아니라 다양한 능력을 모두 인정하자는 것이 역동적 수월성이다. 미래에 싸이 같은 인물이 될 아이들도 이런 학교에서는 유능한 아이로 인정받고 그 재능을 더 키워가도록 격려받는다. 잡스와 같은 아이들을 알아보고 그 가능성에 관심을 갖는 그런 학교들을 우리는 좋은 학교라고 부른다.

셋째, 동료성이 살아 있다.

좋은 학교의 또 다른 중요한 특징은 학교가 강한 유대감으로 똘똘 뭉쳐 있다는 느낌을 준다는 것이다. 교사들 사이의 동료의식이 아니라 교사와 학생, 학생과 학생, 교사와 학부모, 학부모와 학부모 사이의 동지의식이라고 하는 게 맞을 것이다. 신뢰와 협력으로 이루어진 관계, 그것은 동지의식에서 나오는 동료성이란 말이 가장 적절하기 때문이다. 이런 동료성은 학교를 전혀 다른 모습으로 바꾼다. 경쟁이 사라지고 그 자리에 협력이라는 놈이 자리를 잡는다. 방관과 냉소가 사라지고 그 자리에 참여와 격려라는 놈이 슬그머니 들어서 있다. 혼자서 할 때 느끼는 불안감과 피로감을 밀어내고 확신과 회복력이 끊임없이 가득 차오르게 된다. 이런 경험은 학교를 활기차고 생동감 있는 공간으로 만들어갈 뿐만 아니라 구성원들에게 협력의 가치를 자연스럽게 배우게 한다. 서로 이해하고 신뢰하는 관계가 형성되면 문제가 될 일들도 서로 이해하면서 해결하게 될 것이다. 학생들 간에 학교폭력이 일어날 일도 없고, 갈등이 생겨도 슬기롭게 해결해나가고, 어려움을 함께 극복해 나가는 경험들을 통해 구성원 모두를 더욱 성장시키게 된다. 이렇게 구성원들의 동료성이 살아 있는 학교에서는 학생들과 교사, 학생과 학생의 관계가 특별해진다. 서로를 신뢰하는 눈빛을 쉽게 읽을 수 있다. 학생들이 정말 학교를 좋아하고 학교 안에서 편안하고 행복해지는 것을 발견할 수 있다.

넷째, 마지막으로 모두가 존중받는 민주적인 시스템이 정착되어 있는 학교이다.

학교가 살아서 움직이는 길은 다른 곳에 있지 않다. 모든 구성원 개개인이 존중받고 자신이 중요한 존재라고 인식하면서 자발적인 변화의 움직임이 일어나고, 이것이 학교를 생동감 있게 바꾸어간다. 인간은 누가 시켜서 하는 일보다 스스로 하고 싶은 마음이 들 때 훨씬 더 그 일을 열심히 하고 잘 해낼 수 있다고 한다. 스스로 결정하는 것, 이것만큼 자발적인 참여를 이끌어내고 높은 성과를 얻을 수 있는 방법은 없다. 스스로 결정한다는 것은 민주적인 의사결정 구조를 말한다. 교사의 자발성 부족을 탓하기전에 자발성을 이끌어낼 수 있는 학교의 문화를 만들어야 한다. 학교 운영에 관한 구성원의 자발적인 참여와 결정된 일에 대해 책임지는 자세를 끌어내기 위해서는 의사결정 단계에서 모든 구성원의 참여를 보장해야 한다. 함께 아이디어를 모으고 논의를 통해 결정하는 민주적인 학교 문화가학교를 변화시키는 가장 큰 힘이다.

교장선생님들에게 권하고 싶은 한 가지 제안이 있다. 학교에서 교사들의 불만이 가장 높은 것 중 하나는 인사 문제이다. 교장, 교감선생님도 인사 문제로 골머리를 썩기는 마찬가지이다. 점수가 없는 학교에서는 부장을 맡기려면 교사들을 설득해야 하고 심지어는 담임을 서로 하지 않으려고 해서 애를 먹는다고 한다. 그런데 왜 인사를 꼭 교장선생님이 쥐고 있는지 이해되지 않는다. 인사를 교사들에게 맡겨보라고 하고 싶다. 교사들이 알아서 협의하고 조정하면 불만이 교장에게 전가되어서 원망을 듣지 않을 것이요. 교사들은 학교 운영에 참여하고 있다는 자부심으로 만족도도 높아질 것이다.

혁신학교를 되돌아본다

혁신학교의 출발은, 학교는 열심히 교육을 하고 학생들은 공부에만 매달리고 있지만 그 방향이 시대의 흐름과 맞지 않은 곳으로 가고 있어 심각한 부작용이 우려되는 상황에서 나온 것이다. 우리는 한때 국가 전체의 정력을 교육에 쏟아부어서 성공했던 경험이 있다. 그러나 성공한 사람이 자신의 경험에 도취되면 다른 사람보다 더 큰 오류를 범하듯이, 성공의 저주가 이제 우리 사회를 잘못된 판단으로 이끌고 이것이 엄청난 위기를 초래할 수도 있다는 두려움을 외면할 수만은 없는 일이다.

우리의 근대사는 참으로 파란만장한 질곡의 시기였다. 해방은 되었지만 오랜 기간 계속된 일본의 수탈 때문에 껍데기만 남은 파산 직전의 국가였고, 동족 간의 전쟁이라는 엄청난 비극까지 더해졌다. 지금 역사 공부를 하자는 것은 아니다. 그러나 우리 근대사에는 교육적으로 중요한 사실과 교훈이 숨겨져 있기에 다시금 되새겨볼 필요는 있다. 전쟁으로 폐허가 된 대한민국은 1960년대 초까지만 해도 전 세계에서 가장 못사는 나라 인도 바로 다음, 아프리카의 가나와 비슷한 수준이었다. 불과 50년 전의 이야기이다. 당시에는 대한민국이 북한보다 못살았다는 것이 사실이다.

그런데 이 50년 만에 대한민국은 세계 경제 11위권의 부유한 선진국으로 성장했고, 우리보다 잘살던 아시아의 태국이나 인도네시아 같은 나라들은 우리를 부러워하는 처지가 되었다. 아직까지도 가나는 최빈국이라는 멍에를 벗어던지지 못하고 가난 때문에 국민들이 굶어 죽는 고통에 시달리고 있다. 세계가 놀라는 사실도 있다. 빌 게이츠가 다보스 포럼에서 이야기해서 많이들 알고 있겠지만, 원조를 받던 나라가 원조를 하는 나라로 전환된 것은 대한민국이 유일하다고 한다. 자랑스럽지 않은가? 분명히 자랑스러워해야 할 일이다. 경제 정의나 소득 불균형 등의 문제가 많은 것도 사실이긴 하지만 말이다.

이런 이야기를 하는 것은 무엇이 우리나라를 급속하게 발전시킨 원인이며, 그 동력은 무엇인가를 생각해볼 필요가 있기 때문이다. 1970년대 우리도 한 번 산유국이 되어 보겠다고 기를 쓰고 대륙붕을 뚫어봤지만 제7광구까지 뚫고 또 뚫어도 기름 한 방울 나지 않았다. 다들 알다시피 넓은 땅덩어리는 과거 한순간의 찬란했던 역사일 뿐 자급자족을 피터지게 외쳐야 했을 정도로 좁은 땅덩어리는 국민 전부를 먹여 살리기에도 부족했다. 아름다운 금수강산을 열심히 외쳐봐야 그저 우리 국민의 자괴감에 자그만 위안이 될 뿐 쌀이나 기름을 안겨주지는 못했다.

지하자원이라고는 아무것도 나지 않는, 땅덩어리마저 좁은 나라가 어떻게 세계가 놀라는 고속 성장을 할 수 있었을까? 그 초석은 만리타향 생면부지의 땅 서독으로 파견된 간호사와 광부들이었다. 우리 국민 대부분은 일본에게서 받은 일제 강점에 대한 배상금으로 경제성장이 시작되었다고 알고 있지만, 사실은 다르다. 미국의 방해를 뚫고 간호사와 광부의 월급을 담보로 서독에서 들여온 차관이 그 시발점이 된 것이다. 일본의 배상금은 차관이라는 명목으로, 그것도 전부 현금이 아니라 부품이나 기계로 들여왔고, 우리나라가 한동안 일본에 경제적으로 예속되는 결과를 낳기도 했다.

서독으로 간 간호사와 광부들이 상상하기 힘든 어려운 일들을 하면서 벌어들인 돈은 국가적으로는 경제개발의 종자돈이 되었지만, 그들 개개인은 그 돈을 자식과 형제들의 학비로 쏟아부었다. 이런 역사는 70년대를 거쳐 80년대로 이어진다. 평화시장과 구로공단에서 재봉틀을 돌리고 쇳가루를 마시며 어린 소년과 소녀들이, 우리가 공돌이, 공순이라 부르며 비하했던 이들이 벌어들인 돈도 형제들의 학비로 바쳐졌다. 중동의 뜨거운 사막 건설현장에서 한국인의 근면성과 놀라운 능력을 과시하며 벌어들인 오일머니도 아이들을 교육시키는 데 쓰였다. 우리 국민들은 교육의 놀라운 힘을 믿었고 기대를 걸었던 것이다.

이것이 우리가 이룬 기적의 힘이다. 놀라운 성과를 이루어낸 성공의 열쇠이기도 하다. 오바마 대통령도 감탄할 만큼 우리의 교육열은 대단하다. 배우려는 의지와 열정이 수많은 아이들을 낮에는 일하고 밤에 배우는 어려움도 마다하지 않게 했고, 이런 교육을 통해 길러진 우수한 인력들 덕분에 우리는 고속으로 성장할 수 있었다. 우리의 성공신화는 교육의 성공신화이다.

그것이 그때는 통했다. 그 시대에 우리가 받았던 교육은 산업화시대에 필요한 교육이었다. 평민 즉 보통 사람들을 대상으로 한 교육이 아주 오랜 역사를 가지고 있을 것이라고 흔히들 생각하지만, 사실 그다지 오래되지 않았다. 길어야 200년 남짓일 것이다. 그전의 교육은 주로 지배계층을 위한 것이었다. 우리나라만 해도 태학이니 경당, 성균관 같은 교육기관은 지배계층을 위한 교육을 담당하는 곳이었다.

인류역사에서 보통 교육이 국가에 의해서 이루어진 것은 산업혁명 이후 많은 노동력이 필요했기 때문이며, 이런 노동력을 빨리 길러내는 것이 목적이었다. 우리나라에서도 서구의 산업화를 따라잡기 위해 이런 노동력이 필요했는데, 다른 나라와 달리 국민들의 높은 교육열 덕분에 국가가 보통 교육을 실시하는 데 큰 어려움을 겪지 않아도 되었다. 그것이 얼마나 어려운 일인지는 미국을 보면 알 수 있다. 최근 미국의 고등학교 졸업률이 80%를 넘었다는 사실에 크게 고무되었다는 기사를 본 적이 있는데, 미국의 경우 무상교육을 실시하고 있는 데도 불구하고 고등학교 졸업률이 가장 큰 난제라고 한다. 이에 비하면 우리나라의 경우 일정한 돈을 자비로 지불하면서도 고등학교 이상의 졸업률이 매우 높은 수준으로 유지되는 것은 대단한 일이라고 할 수 있다. 엄청난 교육열이 아니고서는 설명할 길이 없다. 교육열이 왜곡되어 엄청난 사교육 시장을 키운 면도 있지만, 교육열이 우리 사회를 이끈 동력이라는 데는 이견이 없을 것이다.

선진국가의 산업화를 빠른 시간에 따라잡는 데 성공한 힘, 대한민국 교육은 큰 자부심을 느껴도 좋을 것이다. 대한민국 성공의 신화는 교육의 성공신화이기도 하다. 그러나 이제 이 성공신화가 우리 사회의 발목을 잡는 원인이 되고 있다. 이미 산업화를 이루어낸 우리는 정보화사회, 지식산업의 시대라고도 부르는 후기 산업사회에 진입했다. 이제 교육의 방향도 바뀌어야 한다.

빨리 습득하고 훈련을 통해 숙달된 인력을 길러내야 했던 환경에서, 이제 창의적이고 스스로 판단하고 결정할 수 있는 능력을 갖춘 인재가 필요한 사회로 바뀐 것이다. 그런데도 우리 교육은 여전히 과거의 방식과 내용을 고집하고 있다. 물론 대학입시라는 무시무시한 괴물 앞에서 별다른 방법이 없다고 할 수도 있다. 할 말은 많지만 일단 그것을 실체로 인정한다 하더라도 대학이 인생의 끝은 아니지 않을까? 대학입시를 위한 공부가 나의 삶에 아무런 도움이 되지 않는다면, 앞으로 100세 이상을 살아야 할 아이들의 인생에 꼭 필요한 다른 무엇인가를 생각해야 하지 않을까? 이제 그 이야기를 해보려고 한다. 그 뭔가 다른 것이 꼭 필요한 것인지? 필요하다면 그것은 무엇인지? 그 고민으로부터 혁신학교가 출발하고 있기 때문이다.

2부

교육,
근본부터
다시 시작하자

혁신학교, 새로운 교육 요구에 대한 응답

1

혁신학교는 더 이상 어찌해볼 수 없는 한계에 이른 학부모들과 비인간적인 교육현장에서 죄책감과 무력감에 갈등하던 교사들에게 새로운 빛을 비추는 일대의 사건이었다. 혁신학교가 제대로 정착되고 아니고를 떠나서 이런 식의 교육을 이야기하는 교육감이 나왔다는 것 자체가 상상하기 힘든 놀라움 그 자체였던 것이다. 혁신학교에 대한 논란이 많았지만 '그래도 최소한 지금의 교육보다는 낫겠지.'라는 기대가 있었던 것이 아닌가 싶다. 그러나 실제로 학교현장에서 큰 목소리를 내고 결정을 좌우하는 것은 관리자와 관료들이었다. 이들의 태도는 현장의 목소리나 열망과는 전혀 다른 싸늘함 그 자체였다.

2009년에 실시된 경기도 교육감 선거는 교육감 임기 때문에 다른 지자체와 선거일정을 맞추기 위해서 실시된 보궐이 아닌 보궐선거였다. 1년 2개월의 임기를 가진 교육감의 당선. 너무 짧은 임기 때문에 교육감 당선일부터 미묘한 신경전과 보이지 않는 전쟁이 시작되었다. 누구도 당선되리라고 예측하지 않았던 진보교육감의 당선은 기존 관료나 교육계에는 충격이었다. 선거 다음날 교육청이 눈물바다가 되었다는 소리부터 일 년만 참자는 소리들이 여기저기서 흘러나오던 시절이었다. 많은 사람들이 인정하고 싶지 않았던 교육감의 당선, 그리고 그 교육감의 핵심 공약인 혁신학교는 반드시 저지하고 무력화해야 할 대상이었던 것이다.

사실 그 당시만 해도 전임 교육감이 방심해서 운 좋게 당선된 일 년짜리 교육감이니 금방 다시 권력을 찾아올 것이라고 생각했던 사람들이 대부분이었다. 혁신학교가 그렇게까지 폭발력이 있으리라고는 상상도 못했을 것이다. 그런 관료들로 가득 찬 교육청에서 뭔가를 한다는 것은 결코 쉽지 않은 일이었다. '교수들이 교육에 대해서 뭘 알겠어?' 하며 얕잡아보고 자신들이 갖고 놀 수 있을 거라는 생각도 있었을 것이다. 실제로도 그랬다. 교육청 시스템이나 세부적인 조직 운영을 알지 못하던 초기에 엄청 당했던 기억이 난다. 수십 년간 교육을 해왔고 행정 경험도 있었던 나로서도 속수무책이었다.

최초로 주민투표에 의해 교육감을 선출한 사례이므로 아무도 경험해보지 못한 직선교육감 시대는 혼란 그 자체였다. 교육감 직을 인수받기 위한 아무런 제도나 준비도 되어 있지 않은 황당한 경우를 당해야 했다. 당선 후 교육청에 공식적인 방문을 한 자리에서 업무인수인계를 위한 협조를 요청했지만 그냥 별거 없으니 편하게 하자는 소리가 되돌아왔다. 형식을 갖추어서 업무보고를 받고자 했지만 교육청 내부에서 업무보고에 반발하는 조짐이 나올 정도였다. 언론에서도 법에도 없는 업무보고를 요구한다고 비난했지만 상식적으로 당연한 절차를 거부할 수는 없었을 것이다. 그래서 인수위라는 이름도 못 쓰고 취임준비팀이라는 어정쩡한 이름을 달고, 경기도교육청 본청이 아니라 근처의 교육정보연구원의 세미나실 하나에 자리를 잡고 업무파악에 들어갔다. 취임준비팀이라니? 못마땅하고 속이 뒤집어졌지만 하는 수 없었다. 최대한 우군을 만들어야 할 때였다.

1년 2개월이라는 임기는 우리에게도 큰 부담이었다. 자칫 관료들의 반발에 부딪쳐 아무것도 못 해보고 힘만 빼면 무능한 교육감으로 낙인찍힐 가능성도 배제할 수 없었다. 이런 분위기라 자료를 제대로 받는 것도 쉽지 않았다. 자료 요청한 것이 제때 오지 않아 이러면 어떻게 업무를 파악하라는 것이냐고 항의했더니 점령군처럼 군다는 말이 순식간에 퍼져나갔다. 노련한 관료들에게 이래저래 뺨 맞고 돌아서서 뒤통수 맞는 꼴이었다. 취임 준비팀 자체가 드러나지 않게 조심스러운 행보를 하는 것이 최우선 지침이었으므로 최소한의 재정문제나 주요 정책에 대해서만 파악하는 것에 만족해야 했다. 교육청 내부 관료 중 일부는 완전히 엉터리로 보고하거나 자료를 제대로 제출하지 않고 어떻게 반응하는지 지켜보기도 했다는 이야기들을 나중에 듣게 되었다.

교육감 취임 후에도 전혀 달라지는 것은 없었다. 한 가지 다행스러운 것은 기존 체제를 그대로 인정하고 시작한 덕이었는지 내부의 동요가 심하지 않았다는 점이다. 누군가의 말에 의하면 다들 보따리 싸고 떠날 준비를 하고 있었는데 아무 이야기가 없어 너무 이상했다는 거다. 그 보따리를 다시 풀면서 약간은 경계를 늦추었는지도 모르겠다. 거기다 전임교육감과 달리 잘 들으려고 하고 누구에게나 겸손한 교육감의 태도가 반감을 호감으로 돌려놓으면서 큰 반발이 생기지 않은 이유가 되었을 것이다.

복잡한 교육청 업무를 시작하자 교육감은 결재서류를 제대로 읽어보지도 못하고 사인하며 연일 몰려드는 행사에 뺑뺑이를 도느라 정신을 차리기 힘든 지경이 되었다. 그러자 여기저기서 공약에서 밝힌 정책 철학이나 방향과는 다른 일들이 벌어지면서 현장에서는 불만과 항의가 빗발쳤다. 나중에 확인해보면 결제 후 시행된 일이라 주워 담을 수도 없는 일이 태반이었다. 공무원들 사이에는 이런 말이 있다. '행정은 서류(公文)로 말한다.' 그렇다. 서류상에 버젓이 결제사인이 되어 있는 상황에서는 어떤 말을 해도 소용이 없는 것이다. 그래도 혁신학교와 무상급식 등 중요 공약은 교육감이 꼼꼼히 챙기는 편이라 완전히 엉뚱한 일들이 벌어지지는 않았지만, 그렇다고 제대로 추진되는 것도 없는 답답한 상황이었다.

정책을 추진하기 위해 뭔가를 하려고 들면 여기저기서 이런 저런 규정을 꺼내 들면서 불가함을 외쳤다. 이건 무슨 규정 때문에 힘들고, 이건 다른 규정에서 허용하지 않는 것이라는 이유로 도대체 한 발도 나가기 힘들었다. 처음부터 그런 이야기를 하지도 않는다. 한참을 논의하고 열띠게 토의하고 방향을 결정한 후 행정절차를 마무리해야 할 결정적인 순간에 떡하고 규정을 내놓으며 아무리 검토해봐도 이건 안 되겠단다. 이것이 혁신학교 추진을 위한 관련 부서의 핵심적인 장학관과 교장, 외부 전문가를 포함한 혁신학교 추진위원회에서 벌어진 모습들이다.

처음에는 화도 내고 논쟁도 했지만 아무 소용없었다. 교육감을 하루 종일 둘러싸고 있는 관료들을 이겨낼 방법이 없음을 곧 알게 되었다. 그래도 수확은 있었다. 이 모든 것이 노련한 관료들의 농간임을, 적절하고 명확한 메시지를 주지 않으면 계속 이런 일이 반복될 것임을 배운 것이다. 의외로 메시지는 즉각 효과를 발휘했다. 인사부서 장학관 두 사람을 동시에 교체하자 보따리를 풀고 마음 놓고 있던 관료들은 긴장했고 함부로 장난치지 못하는 분위기가 만들어졌다. 그러나 방해하는 사람들은 없어졌지만 누구도 적극적으로 나서지 않는 이상한 상황이 계속되었다.

혁신학교 딴지걸기, 이름이 문제다?

2

엉뚱하게 이름에 대한 논쟁이 불거졌다. 혁신이란 이름이 너무 강하다. 이미 식상한 용어이다. 교육계를 대상화해서 거부감이 심하다. 어떤 관리자는 혁신이 가죽을 벗겨내자는 말이냐는 억지스러운 주장을 하기도 했었다. 정상적인 토론이 불가능한 상황이었다. 처음에는 이런 문화에서 학교를 바꾼다는 것이 불가능할지도 모른다는 절망감도 생겼다. 관리자들의 수준이 이 정도인가 하는 실망감부터 교원승진제도의 문제점에 대한 전반적인 고민까지 머릿속이 복잡하고 마음이 무거웠다. 무엇보다도 그런 관리자들 밑에서 짓눌려 교육자로서 회의를 느끼고 매일 매일을 보내고 있을 교사들에게 교육을 바꾸겠다는 이야기가 얼마나 허망하게 들릴지를 생각하니 분노가 치솟았다. 혁신이라는 이름을 바꾸어야 한다는 주장은 계속되었고 언론에서도 거들면서 혁신학교는 한 발자국도 앞으로 나가지 못하고 이름 때문에 고민하는 웃지 못 할 일이 벌어진 것이다.

나중에 돌이켜보니 이것이 바로 혁신학교를 무력화하려는 고단수 우회전술이었다. 어떻게 보면 이름으로 시비를 건 것은 대놓고 혁신학교의 취지나 필요성을 부정할 수 없었던 분위기를 반증하는 것이기도 하다. 그저 뒤에서 우리가 잘하고 있는데 뭘 더 하라는 거냐는 식으로, 누구도 동의하지 않는 볼멘소리를 할 뿐 정면으로 혁신학교를 반대하고 나설 용기는 없고 오히려 학부모들의 무언의 압력에 고민하는 관리자들이 늘고 있었다.

혁신이라는 말과 혁신학교 추진에 동력이 생기기 시작한 것은 경험이 많은 관료들 중 동조하는 세력들이 나오기 시작하면서부터이다. 일부에서는 전형적인 기회주의자 또는 출세지향적이라고 비판하기도 했지만 그런 식으로 비난하는 것은 공정하지 못하다. 공무원은 조직이 지향하는 바를 충실히 이행해야 할 의무가 있다. 오히려 자신의 입장에 따라 조직의 결정을 거부하거나 의도적으로 소극적인 자세를 보이는 것을 비난해야 할 것이다. 자신의 출세를 위해서든 다른 이유에서든 내부에서 협력하는 분위기가 조성된 것은 고립무원의 상황에서 심리적으로 대단한 자신감을 얻게 했다. 전쟁에서 후방이 불안하면 치명적이듯이 내부에서 다른 소리가 나오지 않게 하고 경험을 바탕으로 적절한 포인트를 지적해주는 이들의 도움이 크게 유용했음은 더 말할 나위가 없다.

혁신학교라는 이름에 대한 공격의 의도를 정확히 짚고, 이미 논란이 된 문제에서 물러서는 것의 위험성에 대해 지적해주었다. 그대로 밀고 나가는 것이 정책의 성공을 위해 얼마나 중요한지 조언한 것도 바로 이들이었다. 뿐만 아니라 이들은 현장에서 여론을 주도하는 그룹(파워스피커)과 학교 선후배 간이거나 함께 근무한 인연 등으로 끈끈한 관계가 있었기 때문에 이들이 전면에 나서 적극적으로 정책을 추진하면 정면으로 비난하거나 반발하지 못한다는 장점이 있었다. 이 점에서는 김상곤 교육감이 보여준 신중한 자세와 경청하는 겸손한 모습이 아주 크게 작용했다. 관료들을 설득하고 이해시키는 데까지 나가지는 못했지만 마음을 얻는 데는 성공한 것이다. 마음이 열린 사람들은 굳이 설득할 필요가 없다. 스스로 알아서 나서기 때문이다.

무상급식 논쟁에 묻어간 대표 공약, '혁신학교'

3

　무상급식이 더 큰 이슈가 되었기 때문에 김상곤 교육감의 대표 공약이 무상급식이라고 생각하는 사람들이 많지만, 실제 대표공약은 혁신학교였다. 무상급식이 그렇게까지 큰 논란을 불러일으킬 거라고는 누구도 생각지도 못한 일이었다. 새누리당을 중심으로 한 보수진영의 판단착오가 일으킨 결정적인 패착이었다. 결국 새누리당은 무상급식으로 인해 수렁에 빠지게 되고 지방선거에서 참패하게 된다. 그리고 그것을 교훈으로 새누리당은 무상보육이라는 더 좌파적인 정책을 들고 나왔다. 아마도 이 정책을 진보진영에서 들고 나왔으면 포퓰리즘이니 사회주의니 하는 온갖 비난이 쏟아졌을 터였다. 새누리당에서는 무엇을 해도 문제가 되지 않으니 우리나라에 진정한 합리적인 판단이 존재하는지 의문스럽다는 생각이 든다. 무상보육과 무상교육을 10년 전에 진보진영에서 주장했을 때 사회주의를 하자는 것이냐? 종북좌파들의 주장 아니냐며 핏대를 올리던 반응들을 떠올려보면 도대체 우리 사회에서 상식은 무엇인지 반문하게 되는 것이다. 어쨌든 무상급식 논쟁은 우리 사회의 보편적 복지라는 담론이 형성되었고, 우리나라의 복지 수준을 한 단계 끌어올렸다는 점에서 중요한 의미를 지닌다.

　당시에는 정작 중요한 정책은 혁신학교라는 것을 인식하지 못하고 단순히 공짜 밥 먹이는 문제로만 접근하다 보니 보수진영이 제 발등을 찍는 일을 하게 된 것이다. 무상급식만 따로 떼서 생각하면 교육청이 아이들 밥까지 먹여야 하느냐는 여론을 형성할 수 있다고 봤던 것 같다. 그러나 혁신학교 정책과 연결해서 무상급식을 생각하면 교육의 공공성에 생각이 닿게 되고 모두가 차별받지 않는 교육을 위해 무상급식은 단순히 아이들 밥 먹이는 문제가 아님을 깨닫게 된다. 국민들은 생각처럼 무지하지 않다는 점을 망각한 대가를 혹독하게 치루고 혼쭐이 난 보수진영은 혁신학교를 공격할 엄두도 내지 못하게 되었다. 무상급식 예산을 전액삭감하면서도 진보교육감에 대한 무분별한 반대가 아니라는 점을 보여주고 싶었던 새누리당은 혁신학교 예산을 원안대로 통과시켰다. 혁신학교 정책을 큰 저항 없이 추진하는 어부지리를 누리게 된 것이다. 그러나 교육계로 보면 혁신학교 정책을 너무 쉽게 풀어준 것이 엄청난 결과를 가져오게 되었다.

외부적으로는 비교적 평탄하게 진행되는 것처럼 보이던 혁신학교는 내부에서는 치열한 전쟁을 치르고 있었다. 교육청 내부에서 혁신학교 추진을 방해하던 관료들을 책임을 물어 교체하자 내부의 분위기는 긴장되었고, 일단은 협조해야 하는 것으로 인식하기 시작했다. 드러내 놓고 방해하거나 장난치지는 못하는 상황이 된 것이다. 교체되어서 나간 관료들은 영웅처럼 행동했다. 어차피 일 년 후면 다시 권력을 되찾을 것이고 그때 금의환향하겠다는 소리를 공공연히 하고 다닌 모양이다. 그러나 분위기는 이들에게 만만치 않게 흘러가고 있었다.

무상급식 전쟁에서 여론의 흐름이 엄청난 비난의 역풍으로 나타나고 이것이 전국적인 이슈가 되면서 일 년 후의 상황이 김상곤 교육감에게 유리하게 전개되고 있었기 때문이다. 실제로 일 년 후 모든 선거의 이슈는 무상급식에 빨려 들어가고 어렵지 않게 재선을 하게 되었다. 게다가 교육감과 몸으로 부딪치면서 그 인격과 부하직원을 대하는 품성을 경험한 사람들의 반응과 입소문은 내부의 분위기를 빠르게 호의적으로 바꾸어가고 있었다. 교육감은 한 번 만난 사람들은 보수이든 정치적으로 다른 성향을 가진 사람이든 상관없이 누구나 자기편으로 만들어버렸다. 이런 것들이 복합적으로 작용하여 교육청 내부의 분위기가 바뀌고 공무원들의 눈빛도 달라지기 시작했다.

내부의 관료들이 어떤 이유에서든 협조하기 시작하자 이제는 진짜 어려운 과정이 기다리고 있었다. 관료들이 협조적으로 돌아섰다는 말에 오해가 없기를 바란다. 공무원들의 특징은 상명하복이다. 대부분의 공무원들은 정치적 성향이나 이념에 따라서 움직이지 않는다. 자신의 위치에서 불법적인 일이 아니면 그 조직의 방향에 따라서 충실하게 자신의 업무를 다하는 것이다. 교육감이 바뀌면 그 교육감의 정책이 교육적인 방향에서 효과를 낼 수 있도록 자신의 일을 열심히 하는 것이 당연하다. 그래야 하는 것이다. 그래서 전임 교육감 시절에 열심히 했다고 그 사람을 누구누구의 사람이라고 배제하는 것은 옳지 못하다. 협조적이란 것은 바로 이런 의미이다. 그냥 업무 차원에서 이해하고 열심히 하는 것이지 정책을 제대로 이해하고 온몸으로 체화해서 적극적으로 추진한다는 것을 기대하기는 어렵다.

혁신학교, 곳곳에서 암초를 만나다

4

초기의 혁신학교는 여기저기에 암초가 기다리고 있었다. 다른 지역도 마찬가지였지만 경기도는 처음 혁신학교를 시작했기 때문에 여러 가지 제도도 미비했고 이해부족으로 인한 어려움과 고의적이고 집단적인 방해를 뚫고 나가야 하는 이중고에 시달리게 되었다. 유형별로 나누어 보면 학부모의 적극적인 의지에도 불구하고 교장과 교사들의 반대로 무산되는 경우, 학부모와 교장은 찬성했는데 교사들의 반대로 무산되는 경우, 교장과 교사들은 찬성했지만 학부모 일부의 반대로 무산되는 경우들이 있었다. 산 너머 산이라는 말을 실감하게 되었고, 절망감을 느끼기도 했다.

더구나 그 대부분은 학부모들이 정보가 부족하다는 점을 이용해 교장이 의도적으로 여론을 차단한 것이었다. 교장들이 절대 혁신학교를 하지 않기로 담합했다는 소리까지 들려왔다. 실제로 교장협의회 모임에서 혁신학교가 잘되면 손에 장을 지지겠다는 이야기도 나왔다고 한다.

모 초등학교에서는 교장이 교장공모제를 안내하면서 내부형 또는 초빙형으로 나누어서 묻지 않고 초빙형에 대한 의견만 묻는 가정통신문을 보냈고, 잘 알지 못하는 학부모들이 초빙형에 찬성해 그대로 결정된 사례도 있었다. 교장 자격이 있는 사람만 응모할 수 있는 것이 초빙형 공모제이고, 평교사까지 응모할 수 있는 것이 내부형이다. 그러나 교장공모제에 대한 평가 결과 내부형 교장들의 성과가 더 높은 것으로 나타났으며, 초빙형은 교장들의 임기 늘리기 방편으로 전락해 공모제를 통한 학교교육의 질적 발전이라는 애초의 목적에 어긋나고 있다는 비판을 받게 되었다. 또 다른 초등학교에서는 학교운영위원회가 내부형 공모제로 혁신학교를 신청하기로 결정했지만, 이를 반대한 교장이 학교직인을 가지고 1주일간 병가를 내고 사라져 보고하지 못하는 상황이 발생하기도 했다. 한 중학교에서는 학교운영위원회와 학부모 의견 수렴 결과 혁신학교 신청을 하기로 결정되었음에도 불구하고 결과를 조작해 신청하지 못하는 사례도 있었다.

이런 분위기였던지라 최초에 혁신학교를 신청한 학교는 교사들과 학부모들이 한마음으로 똘똘 뭉쳐서 교장을 압박한 경우가 대다수였고, 일부는 그동안 소외되었던 지역이나 학교(교대나 사대) 출신들이 교장인 학교들이었다. 일부 신설학교를 제외하면 어렵게라도 혁신학교를 만들려고 중점적으로 설득하고 추진했던 학교들이 거의 실패로 돌아갔다고 봐야 한다. 숫자로는 13개의 학교가 혁신학교로 출발했지만, 이미 교장공모제를 실시할 정도로 혁신적인 학교를 제외하면 신설학교 몇 개에 기존학교 두세 곳 정도였다. 신설학교는 새롭게 학교문화를 만들어 갈 수 있다는 점에서 혁신학교 추진이 용이했다.

온갖 방해에도 불구하고 이렇게 신설학교를 중심으로 혁신학교를 살려 나가자 교육부가 제동을 걸기 시작했다. 교장 공모 여부를 학교운영위원회를 거쳐 결정하도록 함으로써 학교운영위원회 구성이 불가능한 신설학교의 교장공모가 원천적으로 봉쇄된 것이다. 신설학교는 상대적으로 내부형 공모제를 추진하기 쉽다는 것을 고려하면 저의를 의심하게 하는 조치였다.

그럼에도 초기의 혁신학교는 어려움에 처한 학교를 보란 듯이 살려보겠다는 학부모들의 의욕이 강했다. 일산 외곽 어느 작은 초등학교의 학부모들도 강한 의욕을 가지고 혁신학교를 추진하고 싶어 했다. 예전에는 규모가 제법 있었던 학교였지만 신도시 개발로 주민들이 빠져나가면서 학생

수가 급격히 줄자 한 학년에 한 학급 정도만 간신히 채울 지경이 되어 학교의 존립이 위태로운 상태였다. 이 작은 학교를 사랑하는 학부모들은 작지만 행복한 학교로 만드는 것이 얼마나 의미 있는 일인지 아는 사람들이었다. 이 분들의 열망은 대단해서 학교운영위원회를 중심으로 학부모들이 모두 나서서, 뭐가 뭔지도 자세히 모르면서 혁신학교를 하려면 추진단이란 곳에 부탁해야 한다는 말을 듣고 연락을 거듭해 혁신학교로 만들어 달라고 떼를 쓰다시피 했다. 정작 교장선생님은 별 의욕 없이 어서 이 학교를 떠나고 싶은 마음뿐이었고, 교사들은 혁신학교에 대한 부정적인 이야기를 많이 들었는지 결사반대하는 상태였다. 급기야 혁신학교추진단장이던 송주명 교수와 필자가 추진단의 대표로, 그리고 당시 혁신학교담당 장학관이 함께 학교를 방문하고 교사들과 간담회를 갖게 되었다.

교장선생님은 간신히 설득했는데 교사들은 여전히 만만치 않았다. 가장 서글프고 답답한 것은 혁신학교의 방향이 아이들에게 얼마나 좋고 필요한 일인지에 대한 논의는 사라지고, 교사들이 얼마나 더 힘들어지고 일이 늘어나는지에 대한 이야기들이 핵심이 되곤 하는 것이었다. 그동안 너무나 많은 양치기 소년들에게 실망하고 그로 인해 점점 힘들어졌던 사정을 이해하지 못하는 것은 아니다. 그러나 적어도 그냥 허울 좋은 보여주기 정책인지 아닌지를, 고통 속에 허덕이는 학생과 학부모들을 위해 얼마나 필요하고 중요한 일인지를 먼저 생각하고 토론해야 하는 것이 아닌가 하는 아쉬움이 남았다. 학교가 변하고 아이들이 행복해지려면 교사가 조금 힘들어지는 것은 감수해야 한다. 세계 어느 나라 어느 학교도 헌신적인 교사들 없이 성공한 곳은 없다. 이것만은 자신 있게 말할 수 있다. 단지 학교에만 적용되는 원리가 아니다. 행복한 가정을 만들기 위해서는 가족들의 희생과 헌신이 필요하다. 세계적인 기업으로 만들려면 누군가의 열정과 헌신이 필요하다. 하물며 학생들을 기르는 학교에서 교사에게 이런 열정과 헌신을 기대하는 것이 이상한 일은 아닐 것이다.

다시 본래의 이야기로 돌아가면 분위기를 보니 교사들을 설득하는 게 너무 암담하게 다가왔다. 굳게 닫힌 마음은 이미 간담회를 하기 위해 모인 도서관에 들어서면서부터 강하게 전해졌다. 그럼에도 절실한 것은 우리 쪽이었으므로 ─그때는 뭔가 뒤바뀐 상황이었다. 나중에는 혁신학교 선정 평가를 하기 위해 학교를 방문하면 지나칠 만큼 높은 관심과 환대, 그리고 압력이 쏟아지곤 했다.─ 거의 두 시간 가까이 열심히 교사들에게 설명하고 이야기를 나누었다. 처음에는 질문도 하지 않았다. 우리가 안쓰러웠는지 동행했던 누군가가 질문을 유도하고 나서야 불만 섞인 질문과 반대 의견이 강한 문제제기가 있었다. 한 마디로 조용히 살고 싶다는 냉소적인 분위기였다. 그래도 학부모들의 의지가 너무 강하고 ─여기에 대해서는 학부모들이 지나치게 학교일에 관여한다는 불만이 터져 나왔다.─ 교장선생님이 하기로 마음을 먹은 듯하니 어쩔 수 없지만 이런 상황을 만든 우리들이 너무 원망스럽기까지 하다는 표정들이었다. 어쨌든 끝까지 거부하지 않고 상황은 수습되는 듯했다. 그런데 간담회를 마칠 무렵에 교육청에서 간부가 학교를 방문했다는 말이 들렸다. 우리를 지원하려고 나온 모양이라 별 생각 없이 인사를 마치고 학교를 나왔다. 녹초가 된 심신을 이끌고 나오면서 그래도 산 하나는 넘었다는 생각에 다시 힘이 솟았다.

　　그런데 그날 밤에 학교운영위원장으로부터 긴급한 전화가 걸려왔다. 아까까지만 해도 걱정하지 말라고 기분 좋게 인사하던 교장선생님이 돌변해서 혁신학교 추진을 하지 않겠다는 것이다. 황당한 그 순간 간담회를 마치고 나올 무렵 학교에 들어서던 교육청 간부의 모습이 스치고 지나갔다. 물론 아무런 증거도 없다. 그러나 도무지 설명되지 않는 일이었기에 우리가 고립무원의 사막 한가운데에 던져진 것이 분명함을 그제야 깨닫게 되었다. 실제 상황이 그랬다. 어느 교육청 하나 적극적으로 나서서 혁신학교에 우호적으로 움직여주지 않았고, 말로는 적극적인 것처럼 했지만 공허한 공문만 열심히 학교에 내려 보내고 있었던 것이다.

또 하나의 고민, 교사들의 마음을 얻어라

5

또 다른 암초는 교사들의 피로감이었다. 적어도 교육에 대해 고민하던 교사들은 적극적으로 나서줄 것으로 기대했었다. 그러나 혁신학교에 심정적으로 동의하는 교사들을 설득하는 것조차도 쉬운 일이 아니었다. 혁신학교를 또 다른 연구학교쯤으로 보는 내부 관료들만으로는 현장을 설득하기 어려웠고, 제대로 혁신학교를 이해시키고 정착시키는 것은 더욱 어려운 일이었기 때문이다. 장학관이나 장학사들이 제대로 혁신학교에 대해서 이해하지 못하고 이전에 했던 방식처럼 눈에 보이는 외형적인 변화나 행사, 프로그램을 진행하고 그것을 외부에 홍보하는 판에 박힌 내용으로 생각하고 있으니 현장에서 '또?' 하는 반응이 나올 수밖에 없었다. 혁신학교 설명회장을 가보면 대부분의 관리자나 학교에서 차출되어서 온 교사들의 눈빛이 싸늘했다. 그냥 귀찮고 짜증난다는 표정이었다.

"그래, 교육감이 바뀌었으니 뭔가 또 하나 만드나보다. 시키는 대로 하는 척해서 결과나 하나 만들어주면 그 담부터는 귀찮게 하지 않을 거야. 그것도 초기에 의욕이 넘칠 때나 요란한 일회성 사업일 게 뻔하고, 매년 실적 발표나 하는 그런 귀찮은 일이겠지. 이미 다 예상하고 있던 일이다. 니들이 그래봐야 우리는 산전수전 공중전까지 거친 사람들이라 이럴 때 어떻게 대처하는지 다 알고 있는 사람들이야. 조금만 지나면 다 우리 맘대로 놀아날 텐데. 다 알았으니까 그만해라.” 이런 말들이 마치 말풍선처럼 머리 위에 둥둥 떠다니는 그런 풍경이었다.

이것은 교사나 학교현장의 잘못이 아니다. 그동안 얼마나 많은 정책과 사업으로 이들을 괴롭혀왔는지를 생각하면 당연한 결과일 것이다. 정권이 바뀌거나 교육부장관이 바뀔 때마다 또 교육감이 바뀔 때마다 의례적으로 한 번씩 의욕을 가지고 시도하다가 흐지부지되어 온 게 사실이다. 학교에서도 마찬가지이다. 누가 교장이 되느냐, 그 교장선생님이 어떤 것에 관심이 있느냐에 따라서 그 학교의 중점교육 내용이 바뀌는 경우가 허다하다. 그동안 어떤 교육적 성과가 축적되어 왔느냐는 별 관심도 상관도 없다. 그러다 보니 길게는 4년 짧게는 2년마다 학교의 문화가 바뀌는 것이다. 사실 문화라고 할 것도 없다. 문화는 축적되어야 하는 것인데 이렇게 짧은 기간 동안 유행처럼 휩쓸고 지나가버리는 것들은 아이들이나 학교에 자리 잡기도 전에 흔적도 없이 사라져 쌓일 틈이 없으니 말이다.

이렇게 ‘교육 백년지대계’라는 말을 무색하게 할 일들이 교육현장에서는 무수히 반복되고 있다. 교육에 특별히 획기적인 방법이란 것은 없다. 오랜 역사를 통해서 이미 여러 가지 방법들이 실험되었고 과학과 기술의 발달에 따라서 독특한 이론들이 나오기도 하지만 그중 어떤 것이 더 낫다고 말하기 어렵다. 상황이나 내용에 따라서 적절한 교육의 방법은 다 다르기 때문이다. 그래서 무슨 암기법이라든지 무슨 무슨 공부법 같은 방법보다는 본질적 문제에 대한 접근, 즉 배우는 이유와 사고의 과정을 중시하는 교육이 실천되어야 한다. 외국의 학교에서 효과를 발휘한 교육방법이 우리나라에서는 전혀 통하지 않는 경우도 많다. 시골학교에서 적은 수의 아이들과 했던 수업을 도시의 대규모 과밀학교에 그대로 적용할 수 있을까? 그러나 배우는 이유에 대해서 고민할 때 흥미와 몰입이 일어나고, 사고의 과정에 집중할 때 새로운 생각 즉 창의성이 발현된다는 것은 어느 나라 어느 교실에서도 변하지 않는 진리이다.

그런데도 대통령이 바뀔 때마다, 교육부장관이 바뀔 때마다, 교육감이 그리고 교장이 바뀔 때마다 현장은 괴롭다. 뭔가 새로운 시도는 하는데 포장만 다를 뿐 별다른 차이도 없는 것을 학교에서는 모든 서류의 명칭부터 바꿔야 하는 것이다. 실제로 그 교육을 실천하느냐 하면 그렇지도 않다. 서류로 존재하는 교육과정, 교육프로그램과 실제 아이들과 함께하는 교육과정, 수업은 아무런 관계도 없다. 이것이 현실이다. 그럴싸한 시범학교, 연구학교 몇 개 만드는 것 이상은 아무것도 아닌 것이 그들의 목적일거라는 것이 학교현장 교사들의 비아냥 섞인 평가였다. 더구나 이런 시범학교, 연구학교의 성과는 드러나지도 확산되지도 않는다. 그걸 아는지 모르는지 ―실제로는 알고 있을 것이다.― 새로 온 사람마다 새로운 정책을 밀어붙이는 데만 열심이다. 무언가 새로운 교육을 하겠다는 말이 나올 때마다 교사들은 한숨부터 내쉰다. '또 얼마나 많은 일거리가 생겨날까?' 이렇게 학교현장과 동떨어진 정책들이 현장의 무관심을 뿌리 깊게 만들고 있었다.

좋은 교육정책을 왜곡하는 우리 사회의 권력과 싸우다

6

우리나라는 독특한 교육환경을 가지고 있다. 다들 알다시피 대학입시 문제이다. 다른 나라에서도 대학입시를 두고 경쟁하지만 우리나라와 일본, 중국 등 동아시아 3국이 유난히 심한 편이며, 그중에서도 우리나라는 모든 교육문제를 집어삼키는 블랙홀이 되어버린 심각한 경우이다. 어떤 정책을 내놓아도 대학입시와 연결되어 해석되면 제대로 실현되기 어렵다. 정책이 이상적이고 교육적으로 충실하면 충실할수록 이런 현상은 더 심하다. 대학입시가 너무도 비교육적이기 때문인데 참으로 불행한 일이다. 우리나라 학령인구의 70% 이상, 즉 대다수가 대학진학을 하는 특수한 상황을 생각해보면 모든 교육이 비교육적으로 이루어지고 있다는 것을 의미하기 때문이다. 불행이라기보다 재앙이라고 해야 할 것이다.

문제는 대다수 학부모와 학생의 최대 관심이 대학입시인 현실에서 학교도 이 문제에 초연할 수 없고 이것이 또 다른 비정상을 초래한다는 점이다. 대학입시에 대한 왜곡된 신화가 우리 사회에 너무도 짙게 드리워져 있어서 그것을 극복하기가 쉽지 않다. 이런 교육현장의 문제는 어떤 처방을 내놓아도 약발이 먹히지 않는, 심한 경우 사교육시장이 정책을 왜곡시켜 자신들의 이익을 극대화하는 도구로 변질되는 일들도 벌어지고 있다. 그래서 그동안의 교육정책이 모두 잘못된 것이라고 평가하는 것에 대해서는 동의하기 힘들다. 7차 교육과정, 입학사정관제, 창의적 체험활동의 도입, 교과교실제, 논리적 사고중심의 수학능력시험 도입 등 매우 교육적인 데다가 우리 교육의 난제를 풀어 나갈 수도 있었을 좋은 정책들을 일일이 열거하기도 어려울 정도이다. 그러나 이런 좋은 정책들이 본래의 취지를 실현하지 못한 채 변질되고 여전히 우리는 대학입시에 매몰된 암기와 유형 파악을 위한 반복적인 문제풀이 위주의 공부를 벗어나지 못하고 있다. 이런 교육이 아이들의 삶에 도움이 된다면 고통스럽고 힘들더라도 받아들여야 할지 모른다. 그러나 이 전근대적인 형태의 학습 방법은 대학입시 이외에 개인의 삶이나 사회 발전에 아무런 도움이 되지 않는다는 것에 심각한 문제가 있다.

그 원인에 대한 여러 가지 분석이 가능하겠지만 일차적인 책임은 이런 문제를 알고 있으면서도 이것을 정면으로 뚫고 나가겠다는 의지가 부족한 정책담당자들에게 있다. 이것이 교육정책에 대한 불신을 낳고, 교육현장의 혼란만 부추기는 결과를 초래한 것이다. 다른 분야와 마찬가지로 교육에도 다양한 이해관계가 있을 수밖에 없다. 그래서 정책의 취지나 방향이 옳다는 것을 알면서도 자신들의 이해관계에서 조금이라도 벗어나면 기를 쓰고 반대의 목소리를 높인다. 이럴 때 정책추진 주체들의 의지가 중요하다. 정책을 수립하는 과정에서는 많은 의견과 검토가 필요하며, 이런 과정을 통해 일단 결정된 정책은 그 취지를 지켜내고 추진하는 책임감이 요구된다. 그런데 대체로 전자는 소홀히 하고 정책이 발표되고 난 후 여론에 지나치게 민감하게 반응하다가 무력하게 후퇴하는 경우를 보곤 한다.

그런 사례의 하나가 바로 집중이수제였다. 집중이수제의 본래 취지는 학생들이 너무 많은 과목을 동시에 듣게 됨으로써 생기는 지식의 분절화와 부담을 줄이기 위한 것이다. 이것은 이미 많은 교육적 사례에서 충분히 검증되었다. 대학에서 한 학기에 이수하는 과목이 6~7과목 정도라는 것을 생각해보면 한 학기에 8과목 이하로 제한하는 조치가 일부 보완할 것이 있다면 모를까 그 자체를 잘못된 것으로 공격하는 것은 부당하다.

집중이수제는 운영상의 문제를 이유로 결국 퇴색되고 말았다. 한 학기 동안 집중이수를 하다 보니 너무 많은 내용을 배우고 그것을 평가하는 시험을 준비하기가 너무 어렵다는 것이 가장 중요한 이슈였다. 단순히 그 과목만을 놓고 보면 그럴듯해 보이지만, 사실 전체적인 수업 시간이 늘어난 것은 아니므로 조삼모사에 불과한 것이다. 다른 과목을 같이 배울 때 분산되던 부담이 집중이수 과목으로 편중되는 것뿐인데 마치 학생들의 부담이 늘어난 것처럼 보이는 것이다.

이런 불만의 원인은 특정과목을 집중해서 배움으로써 지식이 분절적으로 이해되는 것을 막고 통합적이고 체계적으로 형성되는 것을 목표로 하는 집중이수제임에도 불구하고, 평가 방법은 전혀 바뀌지 않고 이전의 방식을 그대로 고수하고 있는 점이다. 한 학기 동안 많은 내용을 배우고 그것을 암기하는 방식의 시험을 본다면 당연히 학생들은 시험에 대비하기가 어려울 것이다. 그래서 평가방식이 바뀌어야 하고 중요한 흐름과 그 과목에서 배워야 할 지식의 본질을 이해하고 있는지를 물어야 한다. 이런 변화 없이 집중이수만을 한다고 해서 원래의 취지 그대로 학생의 부담을 줄이면서 체계적이고 통합적인 지식이 형성될 거라고 기대할 수는 없다. 집중이수제에 책임이 있는 것이 아니라 그 취지를 제대로 이해하지 못한 교육 현장에 문제가 있다.

하나의 정책을 제대로 추진하려면 먼저 해결해야 할 문제들을 처리해야 효과를 발휘할 수 있다. 도로를 포장할 때 길에 박힌 돌을 뽑지 않고 파인 골을 메우지 않은 채 무작정 포장하지는 않는다. 단순하고 분명한 원리이다. 정책이란 도로를 만드는 것과 마찬가지이다. 도로 위에서 자동차가 달리듯 정책을 기반으로 교육의 원활한 실천이 이루어지는 것이다. 정책을 추진하는 과정에서 뻔히 예상되는 걸림돌을 외면하고 서두르기만 하니 아무리 좋은 정책이라도 제대로 교육현장에서 작동되지 않는 일이 벌어지는 것이다. 그런 사례는 수도 없이 많다. 교육부가 최근에 추진한 정책 중 대표적인 것이 교과교실제이다. 교과교실제는 자신의 학급에서 모두 똑같은 수업을 받는 현재의 방식과 달리 학생들이 각자 자신이 선택한 과목의 교실로 찾아가서 수업을 받는 방식이다. 즉 대학의 교육시스템과 같은 방식이므로 학점제로 운영되는 학교 시스템이 필요하다. 교과교실제는 장소가 고정되면서 교육자료나 환경을 체계적으로 갖추어 놓을 수 있어 학습효과가 높다는 장점이 강조되고 있지만, 실제로는 학생들이 자신이 배울 과목과 난이도를 선택할 수 있는 교육과정의 다양화가 이루어지지 않으면 큰 효과를 발휘할 수 없다. 이런 조건을 갖추려면 교사의 수급과 다양한 교육과정 운영을 위한 충분한 예산이나 학교의 교육시스템이 뒷받침되어야 한다. 특히나 이 제도는 수준별 교육으로 잘못 이해될 가능성이 높은 정책이다. 다양한 교육과정을 운영할 수 있는 기반을 만들지도 않고, 수준별 교육으로 왜곡될 가능성이라는 돌부리가 분명히 보임에도 불구하고 서둘러 시행하는 데만 급급한 나머지 실제로 교과교실제가 학교에 적용되었을 때 상당히 많은 학교에서 그동안 눈치를 보며 시행하지 못했던 수준별 수업을 당당하게 시행하는 도구가 되고 말았다.

이렇게 이미 검증된 우수한 정책이라 하더라도 그것이 적용될 사회나 조직의 환경에 따라 그 결과는 전혀 다르게 나타날 수 있다. 비둘기호가 달릴 레일에 KTX를 운행한다고 제대로 속도를 낼 수 없는 것과 같다. 먼저 레일부터 깔고 기차를 투입하는 정도의 기본도 없는 것이 지금까지의 교육정책이었다면 지나친 평가일까? 정책 자체가 아니라 기반이나 환경이되어 있지 않은 상황에서 무작정 정책을 추진하기 때문에 무익한 것이다.

현실적으로 보면 대학입시에 지나치게 종속된 교육환경 때문에 교육정책들이 제대로 효과를 발휘하기 어려운 것도 사실이다. 그러나 모두 대학입시 때문일까? 곰곰이 생각해볼 필요가 있다. 수능이 바뀌어도 입시를 대비하는 학습방법은 바뀌지 않는 것은 교육시스템이 제대로 작동하지 않는 것일 수도 있다. 이렇게 교육시스템이 자연스럽게 변화에 적응하지 못하고 새로운 환경에 맞는 효과적인 형태로 진화하지 못하는 성장장애현상의 이면에는 암묵적 짬짜미가 있는 것으로 보인다.

대학입시라는 난공불락의 요새 뒤에 숨어서 자신들의 책임을 회피하고 환경에 안주하는 데 익숙해져버린 학교와 무한경쟁의 틈바구니에서 절박한 사투를 벌이는 학부모와 학생들의 불안감을 자극하고 그런 상황을 이용해서 자신들의 이익을 극대화하려는 사교육기관의 오래된 생존방식이 그것이다. 이렇게 대학입시를 뒷배로 권력화되어 있는 사회구조는 모든 교육문제를 대학입시에 종속시켜서 학교교육을 심각하게 왜곡시키고, 나아가 우리 아이들의 미래를 위협하는 악의 뿌리에 닿아 있음을 자각해야 한다. 대학입시가 모든 사고를 지배하는 구조에서 아이들의 생각을 키울 수 있는 교육을 외면한 채 문제집만을 반복적으로 푸는 수업을 해도 학생과 학부모들은 당연하게 생각하고 항의하지 않는다. 고등학교 3학년 전체를 통해서 배워야 할 내용을 이미 2학년이면 끝내고 나머지 시간에는 문제풀이만 반복하는 것이 가능했던 것이 우리의 학교이다. 이것이 정상적인 교육으로 인정받고 있는 것이 대한민국의 현실이다. 전국의 모든 학교가 EBS 교재로 문제풀이 수업을 하고 오히려 제대로 수업을 하면 입시 준비를 해주지 않는다고 항의하는 사회, 그 근본적인 문제를 해결하지 않고는 아무리 이상적이고 좋은 정책을 내놓아도 효과를 발휘할 수는 없다.

그래서 혁신학교는 이런 우리 사회 권력과의 씨움을 선언한 것이다. 제대로 된 배움을 위한 본질 외의 모든 것을 걷어내고 올바른 정책이 제대로 효과를 발휘할 수 있는 정상적인 조건과 환경을 갖춘 상식적인 학교를 만드는 과정이다.

혁신학교, 교육의 근본부터 다시 시작한다

7

　근본적인 문제에서 다시 출발해야 한다. 무엇이 제대로 된 교육인지? 정말 현재의 교육은 대학입시에라도 제대로 효능을 발휘하고 있는지? 제대로 된 참 학력을 키우면서도 대학입시에도 효과적인 교육은 불가능한 것인지?

　이 물음에 대해 진지하게 고민하고 해답을 찾아야 한다. 그것은 단기적인 대응책이나 새로운 무엇인가를 시도하는 것으로는 불가능하다. 이미 많은 교육정책과 시도들이 그것을 증명하고 있다. 좀 더 긴 안목으로 근본적인 고민을 시작하여야 한다. 대학입시만 바꾼다고 이런 왜곡된 현상이 바로잡힐 수 있을까? 그러면 현재의 대학입시제도 말고 어떤 제도가 가능할까? 수시로 대학입시제도를 바꾸고 있지만 별 효과를 발휘하지 못하는 것은 어떻게 설명할 것인가? 아니면 교육과정에 문제가 있어서 초·중·고등학교의 교육이 제대로 이루어지지 못하는 것일까? 요사이 벌어지고 있는 교육과정 논쟁을 보면서 정말 교육과정에 관심이나 있는지 싶은 의문이 든다.

　현재의 교육 왜곡현상에 대해 교육과정에 책임을 묻는 것은 적절치 못하다. 훌륭하다고까지는 할 수 없을지 몰라도 나쁘지는 않다. 그 취지와 방향은 많은 좋은 내용을 담고 있으나 그것을 실천할 현장의 준비와 토대가 부족하다는 것, 그리고 정책왜곡현상이 문제이다. 교육과정이 바뀌거나 대학입시제도를 바꿀 때마다 새로운 사업이나 정책을 벌여서 더 큰 혼란을 불러오는 실수를 반복하고 있다.

혁신학교는 정책 취지에 어긋나는 새로운 사업이나 단기의 성과를 목적으로 추진되어온 교육개혁의 문제점에 대한 반성에서 출발하였다. 물론 이런 말을 하도 많이 들었던지라 도대체 신뢰하지 않으려는 분위기가 너무도 강해서 초기에는 설득에 더 애를 먹어야 했다. 얼마나 불신이 깊은지 뼈저리게 느껴야 했던 어려운 시기였다. 혁신학교는 기존의 교육개혁 정책들이 공통적으로 보여왔던 새로운 사업이나 프로그램의 이식을 철저히 배제하였다. 혁신학교는 연구학교나 시범학교를 지향하지 않는다. 오히려 지양한다. 어떤 특정한 수업 방법이나 학교 시스템을 제시하지 않는다는 것이 중요한 철학이자 철칙이었다. 이 점이 근본적으로 다른 차이점이다. 어떤 방식으로의 접근이 옳은 것인지는 훗날 평가될 것이다.

그리고 당장 눈앞의 성과보다는 시간이 걸리더라도 본질적인 문제에 대한 고민을 제안하였다. 제대로 된 참 학력이 무엇인지? 이것을 기르는 교육은 현재의 환경에서 불가능한 것인지? 참 학력을 기르면서도 대학입시에도 효과적일 수 있는 교육이 가능한지? 이런 문제의식에 대해 함께 고민하는 장을 연 것이다. 결론부터 말하자면 참 학력을 기르면서 모두의 관심사인 대학입시에도 유효한 교육은 분명히 가능하다. 아니 가능하도록 해야 한다. 그것이 정상적인 사회이며 정상적인 교육이기 때문이다. 이미 이를 증명하는 많은 사례를 우리는 보아왔다. 그러나 현실은 그것을 인식하지 못하고 있거나 알면서도 애써 드러내지 않으려고 하는 두 가지 반응이 있을 뿐이었다.

이른바 귀족학교라고 비난받는 특목고, 국제고, 자사고 등에서 입시공부만 시킨다고 생각하지만 실제 그런 학교들 중 상당수는 대단히 우수한 교육과정을 가지고 있다. 물론 입시위주의 뻔한 교육을 시키면서도 일반학교에 비해 몇 배나 비싼 학비를 받는 일부 학교들은 비난받아 마땅하지만 이들 모두를 하나로 몰아서 비난하는 것에 대해서는 생각해볼 필요가 있다. 특목고가 원래의 설립목적 대로 운영되지 않는 것을 제재하는 것과는 논의 자체가 다른 문제이다. 무조건 이들 학교를 옹호하려는 의도는 아니다. 자사고가 다양하고 특성화된 교육과정을 운영하지 못한다면 그것은 존립자체의 의미가 없는 것이다.

다수의 학교들에서 다른 학교에서 충분히 참고할 만한 우수한 교육과정을 운영하고 있음을 인정해야 한다. 우리가 생각하듯이 공부만 시키고 문제풀이만 시키는 학교가 아닌데도 대학입시에서 우수한 결과를 보이고 있는 것은 단지 그 학교들이 원래 우수한 학생들을 선점할 수 있는 우월적인 지위에 있기 때문만은 아닐 것이다. 똑같이 성적이 좋은 학생들을 뽑아서 입시위주의 공부만 시킨 다른 학교들에 비해서도 이런 학교들이 대학입시에 더 좋은 결과를 얻는다는 것이 우리가 주목해야 할 점이다. 처음부터 성적이 좋은 아이들을 데리고 시작했기 때문에 가능한 것이라고 주장하고 싶은 사람들도 있을 것이다. 그렇게 주장하는 사람들의 논리대로라면 교육과정에 대한 고민과 노력은 불필요한 소진일 뿐이다. 그냥 좋은 학생을 받아서 아무렇게나 교육해도 좋은 결과를 얻을 수 있다면 교육이란 것이 필요한 이유는 무엇인가?

그런 학교들의 교육을 살펴보면 다양한 고민과 노력의 흔적이 보인다. 그리고 아이들의 전인적인 성장을 위한 여러 가지 교육프로그램과 활동을 체계적으로 제공하고 있다는 것을 발견하게 된다. 단지 인지적인 성장뿐만 아니라 정서와 감성의 발달을 추구하고 있으며, 단편적인 지식의 습득을 넘어 고차원적인 사고로 이어지는 깊은 사고와 수준 높은 탐구가 뒷받침되는 학습을 추구하고 있다. 방과 후 활동에서도 교과 수업을 반복하는 보충수업을 금지하고 스포츠클럽이나 예능활동을 강조하며, 학생들이 스스로 더 깊은 탐구를 추구하는 전문적인 학습동아리를 권장하고 있다.

특목고나 자사고를 홍보하려는 목적이 아니다. 그리고 무조건 잘하고 있다는 평가도 아님을 이해하기 바란다. 특목고나 자사고에서 필자가 우수하다고 평가하는 프로그램의 특징을 설명하고자 하는 것이다. 이런 프로그램과 학생 활동을 외국의 명문 사립학교에서 발견할 수 있다. 웬만한 사람의 연봉보다 높은 수업료를 내야 다닐 수 있는 누구나 부러워하고 인정하는 교육을 하는 학교, 이런 학교들은 참된 학력을 기르는 교육이 가능하다는 것을 제대로 증명하고 있다. 전인적인 성장이 이루어지면 학습의 성과도 높아지고 그것이 좋은 입시결과로도 이어질 뿐만 아니라 이런 아이들이 미래의 리더로 자라난다는 진정한 의미의 교육의 효과를 보여주고 있는 것이다.

혁신학교는 이런 교육을 보통의 학교, 공교육에서 실현해보자는 것이다. 단순히 아이들이 즐거워하고 학습의 부담이 적은 자유로운 학교를 꿈꾸는 것이 절대 아니다. 더 많이 아이들을 괴롭히고 더 많은 학습부담 속에서 진정한 희열과 행복감을 경험할 수 있는 학교. 다양한 생각들이 교차하는 소통의 가운데서 자신만의 생각, 창의성을 발현하며 예술과 문화의 가치를 이해하는 감수성이 커가는 학교. 경쟁이 아니라 협력을 통해서 서로가 함께 성장해가는 공공의 가치를 이해하는 따뜻한 인간을 길러내는 학교를 말이다.

경기도교육청의 캐치프레이즈를 만들 때 이런 정신을 압축해서 한 문장으로 정리했는데 그것이 '더불어 살아가는 창의적인 민주시민'이다. 나는 이 문장 속에 혁신학교에서 추구하는 기본적인 가치와 철학이 녹아 있다고 믿는다. 필자가 이것을 경기도교육청의 교육철학으로 결정하는 과정에 참여했었기 때문에 자화자찬 같지만, 이보다 더 따뜻하고 명징한 교육철학을 보지 못하였다. 여기서 시민은 수동적인 인간이 아닌 능동적이고 비판적인 사고를 지닌 인간을 의미한다. 민주주의를 유지하고 인간의 가치를 수호하는 것은 우리 몸을 이루는 세포 같은 역할을 하는 시민들이다.

이런 시민들은 더불어 살아가는 가운데 자신과 사회가 함께 공존하고 영속적으로 발전할 수 있음을 깨달은 자들이다. 협력을 통해서 다른 것을 인정하는 가운데 그리고 비판적으로 사고하는 훈련을 통해서 미래사회가 요구하는 창의적인 인간으로 성장하게 되는 것이다.

교육은 이런 역할을 담당해야 하며 혁신학교는 바로 그런 철학을 실천하고자 하는 의미를 담고 있다. 그래서 필자가 혁신학교를 설명할 때 꼭 하는 말이 있다.

"여러분 혁신학교는 절대 아이들이 마음대로 즐겁게 놀도록 하는 학교가 아닙니다. 경쟁이 없는 학교도 아닙니다. 아이들을 괴롭히는 학교입니다. 고통을 뚫고 나오면서 희열을 느끼는 진정한 행복을 가르치는 학교입니다. 상대보다 내가 위에 서야만 하는 경쟁이 아니라 협력하면서도 경쟁할 수 있음을 가르치는 학교입니다."

"우리 아이들이 즐거워해요."라며 좋아하는 학부모들에게 찬물을 끼얹는 말이기는 하다. 즐겁기만 하면 그 아이가 성장할까? 계속해서 즐겁게 살 수 있도록 해줄 수는 있을까? 즐거운 것과 행복한 것의 차이를 알아야 한다. 즐거운 것은 텔레비전 프로그램을 보면서 입이 살짝 벌어지는 상태이다. 좀 심해지면 방바닥을 뒹굴며 좋아한다. 그런 모습을 보면서 흐뭇해할 부모가 얼마나 될까? 즐거운 것은 그런 상태를 의미한다. 좋긴 하지만 뒤에 남는 것이 없는.

행복한 것은 다르다. 어린아이들을 보라. 제대로 기지도 못하는 아이가 눈앞에 보이는 무언가를 잡으려고 기를 쓴다. 정말 힘들게 그것을 손에 넣고 아이는 세상을 다 가진 것처럼 좋아한다. 이때 아이는 즐거운 것이 아니라 행복한 상태이다. 이 아이에게는 배움이 남는다. 무엇인가를 잡을 수 있는 능력이 생긴 것이다. 아이는 이렇게 성장한다. 단순해 보이는 일을 지루한 반복을 통해 아주 어렵게 성공하지만 그것 때문에 아이들은 행복감을 느끼게 된다. 이런 아이들이 자라면서 점점 행복을 잊고 단순한 즐거움만 추구하게 되어버렸다.

그것은 학교에도 책임이 있다. 아이들을 괴롭히는 학교가 혁신학교라고 한 것은 바로 이런 점에 대한 문제제기이다. 우리 학교는 너무 아이들을 편하게 해주고 있는 것은 아닌지 반성할 필요가 있다. '학교가 모든 것을 책임지겠습니다.' 이 말의 의미를 제대로 이해하고 쓰고 있는지 의심이 되는 이유도 이 때문이다. 모든 것을 책임진다는 말의 의미는 무엇인가?

우리 아이들은 모든 지식을 교사가 더 떠먹여준다. 교사가 아니라도 T나라, 아이스크림 등의 수업프로그램이 가만히 앉아 있기만 하면 다 머릿속에 집어넣다 못해 욱여넣어 주려고 노력한다. 시험 때가 되면 예상문제를 가르쳐주는 친절이 넘치는 선생님도 적지 않다. 학원에 가면 학원선생님이 기출문제니 요약집이니 해서 고농축 영양제처럼 압축해주니 쏙쏙 받아먹기만 하면 된다. 아이들이 무언가를 생각하느라 머리가 복잡하거나 고민스러울 필요도 이유도 없다. 아이들은 지식소비자이기만 하면 되니까.

이것이 옳은 교육일까? 답은 누구나 다 안다. 그래서 아이들을 괴롭히자는 것이다. 숙제를 없애야 한다는 주장에도 동의할 수 없다. 그것이 단순히 문제를 반복해서 풀거나 암기하는 숙제가 아니라는 전제하라면 말이다. 교실에서도 선생님이 모든 것을 다 알려주겠다는 부지런함과 의욕을 제발 버리라고 제안하고 싶다. 아이들이 하도록 남겨 두자. 스스로 생각해서 지식의 본질에 접근하는 훈련은 어렸을 때부터 시작되어야 한다. 생각하느라 머리가 터질 것 같고 고통스러웠던 경험이 얼마나 큰 행복으로 이어지는지 경험하도록 해야 한다. 그래야 스스로의 생각과 창의적인 아이디어가 만들어질 수 있기 때문이다.

아이들을 괴롭히라고? 사실 요즘 아이들은 충분히 괴롭다. 괴로워도 너무 심하게 괴롭다. 누구나 다 알고 인정하는 사실이다. 어른들은 오지도 않을 미래를 위해서 참으라고만 한다. 문제는 정작 괴로워야 할 일이 아니라 엉뚱한 일로 괴롭다는 점이다. 자신의 꿈과 상관없는 공부에 억눌리고 지나친 통제와 간섭으로 고통받고 있다. 요즘은 많이 달라졌지만 생각이나 마음속의 문제가 아닌 여전히 머리길이 치마길이 머리색으로 갈등한다. 복잡하고 날카로운 질문으로 머릿속이 괴롭힘을 당하는 것이 아니라 폭력적 언어와 비인격적 대우로 인해 마음 깊이 새겨지는 상처로 고통스러운 것이다. 괴롭다와 고통스럽다의 차이는 이런 것이다.

그 고통스러운 마음에 행복이 깃들 리 없다. 그 상처를 치유받기 위해서 단순한 즐거움에 빠져들게 된다. 그래서 '제대로' 아이들을 괴롭혀야 한다는 것이다. 엉뚱하게 아이들을 힘들고 어렵게 만들면 아이들은 점점 더 단순한 즐거움에 빠져든다. '마음은 따뜻하게 머리는 복잡하게'가 우리 교육의 목표가 되어야 한다고 감히 주장한다. 혁신학교에서 아이들이 행복할 수 있는 이유는 마음의 여유 속에서 괴로운 사고의 과정을 통한 희열을 맛보기 때문이다. 그래서 혁신학교 아이들은 학교가 즐겁다고 하지 않고 행복하다고 한다.

선생님이 일일이 친절하게 머릿속에 넣어주려고 노력하는 것이 아니라 아이들 스스로가 찾아가는 힘든 길을 만들어주려고 애쓰는 학교. 그래서 아이들이 스스로 길을 찾는 힘들고 어려운 과정을 거치며 자신의 생각이 커가는 것을 느끼는 가운데 희열을 맛보게 하는 학교. 그것이 혁신학교 제일의 목표이다. 아이들의 생각을 키우는 것, 스스로 탐구하며 깨우치는 학문의 즐거움을 알지 못한다면 그건 혁신학교라고 할 수 없다. 그냥 기존의 좋은 학교의 개념이다.

아이들이 즐거워하고 그 가운데 배움이 일어나면 혁신학교에서 추구하는 가치로 오해하기 쉽지만, 혁신학교에는 치열한 자기 고민과 내적 갈등을 통해 깊은 탐구와 통찰이 핵심이 되는 배움의 과정이 있다. 그래서 학력이 혁신학교의 핵심이라고 이야기하는 것이다. 혁신학교라 학력이 좀 낮아도 된다는 생각은 혁신학교를 제대로 이해하지 못한 결과이며, 혁신학교라 아이들이 좋아하기는 하는데 학력이 걱정이라는 생각은 자신의 아이들 가운데 생겨나고 있는 생각의 크기를 제대로 보지 못한 결과이다. 제대로 된 혁신학교라면 이것은 절대적으로 확신할 수 있다.

그렇다고 혁신학교가 아이들을 공부로만 내몰아야 한다는 이야기는 아니다. 아이들의 성장과 제대로 된 학력은 교과서를 달달 외우는 것도 EBS 문제집만 죽어라고 푸는 것으로도 얻어지지 않는다. 자신의 생각으로 깊이 있는 탐구와 통찰이 가능할 때 어떤 상황, 문제에도 먹히는 실력이 길러지는 것이다.

말이 쉽지 이런 교육이 쉬울까? 혁신학교는 이제까지와는 전혀 다른 새로운 교육을 이야기한다. 우리는 저마다 막연히 이런 좋은 교육이 있었으면 하는 교육의 상을 가지고 있다. 그러나 그것들은 단편적이기도 하고 구체적으로 어떻게 실천해야 할지에 대한 전망이 부족했던 것도 사실이다. 혁신학교는 우리가 희망했던 교육의 모습들이 담겨져 있기는 하지만 이렇게 되어야 한다는 당위성이 아니라 어떻게 그것을 만들 것인가에 대한 실천적 이야기를 시작했다는 것에 더 의미를 두어야 한다.

학교의 문화가 문제이다. 그래서 혁신학교는 특별한 사업이 아니라 학교의 총체적인 구조를 바꾸고 그것을 통해서 아이들의 마음을 열고 교사의 자발성과 헌신성을 이끌어내려는 것이다. 바꾸는 것은 교사와 아이들이 알아서 할 일이다. 그것을 이래라 저래라 하는 순간 아이들의 몰입도 창의성도 금방 사그라진다. 교사들의 뜨거운 마음에 찬물을 끼얹는 가장 확실한 방법이다. 문화를 바꾸어야 한다.

사실은 성공에 대한 완전한 확신을 가지고 시작한 일은 아니었다. 실패에 대한 두려움이 없었다고 하면 거짓일 것이다. 그러나 이 일은 필요한 일이고 옳은 일이라는 확신은 분명했다. 누군가 언젠가는 가야 할 길이고, 그것이 우리의 교육을 제대로 세우는 길이라는 신념은 바위보다 굳고 강했다고 자신할 수 있다. 이제 그 혁신학교의 속살을 들여다보려고 한다.

여기저기 임초를 넘어서 혁신학교는 진행 중

혁신학교에서 교사들의 인식이나 철학의 차이는 여전한 갈등 요인이다. 아이들을 바라보는 시각이나 학습관의 차이는 어떤 학교이든 극복해야 할 과제로 대두되었고 이를 조정하고 일치시켜 가는 시간이 필요하다는 것이 솔직한 고백이다. 이런 난관을 극복하지 못하면 공동체가 와해되고 실패하게 된다.

이런 갈등의 핵심은 학력이다. 혁신학교에서도 학부모들은 학력에 대한 기대를 포기하지 않는다. 그러나 일부 혁신학교에서는 학력이라는 말을 거론하는 것 자체를 꺼리기도 한다. 한 아이도 포기하지 않는 교육을 실천하면서 아이들의 학력을 동시에 끌어올리는 것이 쉽진 않겠지만, 그래도 학교는 학력을 놓고는 바로 설 수 없다. 그래서 혁신학교에서 학력은 핵심일 수밖에 없다.

학력을 비교할 때 가장 많이 드는 것이 기초학력미달 학생 수와 대학입시 결과이다. 일반적으로 기초학력미달 학생 수를 줄이겠다고 평가예상문제만 열심히 풀리는데 그것은 답이 아니다. 요즘 아이들 말대로 '노답'이다. 그저 폭탄 돌리기일 뿐이다. 열심히 문제를 풀어 벗어난 것처럼 보여도 학년이 올라가면 다시 기초학력미달자가 된다. 혁신학교에서는 아이가 이해하지 못하는 이유를 찾아 원리를 터득하고 스스로 공부하는 힘을 키우기 때문에 시간은 좀 걸리지만 원천적인 해결이 가능하다.

서울시교육청이 조사한 자료를 보면 일반학교와 비교해 혁신학교는 입학 당시 성적최하위권 학생의 비율이 높지만, 시간이 지나면 기초학력미달 학생의 비율이 입학 당시 성적최하위권에 비해 상당히 크게 감소한다는 결과를 알 수 있다. 일반학교에서는 이와 반대이다. 이것이 바로 학교 효과이다. 그런데도 혁신학교의 학력이 낮다고 주장하는 것은 비교를 위한 조건 설정이라는 기본마저 무시한 억지이다.

학교에 따라 학력의 차이가 큰 것은 수업의 변화를 위한 노력 부족이 원인으로 지적된다. 교육과정과 수업에 대한 교사의 천착이 없기 때문이라는 것이다. 자기 교실에만 갇혀 하루를 지내는 교실주의 문화로 인해 소통이 어려운 것 또한 변화의 걸림돌이다. 이런 어려움을 극복하는 가장 효과적인 방법도, 역시 동료성이다. 혁신학교의 또 다른 모습은 수업을 함께 나누는 것이라고 할 수 있다. 교사들끼리 서로의 수업을 보면서 수업 방법이나 아이들과의 관계 맺기뿐만 아니라 내 수업에서 볼 수 없었던 아이들의 다른 모습 등을 볼 수 있어 크게 도움이 된다고 한다. 함께 고민을 나누면서 도움을 받을 수 있다는 것 때문에 수업협의회를 혁신학교의 핵심이라고 하는 교사들도 있다.

혁신학교가 안고 있는 또 다른 고민은 혁신학교를 대안학교처럼 생각하는 외부의 인식이다. 혁신학교 성공사례인 홍덕고가 안고 있던 문제와 유사하다. 다른 학교에서 감당하기 힘든 학생들이 몰려들어 더 많은 에너지를 소진시킨 것이다. 그것은 학교에게나 교사에게 너무 가혹한 짐이다. 문제가 있던 학생들이 혁신학교에서 큰 문제가 되지 않는 것은, 학생들이 바뀐 것이 아니라 근본적으로 그런 문제가 생기지 않도록 하는 학교 문화에 차이가 있다는 점에 주목해야 한다. 수많은 어려움과 위기를 겪으면서 혁신학교는 아이들과 함께 성장하고 정착해가고 있다. 앞으로도 또 다른 난관을 거쳐야 할 것이다. 그러나 진정한 배움을 중심에 두고 학교가 운영될 때 혁신학교는 늘 새로운 교육의 지평을 여는 선도적 역할을 하게 될 것이다.

혁신 학교, 학교 문화의 변화가 필요하다면
다음 장을 넘겨보세요!!

3부

학교 문화의
리모델링이
필요하다

교육, 근본을 다시 생각하다

1

혁신학교에 대한 여러 가지 이야기들이 있다. 각각의 이해도 다른 것 같다. 경기도에서 시작했지만 서울형혁신학교, 무지개학교 등 이름도 다양하다. 정작 경기도에서는 혁신학교는 그냥 혁신학교일 뿐이다. 원조의 여유라고 할까? 이름이야 어쨌든 혁신학교가 학생과 학부모 그리고 학교현장의 교사들로부터 큰 호응을 불러일으킨 것은 부정할 수 없는 사실이다.

한 가지 우려되는 것은 혁신학교가 또 다른 연구학교나 정책사업처럼 흘러갈 수 있는 조짐을 보이고 있다는 점이다. 특히나 나중에 시작한 지역 교육청은 저마다 색다른 무엇인가를 강조하기 위해서 여러 가지 이름을 붙인 혁신학교들을 만들어내고 있다. 명칭이나 용어는 그것이 내용을 규정하고 사고를 통제하므로 단순한 이름에서 그치는 것이 아니다. 생태체험형, 수업개선형 등과 같은 이름이 붙으면 이미 이 학교가 무엇을 목표로 하는지가 그대로 드러나고 그런 방향으로 운영된다.

이런 학교들이 과연 제대로 학교혁신을 이룰 수 있을지 우려스럽다. 마치 과거의 연구학교나 시범학교의 데자뷔를 보는 듯한 불길한 예감이 드는 것이다. 과거의 연구학교나 시범학교도 성취평가제 연구학교, 재량활동 연구학교 등과 같이 학교에서 어떤 특정한 프로그램이나 사업을 하는 것으로 성과를 얻고자 했었다. 뒤돌아보면 그 성과란 그런 방식으로는 성공할 수 없다는 것을 보여주는 것이었는지도 모르겠다. 그 많은 연구학교와 시범학교의 연구결과는 다 어디로 가고, 매번 연구학교와 시범학교가 생겨야 하는지 모르겠다는 것이 학교현장의 쓴 소리이다.

이렇게 학교는 한 부분만 바꾸거나 건드리는 것으로는 변화하지 않는다. 농사를 지을 때도 농약을 뿌리고 비료를 잔뜩 주던 땅에서 바로 유기농을 할 수는 없는 것이다. 무농약을 3년 이상 하고 전환기유기를 3년 이상 해야 비로소 유기농으로 인정받을 수 있는 것처럼 학교도 기본 토양을 바꾸는 작업부터 해야 새로운 교육의 도입이 가능해진다.

혁신학교도 어떤 좋은 수업 방법만을 도입한다고 될 일이 아니다. 스마트학교니 뭐니 해서 특정한 교육을 실험하고자 하는 것도 아니다. 학교의 한 부분을 건드려서 그것이 만들어내는 작은 변화에 감동하는 그런 수준의 이야기가 아니다. 학교교육의 근원적인 혁신을 이야기하고 있는 것이다. 본래 학교가 해야 할 일을 하도록 되돌려 놓은 일을 말이다. 기존의 경쟁구조나 입시문제에 대해서 애써 회피하거나 비난하면서 다른 방식의 탈출구를 찾는 방식이 아니라, 정면으로 도전하고 그것을 극복하는 제대로 된 교육이 가능함을 보여주고자 함이다.

모두가 교육을 이야기하지만, 모두가 다른 교육을 이야기한다

그동안의 문제는 '학교를 본연의 모습으로 바꾼다'는 똑같은 말을 하면서도 그 본연의 모습이 무엇인가에 대해서는 전혀 다른 생각들을 하고 있었다는 점이다. 우리는 지금까지 학교의 상에 대한 작은 의견 차이조차도 전혀 다른 결과를 만든다는 것을 경험해왔다. 혁신학교 초기에도 그리고 현재까지도 학교의 역할과 모습에 대해서는 여전히 메우기 힘든 간극이 존재하고 있는 듯하다. 단순히 진보와 보수의 차이가 아니라 같은 진보나 보수 안에서도 서로 다른 입장이 존재한다. 이러한 차이는 때로는 긍정적인 자극이 되기도 하지만 경우에 따라서는 심각한 갈등을 초래하므로 이 간극을 좁히기 위한 노력은 힘들지만 피할 수 없는 과정이다.

그러면 학교 본연의 역할은 무엇일까? 가장 중요한 질문이지만 다들 별다른 관심을 두지 않는 물음이다. 학교의 존재 이유를 묻는 것으로부터 혁신학교는 출발한다. 이 합의점이 없으면 모두가 생각하는 학교는 각기 다를 수밖에 없다. 그러니 학교의 존재 이유를 묻는 것은 너무도 당연한 일이다. 지금부터 그 답을 찾아보자. 혁신학교가 무엇인지를 이해하는 제대로 된 길이 바로 여기에 있다.

가장 기본적인 학교의 역할은 '배움'이다. 학교는 모름지기 아이들의 배움과 성장이 일어나는 공간이어야 하며 그런 역할을 해야 한다. 따라서 학교란 학력을 가장 중심에 두어야 한다는 것이 혁신학교의 기본 철학이다. 그것을 소홀히 하거나 외면한다면 학교가 존재할 이유가 없다. 아이러니하게도 혁신학교에 대한 가장 일반적인 공격은 기초학력이 떨어진다는 것이다. 혁신학교에 대한 몰이해라고 치부할 수도 있지만 일부 혁신학교에서 잘못된 이해로 인해서 실제 학생들이 갖추어야 할 기초적인 학력을 간과한 점에도 책임이 있다. 일부 교사들은 학력이라는 말을 꺼내는 것조차 비난했던 것도 사실이다.

그러나 분명한 것은 학력이란 것을 어떻게 정의할 것인지, 그리고 그것을 어떻게 평가할지에 대한 논란은 있을 수 있지만 학력 자체가 금기시되어서는 안 된다는 점이다. 학력이 어떻게 정의되어야 할지는 학교교육의 방향과 실제 이루어지는 교육 내용에 결정적인 영향을 미치므로 이에 대해서는 사회적인 합의가 있어야 한다. 또 현재의 기초학력평가의 타당성과 그 효과에 대해서도 되짚어볼 필요가 있다. 그러나 진정한 학력이란 어떤 환경이나 문제에 직면하더라도 효능을 발휘할 수 있어야 한다는 점에서, 필자가 혁신학교에서 주장했던 학력은 현재의 여러 집단이 주장하는 학력의 의미와 그리고 학력이라는 말 자체를 터부시하는 집단의 주장과는 큰 차이가 있다. 모두가 동의하는 배움이라는 것의 내용으로 들어가 보면 이렇게 전혀 다른 인식들이 존재한다.

우리나라 국민 모두가 교육 전문가이다. 정치보다 교육에 더 할 말도 많고 아는 것도 많다. 자, 그럼 우리가 얼마나 교육에 대해 제대로 알고 있는지를 이야기해보자. 학교는 어떤 곳이어야 할까? 단순히 아이들을 가르치는 곳인가? 아니면 아이들의 삶의 공간일까? 그러면 가르친다는 것은 무엇일까? 무엇을? 어떤 목적으로? 이런 질문에 대해 자신 있게 대답할 수 있는 사람은 많지 않을 것이다. 왜? 한 번도 진지하게 고민한 적이 없기 때문이다. 그러면서도 다들 스스로 교육에 대해서는 대단히 잘 안다고 생각한다. 이것은 현장의 교사들도 별반 다르지 않다. 그럼에도 불구하고 교육은 바로 여기서부터 출발한다. 어떤 목적으로 어떤 내용을 아이들이 배워야 할지는 다른 누군가가 결정해서 던져주기 때문에 정작 아이들을 지도하는 교사들은 고민할 필요가 없다고 생각한다. 그런데 교육의 목적과 내용에는 매우 중요한 의도와 목표가 교묘하게 숨겨져 있다. 의도와 목표는 교육에 대한 입장의 차이에 따라 형성되며 이로 인해 전혀 다른 내용과 실천으로 나타나게 된다. 서로 다른 입장의 교육을 받은 아이들의 삶은 매우 다를 수밖에 없다.

이 점에 대해서 프레이리와 헨리 지루는 매우 냉철하고 정확하게 그 실체를 드러내 보였다.

프레이리에 따르면 전통적인 교육관에서 교육자와 학생의 관계는 이야기하고 장황하게 설명하는 관계이다. 상호작용으로서의 대화가 아니라 이야기를 하고 설명하는 주체로서의 교사와, 일방적으로 그 이야기를 듣는 청취자라는 수동적인 존재로서의 학생이 있다. 학생이 알아야 할 지식을 대단히 제한한다는 점에서 이런 교육관에서 목표하는 인간상을 미루어 짐작할 수 있다.

헨리 지루는 더 구체적으로 교육에 대한 기본적인 철학과 인식의 차이가 어떤 결과의 차이를 낳는지에 대해 경고하고 있다. 기존의 주류 교육이 이해하는 학교와 교육의 역할은 비판적 사고와 적극적 민주시민의식을 기르는 것이 아니라, 단순히 글을 읽는 기법과 기존 체제와 기득권의 질서에 순응하는 자세를 익히는 것이다.

여기서 단순히 글을 읽는 기법을 배우는 것이 어떤 문제를 낳는지에 대한 좋은 예가 바로 우리나라 문해율의 현실이다. 우리나라 문해율 −과거의 문맹율을 부정적 의미 때문에 이렇게 바꿔 쓴다고 한다.− 은 OECD 평균보다 높은 1.7% 정도이지만 문서 문해능력으로 보면 OECD 국가 중 최하위권이다. 즉 글자 한 자 한 자를 읽지 못하는 사람은 거의 없지만 글을 읽고 문장의 의미를 이해하지 못하는 사람이 상당수 있다는 말이다.

광고나 신문기사처럼 이해와 분석능력이 필요하지 않은 일상적인 생활문 정도만 이해할 뿐 길고 어려운 문장, 내용이 복잡하고 추론이 필요한 문장에 대해서는 문맹이나 마찬가지라는 뜻이다. 그것은 글자를 읽는 것만으로는 해결될 수 없다. 지식과 정보에 접근할 때 스스로의 생각을 통해 이해하고 분석하는 비판적 사고의 경험이 쌓였을 때 길러지는 능력이다. 기존의 체제를 무비판적으로 수용 —일반적인 통념이나 인식을 그대로 습득하고 잘못 형성된 편견이나 차별적 사회문화까지도 수동적으로 수용하는 것을 의미한다.— 하는 교육에 길들여진 사람들이 어떤 현상이나 정보에 직면해 그것을 다른 시각으로 바라보거나 의문을 가지기는 매우 어렵다.

단순한 지식을 전달하는 주류 교육들이 교육과 학교를 오랫동안 지배하면서 교사의 역할은 세상을 비판적으로 읽도록 돕는 것이 아니라 학생들이 읽기 도구를 숙달하도록 돕는 것으로 변질되었다. 교사가 전문가가 아니라 단순히 숙련된 지식의 판매자나 전달자로 전락한 것이다.

교사를 지식 전달자로 만드는 숨은 의도가 있다

3

  교사를 이렇게 숙련된 지식전달자로 인식하는 시스템이라면 학생들은 교사가 전달해주는 지식을 잘 수용하고 암기하면 되는 사람들이다. 이런 아이들이 사물이나 현상을 비판적이며 창의적으로 받아들일 것이라 기대하는 것은 가당치 않다. 창의적인 생각은 고사하고 아이들을 배움의 기쁨으로부터 격리하는 결과를 가져온다. 이런 교육관을 가진 학교에서 아이들은 스스로를 지식의 소비자로 인식하게 되고, 교사와 교과서로부터 전해지는 요약된 지식에 익숙해진다. 그것의 의미를 이해하기보다는 잘 포장된 지식을 머릿속에 욱여넣어서 시험, 종국에는 대학입시를 볼 때까지만 잘 간직하면 된다고 생각하게 된다.

  이런 교육의 결과 아이들은 확률과 통계 문제는 잘 풀지만 정작 스스로 주어진 데이터를 분석하고 특성을 파악하지는 못하게 되었다. 평균값을 구하지 못하는 아이들은 거의 없지만 평균값이 대푯값으로 어떤 의미를 갖는지 이해하는 아이들 또한 거의 없다는 심각한 문제를 낳고 있는 것이다.

* * *

  단편적인 사실 중심의 지식전달 교육방식의 문제점을 잘 보여주는 사례가 있다. 대부분의 사람들은 생각을 요구하는 질문에는 쉽게 대답하지 못한다. 그 질문이 다른 형태로 주어지면 쉽게 답할 수 있으면서도 말이다. 어느 날 듀이는 수업시간에 "만약 여러분이 지구를 계속 파내려 간다면 무엇을 발견할 수 있을까요?"라는 질문을 했다. 답이 없자 학생들에게 반복해서 똑같은 질문을 했지만 학생들은 계속 침묵하였다. 그러자 교사가 듀이에게 불만을 표시하였다. "선생님은 잘못된 질문을 하고 있어요." 그녀는 수업 분위기를 전환하면서 "지구 중심의 상태는 어떤가요?"라고 바꿔 물었다. 학생들은 한 목소리로 '용암'이라고 대답했다.(Bloom, 1956)

＊　＊　＊

　이 사례는 단순한 사실을 아는 것에 초점을 맞추는 분절된 지식 전달이 가져오는 교육의 한계와 문제점을 잘 보여준다. 이런 교육은 자신의 지식을 바탕으로 추론하고 상상하는 단계는 고사하고, 자신이 암기한 지식조차도 자기가 외운 형식과 다른 형태로 접근하면 모르게 되는 결과를 가져온다. 그래서 지구를 계속 파내려 가면 지구의 중심에 도달한다는 사실과 지구의 중심은 용암 상태라는 것을 연결하지 못하는 상황이 벌어진다. 우리의 삶의 문제와 유리된 분절화되고 파편화된, 지식을 위한 지식을 머릿속에 집어넣는 교육이 가져오는 극단적인 문제의 사례일 것이다. 교과서의 내용을 그대로 전달하기만 하는 것은 지식을 제대로 이해하기 어렵게 만든다. 이렇게 길들여진 아이들은 무엇인가에 흥미를 갖는 일이 낯설다. 어린 시절 보이던 초롱초롱하고 호기심 넘치던 표정이 사라진 교실에는 일년 내내 질문 한 번 하지 않는 아이들이 가득 차 있다. 누가 이 아이들에게서 끊임없이 쏟아지던 의문을 앗아갔을까? 시험성적이나 등수가 아니라 순수하게 새로운 것에 대한 열망으로 터져 나오던 그 식을 줄 모르던 새로운 세상에 대한 궁금증은 다 어디로 증발한 것일까?
　새로운 것에 대한 흥미나 진지한 탐구를 통해서 얻어지는 지식의 경이로움과 그것을 스스로 하나하나 깨달아갈 때 느끼는 희열이 사라지면, 배운다는 것에 대한 열정은 극도로 싸늘하게 식어버린다. 그때부터 공부란 어른들이 늘 이야기하는 대학입시의 그날을 위해 참아내야 할 고통이자 인내의 과정일 뿐이다. 마치 그날이 되면 모든 것이 다 끝나버리는 것처럼 주입된다. 그래서 도저히 자신이나 부모의 기대에 미치지 못할 것 같다고 생각되면 불행한 선택을 하는 아이들이 끊이지 않는 것이다. 모든 것이 끝나는 결승점에 자신의 자리는 없다고 생각된다면 삶이 무슨 의미가 있겠는가?

아이들이 특정한 기능에 숙달되도록 교육하는 것이 목적인 한, 사회가 좁게는 기업에서 필요로 하는 기능을 갖춘 도구로 길러내야 한다는 생각이 유지되는 한, 아이들이 자신의 삶을 설계하고 실천해 나가는 과정으로서의 행복한 배움이란 불가능하다. 우리 아이들이 아무런 이유도 모른 채 쓸데없는 문제풀이에 자신들의 정력을 다 허비하고, 시간이 갈수록 무기력하게 변해가는 배경에는 이런 전통적인 교육관, 학교의 기능에 대한 근대적 이해가 강력하게 자리 잡고 있음을 깨닫지 못한다면 아무리 교육을 바꾸자고 외쳐도 공염불일 것이다. 그것이 마치 교사들만의 잘못인 것처럼 비난한다면 교사들의 의욕을 저하시키고, 최소한의 책임만 다하겠다는 문화를 만들어 결국 우리 아이들에게 더 부정적인 영향을 미치는 악순환이 반복될 뿐이다.

혁신학교의 다른 점은 수업시간에 아이들이 질문을 한다는 점이다. 아이들이 잠에서 깨어나 뭔가에 관심을 가지고 집중하는 모습을 볼 수 있다. 그 아이들이 모두 부모들의 바람처럼 국영수를 잘하는 아이들은 아닐 것이다. 그럴 필요가 없다고 생각하는 아이들이 교실을 생기로 채운다. 어른들이 말하는 그날이 아니라 더 멀리 바라보고 더 긴 호흡으로 생을 살아갈 준비를 하고 있는 아이들이 학교를 행복한 공간으로 만들어간다. 혁신학교의 힘은 바로 이 아이들, 스스로 삶의 의미를 다시 찾아가고 있는 아이들에게서 나온다.

창의적인 생각은 어떻게 나오는가?

4

교육의 역할을 특정한 기능에 숙달된 인간을 길러내는 것으로 이해한다면 아이들을 수동적인 지식의 암기자로 전락시켜 사물과 현상의 의미를 이해하는 깊은 사고를 할 수 없게 만든다. 지식을 많이 알고 있는 숙련된 전문가인 교사가 학생들에게 지식을 제대로 전수하고 그것을 전수받는 과정이 교육의 목표가 된다면 전문가로서 교사의 권위는 강조된다. 이런 교육관이 지배하는 교실에서는 교사의 한 마디 한 마디를 놓치지 않으려고 뚫어져라 교사를 바라보고 열심히 공책에 필기를 하는 학생이 훌륭한 학생이다. 그 학생에게 교사의 말씀은 곧 길이요, 진리일 테니. 거기에 의문을 갖거나 반론을 제기한다는 것은 엄청난 사건이다. 학생에게는 그냥 받아 적고 외우고 오래 기억해야 할 의무만이 있을 뿐이다. 질문이란 단지 선생님의 말씀을 잘 못 알아들었을 때 하는 것이다.

이렇게 교사는 지식의 권위자로 군림하고, 학생은 그 권위에 복종하는 것이 우리가 알고 있는 교실의 모습이다. 이런 분위기에서는 새로운 생각이 나올 수 없다. 과거 중세 암흑기에 교회의 권위가 모든 사상과 지식을 통제하던 시기와 다를 바가 없는 것이다. 물론 그래도 지구는 돈다며 반항하던 갈릴레이 같은 과학자가 과학과 역사의 발전이 멈추지 않도록 지탱하는 역할을 하긴 했지만.

역사를 통해서 지식이란 과거의 지식에 대한 끊임없는 의문과 도전을 통해 발전되고 그 지평을 넓혀왔다는 것을 알 수 있다. 학문을 탐구하는 것은 과거의 지식을 바탕으로 의문을 밝히고 새로운 사실을 알아내는 과정이다. 이것이 진정한 의미의 배움이다. 우리가 학교에서 과거에 인류가 밝혀낸 지식을 배우는 것은 그것이 세상을 살아가는 데 도움이 되기도 하지만, 궁극적으로는 새로운 지식을 밝혀내고 세상을 변화시켜 나가는 데 그 목적이 있다.

과거 산업화시대에는 숙련된 기능을 갖춘 인력을 빨리 양성하는 것이 목적이었고, 그것이 일부 유효하기도 했다. 그러나 이제 우리 눈앞에 있는 지식 정보화사회는 개인의 창의적 사고와 능력이 중요해지는 구조로 전환되고 있다. 스스로의 시각으로 세상을 읽고 이해하는 능력을 갖추어야 한다는 이야기이다. 외국의 유명한 창업자를 굳이 예로 들지 않더라도 이제는 치킨집을 하더라도 다양한 아이디어를 내지 않으면 망하는 사례를 수없이 보고 있지 않은가?

국가적으로도 창조경제를 외치고 창의융합이니 창의인성이니 하면서 입만 열면 창의성이라는 말이 빠지지 않을 정도로 일반화된 개념이다. 그런데 이 창의성이란 말의 의미가 무엇인지, 그리고 창의성이란 것이 창의성을 기르는 훈련을 하면 생겨나는 것인지 아무도 자신 있게 답을 내놓지 못하고 있는 형편이다. 간단하게 '창의적인 생각이란 남들과 다른 새로운 생각'이라고 정의한다면, 그 다른 생각은 어떻게 나오게 될까? 선생님이 하시는 말씀을 열심히 잘 듣고 암기하려고 몇 번씩 되풀이해서 읽고 쓰기를 반복하는 열심히 공부하는 학생들의 머리에서 나올까? 일 년 내내 아무런 질문도 하지 않고 적막이 감도는 엄숙한 교실에서 나올까?

다른 생각은 다르게 보는 것에서 나온다는 것이 필자의 생각이다. 외국의 한 학교 ―아마 발도로프 계열의 학교일 것이다.― 에서는 예술 수업을 강조하는데 특히 미술 수업이 인상적이었다. 그 학교의 미술시간은 여러 가지 재미있고 특이한 수업으로 구성되어 있었는데, 사물을 관찰하고 그리는 수업 장면에서 머리를 얻어맞은 것 같은 강한 인상을 받았다. 사물을 한 가운데에 두고 아이들이 삥 둘러앉아서 그림을 그리는 수업이었다. 그게 뭐 그리 특별하냐고 생각할지도 모르겠다. 그러나 정말 특별한 수업이었다. 그 수업을 통해서 아이들은 그림만 그리는 것이 아니라 다른 경험을 하고 있었다. 하나의 사물을 가운데 두고 둘러앉아서 그리는 아이들의 그림은 서로 다를 수밖에 없다. 아이들은 자신들이 바라보는 방향에서의 모습만을 그리기 때문에 자신의 눈에 보이지 않는 다른 아이들이 보는 모습을 그릴 수 없다.

이런 수업이 왜 중요할까? 이 수업은 아이들에게 자신이 바라보는 모습이 전부가 아니라는 것을 깨닫게 한다. 그것이 사물에만 국한되는 것이 아니라 자신의 경험 전체로 투영되어서 모든 사물과 현상에 보이지 않는 모습들이 존재할 수 있음을 자연스럽게 깨닫게 되는 것이다. 자신의 생각이 전부가 아니며 다른 시각을 통해서 세상을 더 잘 이해할 수 있다는 것을 자각하게 되는 것이다. 이것은 다른 시각이 도움이 된다는 의미를 넘어 반드시 다른 시각이 있어야 완전한 이해에 도달할 수 있음을 배우는 것이라고, 필자는 이해하였다. 그래서 이 수업이 놀라운 수업이라는 것이다. 교사는 미술 수업을 하면서 다른 생각이라든지 협력이라는 말을 한 마디도 하지 않았다. 그러나 그림을 그리면서 아이들은 스스로 다른 시각으로 바라보기를 배우고 협력의 소중함을 깨닫게 된다. 서로 돕고 협력하는 것이 중요하다는 백 번의 말보다 교과서에 담긴 어떤 내용보다도 이런 자연스러운 경험을 통해 얻게 되는 깨달음이 더욱 강하게 아이들을 변화시킨다.

창의적인 생각을 기르기 위해 다른 시각만큼이나 중요한 또 하나의 요소는 당연한 것에도 의문을 갖는 것이다. 모두가 옳다고 말하는 것에 대해서, 너무나 상식적이라고 여겨지는 것에 대해서, 그리고 전문가가 이미 결론을 내놓은 사실에 대해서도 의문을 갖고 지식의 권위에 도전하는 자세

말이다.

우리 인류의 발전에 지대한 영향을 끼친 인물이나 업적은 바로 이런 의문을 갖는 것에서 시작되었음을 알면서도 실제로 자기 스스로 그런 태도를 가진 사람들은 많지 않다. 해는 왜 동쪽에서 떠서 서쪽으로 지는가? 무거운 것과 물은 왜 높은 곳에서 낮은 곳으로 흐르는가? 지금은 누구나 상식적으로 알고 있는 이런 사실들을 인간이 제대로 이해하게 된 것은 불과 몇 백 년 전의 일이다. 모든 사람들이 지구가 세상의 중심이라고 이야기할 때 의심을 가지고 이해되지 않는 것에 대해서 집요하게 파헤치는 노력이 있었기에 인류의 역사는 비약적인 발전을 거듭했다. 우리의 학교에서 이렇게 의문을 제기하고 독특한 호기심을 발하는 아이들이 문제아 취급을 받는 것처럼, 뛰어난 인물들도 그 시대에는 고난을 당하기도 했으니 지식의 권위에 도전하는 일은 예나 지금이나 어려운 일인가 보다.

이렇게 창의적이고 새로운 생각은 이미 알고 있는 것에 대한 의문과 질문을 던지는 비판적인 사고로부터 나온다. 교과서에 있는 내용을 그대로 받아들이고 암기하는 학습방법으로는 길러지기 힘든 배움의 자세이다. 지식의 본질을 이해하려고 노력할 때, 이해되지 않는 것에 대해 끊임없이 질문하고 진리를 향해 나아가려는 의지를 보일 때 새로운 세계로 나아갈 수 있으며 그 출발은 비판적인 사고에서 시작된다. 그럼 비판적 사고는 어떻게 길러지는 것일까? 아이들의 호기심과 흥미를 북돋아주는 문화가 필요하다. 아이들의 호기심과 흥미는 세상에 대한 의심으로부터 나온다. 부모나 선생님이 절대 하지 말아야 할 말 중에 하나가 "원래 그래."이다. 원래 그런 것은 없다. 세상에 이유 없이 존재하는 것은 없다. 원인 없는 결과가 없다는 아주 평범한 진리를 우리는 너무 자주 망각하는 듯하다.

인간과 전혀 다른 소리를 내는 새들의 울음소리를 듣고 감동하지 않는 아이들은 없다. 햇빛이 커튼 사이로 떨어지는 모습을 보고 놀라움에 흥분하지 않을 아이들이 과연 있을까? 그런 일들이 아이들에게는 얼마나 경이로운 일인지 상상할 수 없을 것이다. 그런데 "원래 그래."라는 한 마디로 아이들의 사고를 완전히 얼어붙게 만드는 것은 지적 폭력이다. 이런 경험을 반복한 아이들은 마침내 깨닫게 된다. 세상을 너무 많이 알려고 하면 다친다는 것을. 몇 번만 똑같은 질문을 반복하면 날아오는 것은 짜증 섞인 어른들의 반응뿐이고, 호기심에 이것저것 시도하다 보면 돌아오는 것은 문제아라는 낙인뿐이다. 이런 문화가 우리 아이들을 교실에서 질문이 없는 아이들로 변하도록 만드는 것이다. 교과서에 적힌 내용만이 정답인 학교에서 다른 생각은 불이익을 가져올 뿐이다. 정작 교과서란 아이들에게 주어지는 사고의 단초에 불과한데도 말이다.

사실 교과서란 모든 지식을 해체해서 뼈대만 보여주는 것이라고 생각해야 한다. 국가가 아이들을 교육할 방향을 정하고 그에 따른 교육과정을 만든 후 거기에 필요한 지식들을 제시하는 하나의 사례가 바로 교과서이다. 따라서 이것이 절대화되는 것은 대단히 위험하고 바람직하지 않다.

국정교과서 시대를 너무 오래 거친 탓에 교과서를 절대적이고 완벽한 것으로 잘못 이해하고, 교과서에 기초한다는 말이 교과서만 들입다 외우면 되는 것으로 생각하게 된 것이다. 그러나 실제로 지식이란 교과서이든 교육과정에서 제시하는 것이든 그것을 기초로 다양한 자료와 내용을 통해 자신의 생각을 만들어야 쌓이게 되는 것이다. 우리가 알고 있는 지식이란 대단히 불완전하고 일방적인 시각을 가진 것도 많아서 그것 자체가 진리라고 보기는 어렵다. 가장 객관적이어야 할 과학에서조차 기존의 주장이 뒤집히는 기막힌 일들이 생기지 않는가? 대표적인 사례가 바로 수천 년 동안 인간을 우롱해왔던 천동설이었고, 최근에는 아인슈타인의 상대성 이론이 심각한 도전에 빠지기도 했었다. 물론 오류로 밝혀지기는 했지만 아인슈타인이라는 대물리학자의 권위에 의문을 갖고 빛보다 빠른 물질이 있을 수도 있다는 생각을 포기하지 않는 그 탐구정신이 어쩌면 20세기 최고의 과학적 성과를 송두리째 뒤엎을 수 있을지도 모른다.

이렇게 모두가 인정하고 있는 지식과 업적에까지 도전하는 사람들 덕분에 인류의 역사는 발전해온 것이다. 하물며 다양한 주장과 불완전한 사실을 다루는 교실이라면 더 많은 도전이 있어야 할 일이다. 더 많은 의문을 갖도록 부추기는 문화가 자리 잡아야 제대로 된 배움이 일어날 수 있다. 아이들에게 지식의 불완전성과 객관이라는 가치의 허약한 실체를 제대로 이해시킬 때 사물이나 현상을 올바르게 바라볼 수 있는 힘이 생긴다. 다양한 가치와 다른 시각의 중요성을 이해하는 것도, 지식의 실체를 제대로 이해할 때에서야 가능한 일이다.

그래서 필자는 교사들과 학부모를 대상으로 강의를 할 때 교실에서 멍하게 공상에 빠져 있는 아이들을 유심히 살펴보라고 이야기하곤 한다. 깐족거리면서 "왜요?"를 반복하는 아이들에게 꿀밤과 고함을 안기기보다는 그 아이가 정말 훌륭한 아이가 될 것이라는 기대의 눈빛을 보내라고 이야기한다. 농담 삼아 하는 이야기가 절대 아니다. 부모님 말씀을 잘 듣고 말썽피우지 않는 아이가 편하고 믿음직스러울 것이다. 선생님이 시키는 대로 열심히 잘 따르는 아이가 예뻐 보일 것이다. 그러나 그런 아이들은 어찌 보면 자신의 마음속에 있는 욕구와 열망을 억누르는 데 익숙해져 있는 아이들일 수 있다. 주어진 질서에 적응하는 능력이 뛰어난 아이들, 일반적으로 사회와 학교 시스템이 우수하다고 평가하는 아이들이 바로 이런 부류의 아이들이다.

그러나 다루기 힘들고 때로는 어른들도 감당하기 힘들지만 자기 생각과 감정에 충실하고 인간 본연의 호기심과 의문이 자신의 자제력을 이겨버리는 그런 아이들이 종종(사실은 대부분) 더 대단한 성취를 거두는 경우를 많이 보게 된다. 이런 사례로 미국인이 가장 사랑하는 대통령으로 꼽는 존 에프 케네디 대통령에 관한 일화를 인용하려고 한다.

* * *

　자녀교육으로 유명한 케네디 가에서 촉망받던 아이는 전쟁 중 전사한 케네디의 맏형인 조셉이었다. 형 조셉과 함께 사립명문학교인 초트스쿨을 다녔지만 늘 말썽만 일삼던 케네디는 경쟁상대로 생각했던 형이 졸업하자마자 전혀 다른 학생으로 변신하기 시작했다. 당시 초트스쿨 교장이 케네디의 아버지에게 보낸 다음 편지글은 케네디의 미래를 예견하고 있다. "잭(케네디 대통령의 애칭)은 명민하고 개성이 뚜렷한 개인주의 성향의 소유자입니다. 형인 조와 달리 마구를 채우기 힘든 야생마 같은 심성이 있습니다. 잭에게는 천부적으로 독자적인 관점이 있습니다. 또 기지 넘치는 표현을 구사하는 재능을 타고 났습니다. (중략) 잭 같은 학생에게는 적응과 조정과 성장의 기간을 참작해야 합니다. 평범한 모범생의 심성을 가진 아이들은 우리 교사나 부모들의 골치를 썩이는 경우가 훨씬 적습니다만, 결국에는 잭 같은 아이가 더 흥미 있고 더 보람찬 성과를 얻게 되기 마련입니다."(최효찬, 《세계명문가의 독서교육》, 바다출판사, 2010)

* * *

　꼴통 같은 녀석들을 한 대 쥐어박고 싶겠지만 한 호흡만 가다듬고 그 내면에 감춰져 있는 이야기에 귀를 기울여보면 어떨까? 그 아이들이 이해하지 못하고, 납득하지 못하는 이유를 탓할 것이 아니라 이해하려고 노력하면 그 안에 숨어 있는 거대한 에너지와 무한한 가능성을 보게 될 것이다. 그냥 빈말이 아니라 세상을 의심하고 다른 눈으로 바라보는 아이들이 세상에 큰 족적을 남길 만한 엄청난 일들을 해내기 때문이다.

　마지막으로는 중요한 요소는 자신이 하고 싶은 것에 열정을 바치는 것이다. 그것을 통해서 얼마나 큰 보상을 받을 수 있는지가 아니라 아무도 인정해주지 않지만 스스로의 관심과 열정으로 파고들다 보면 전혀 새로운 것들을 창조할 수 있다. 아무리 큰 보상이 주어진다고 하더라도 그 일이 행복하지 않으면 새로운 아이디어로 발전하기란 쉽지 않다. 아무런 보상이나 인정을 받지 못하더라도, 성공하지 못하더라도 그것이 자신이 행복한 일이라면 그 사람은 그 일에 몰입하게 되고 그럴 때 놀라운 성과를 만들게 된다. 그 과정 자체가 이미 의미 있는 일이기 때문이다.

* * *

적절한 비유의 하나로 페르마의 마지막 정리를 소개하고자 한다. 페르마의 정리는 수백 년간 수학자들을 괴롭혀온 난제 중의 난제였다. 수많은 천재수학자들이 도전했지만 결국 실패했기 때문에 더 유명해진 문제이다. 그런데 정작 이 문제를 던진 페르마는 전문 수학자가 아니라 프랑스 툴루즈 지방의 의원이자 지방 판사였다. 수백 년간 아무런 보상도 없는 이 문제에 도전한 많은 수학자들의 시도는 성공하지 못했지만 그들의 실패는 결코 무의미하지 않다. 그 과정에서 많은 수학적 진전이 있었고 이것은 순수한 학문에 대한 열정에 의한 것이었다. 자신이 진정으로 원하는 일을 하는 과정에서 이렇게 인류는 한 발씩 더 나아가게 되는 것이다.

오일러도 그중 한 사람이었다. 수학을 배운 사람들이라면 대부분 아는 이 위대한 수학자도 페르마가 남긴 세기의 난제에 도전했지만 실패하고 만다. 당대 최고의 수학자의 도전이 실패로 끝나자 많은 사람들이 놀라고 안타까워했지만 그러나 그것은 단순히 실패라고 말할 수 없다. 오일러가 이 문제를 풀기 위해 만들어낸 수많은 수학적 업적은 우리 인류의 삶에 커다란 영향을 미쳤기 때문이다. 다른 수학자들의 도전에 발판이 되었고, 마침내 페르마의 정리는 임자를 만나서 옳다는 것이 증명되었다.

* * *

이런 과정에서 이 문제의 도전자들에게는 아무런 보상도 주어지지 않았다. 이 문제를 푼다고 누군가가 대가를 지불하지도 않았다. 그럼에도 수많은 수학자들이 이 어려운 문제에 도전하느라 수년에서 수십 년을 바치기도 했다. 무엇이 이들을 그렇게 무의미해 보이는 일에 매달리게 했을까? 그것은 스스로의 관심과 열정이었다. 그 어떤 보상이나 대가보다 더 중요한 것이 바로 자신이 하고 싶은 일이라는 것을 잘 보여준다. 오히려 그런 보상이나 대가가 없을 때 새로운 생각이나 진전이 이루어진다는 것이 인류가 경험으로부터 얻게 된 교훈이다.

그러나 자본주의 사회에 살고 있는 현재 우리들의 모습은 그런 교훈과 전혀 다른 방향으로 내달리고 있다. 현대사회에서 사람들은 타인의 시선을 자신을 평가하는 척도로 생각한다. 그 평가라는 것이 자동차, 집, 연봉 등으로 정의되는 능력인데, 이것을 위해 새벽부터 밤늦게까지 자신의 모든 에너지를 쏟아붓는다. 더 많은 것을 가지기 위해 정작 중요한 가치를 놓치고 가치 없는 일을 좇느라 새롭고 창의적인 아이디어를 만들 기력이 남아 있지 않게 되는 것이다.

타인의 평가와 상관없이 스스로가 자신을 비추는 거울이 되어야 한다. 자신이 무엇을 하고 싶고 무엇을 좋아하는지에 관심을 가지면 더 이상 돈이나 지위가 최고의 가치가 아니게 된다. 돈이나 지위가 전혀 중요하지 않다고 말하는 것은 아니다. 자본주의 사회에서 돈이나 지위를 갖는 것이 필요할 수도 있다. 그러나 그것만이 유일한 삶의 목적이 되는 것은 스스로를 불행하게 만드는 일이다. 인류를 위한 중요한 일을 하는 것도 아니고 나라를 구하는 것도 아닌 돈과 자동차, 승진에 자신의 모든 것을 허비하는 것이 얼마나 허망한 일인가? 자신이 의미 있는 존재로 살아가는 것이 주는 가슴 벅찬 희열을 느끼는 것은 에너지를 충전하는 과정이다. 이렇게 충만한 에너지가 새로운 생각, 창의적인 아이디어의 원천이 된다.

세상과 사물의 한 면만 보지 않고 그 이면을 바라볼 수 있는 힘과 다양한 생각들이 모여 새로운 생각으로 합의점을 찾아가는 과정, 이것은 단순한 지식의 전달만으로 이루어질 수 없다. 자신이 진정으로 원하는 일을 하면서 행복을 느끼는 것은 대가나 보상과 상관없이 집요하게 지식의 본질을 추구하고 창의적이고 새로운 아이디어를 탄생시키는 힘의 원천이 된다. 이 세 가지 요소들이 바로 우리 아이들을 창의적인 인간으로 길러내기 위해 필요한 조건이다.

지식의 암기만을 강조하는 학교 '기울어진 운동장'

헨리 지루가 지적한 것처럼 교사를 숙련된 지식판매자나 전달자로 전락시키는 메커니즘은 아이들의 비판적 사고 형성을 막는 것에서 그치는 것이 아니라 학교가 적극적으로 학생들을 무능한 존재로 만들고 소외시킨다. 비판적인 사고가 아닌 기능적인 지식의 숙달을 중요하게 여기는 교육시스템에서는 특정한 기능의 숙달 여부에 따라서 유능한 아이와 무능한 아이가 갈리게 되기 때문이다.

우리 학교에서 국영수 위주로 아이들의 서열을 매기고 일부의 훌륭한 학생과 나머지 대다수의 실패자를 만들어내는 상황은 바로 이러한 뿌리 깊은 구조에서 비롯된 것이다. 이런 메커니즘에서는 특정한 기능 이외에 인간이 가진 다른 가치는 고려의 대상이 되지 못하는 심각한 문제를 안게 된다. 학교가 말로는 모든 학생의 가능성을 살리는 역할을 한다고 이야기하면서, 실제로는 특정 분야에 유능한 학생들만 성공할 수 있는 기울어진 운동장으로 작동하고 있는 것이다. 학교가 노골적으로 다수의 아이들을 부당하게 소외시키고, 이렇게 소외된 아이들은 무력하게 수동적인 존재로 전락한다. 실례로 대학입시에 누구에게나 학생생활기록부가 중요한데도 성적이 좋은 아이들만 특기사항을 기록해주는 학교도 적지 않다고 한다. 이로 인해서 기회를 잃은 나머지 아이들은 버림받은 것이다. 이들에게는 학교가 불행한 공간이며 학교에서 보내는 시간이 고통스러울 수밖에 없다. 단순히 수업 방법을 바꾸고 몇 가지 정책사업을 하는 것으로 기울어진 운동장을 바로잡을 수는 없는 이유가 바로 여기에 있다. 수없이 많은 교육 정책이 쏟아졌지만 어떤 특정 프로그램이나 정책사업으로 교육과 우리의 학교를 변화시키려고 했기 때문에 제대로 된 변화를 이끌어내지 못한 것이다. 문제와 원인을 제대로 파악하지 못했기 때문이다. 어쩌면 실제로는 잘 알면서도 외면하고 있는 것 같다는 의심도 든다.

게다가 교육 전문가로 자처하는 우리 학부모들과 국민들은 이것에 대해서는 문제제기를 하지 않는다. 오히려 그 룰 속에 자신과 자신의 아이들이 어떤 이익을 얻을 수 있는지를, 그리고 어떻게 이런 판 속에 잘 적응할 수 있을지를 계산하느라 바쁘다. 너무 신랄한가? 이런 상황이 가져온 비극적인 결과를 생각하면 아무리 강하게 비난하더라도 부족하다.

지금처럼 특정한 아이들에게만 유리하게 룰이 세팅된 게임이라면 이미 그 결과는 정해진 것이나 다름없다. 이런 상황이라면 아이들은 너무 빨리 판단되고 낙인 찍혀 자신의 가능성을 찾아보기도 전에 포기를 강요당한다. 이것은, 폭력이다. 특정한 아이들에게만 유리하게 판이 짜인, 그리고 부모의 재력이 중요한 기회 불평등의 사회, 그것이 우리 교육의 단면이다. 그 이면을 받치고 있는 강고한 이데올로기의 진면목을 이해하지 못하면 모든 아이들의 가능성을 살리고 한 아이도 포기하지 않겠다는 그 말은 공허한 울림일 뿐이다.

아이들의 다양한 가능성과 재능을 제대로 인정하는 것이 학력을 올바르게 정의하는 것의 출발이다. 대학이라는 단기적 목표에만 맞추어진 암기와 문제풀이 능력이 아니라 자신의 인생을 행복하게 살아가기 위한 진정한 삶의 지혜와 자신 앞에 닥친 문제를 헤쳐 나갈 수 있는 강한 힘이 학력으로 이해되어야 하며, 이런 제대로 된 학력을 기르는 것이 학교의 역할이고 존재의 이유이다.

이렇게 한 사람이 가진 살아갈 수 있는 힘을 의미하는 제대로 된 학력을 기르는 것은 단순한 수업 방법이나 평가, 텍스트를 바꾸는 것으로 가능한 일이 아니다. 교육과정의 방향성부터 교육내용, 수업, 평가, 잠재적 교육과정, 환경까지 총체적인 학교의 변화가 아이들의 삶의 철학을 바꾸고 사고의 질을 변화시키는 것에 이를 때 진정한 학력을 기를 수 있는 학교로서의 모습을 갖추는 것이다. 이것은 문화의 변화를 의미한다.

이것이 혁신학교에서 학교의 문화를 강조하는 첫 번째 이유이다. 학교 문화의 기초는 교육을 바라보는 가치관, 그리고 학교의 역할에 대한 교육적 인식이다. 숙련성을 학교의 역할로 보는 교육관의 또 다른 문제점은 비판적 사고를 의도적으로 터부시한다는 점이다. 비판적 사고 자체를 문제 삼고 잘못된 것으로 인식하도록 만들려는 정교한 의도가 숨어 있음을 알아야 한다. 학생들을 숙련된 사람으로 키우겠다는 말에는 자본의 논리가 개입되어 있다. 과거 산업화시대의 사고이며, 국가의 의도 역시 깊게 개입되어 있다. 우리가 생각하는 것처럼 과연 국가는 선의로 국민에게 교육을 제공하는 것일까?

국가 교육은 정말 '국민'을 위한 교육일까?

6

    무슨 당연한 이야기를 쓸데없이 꺼내나 할지도 모르겠다. 그러나 당연하게 생각되는 것에 의문을 가져보자. 이것에 대한 답을 찾으려면 현재 국가가 국민들에게 제공하고 있는 공교육이 어떻게 출발되었는지를 이해해야 한다.

    역사를 거슬러 올라가면 교육이란 기득권이나 지배세력에게만 해당되는 말이었다. 우리가 알고 있는 교육기관도 다 이러한 국가를 운영하기 위해, 그리고 사회적으로 상위계층이었던 종교인을 양성하기 위해 설립되었다. 이들 교육기관의 목표는 기득권의 유지를 위해 어떻게 유능한 지배세력을 길러내느냐 하는 것이었다. 이것은 봉건시대까지는 유효한 시스템이었다. 농업과 농민이 산업의 주체였을 때는 굳이 교육이 필요치 않았기 때문이다. 오히려 효과적인 착취를 위해서는 무지한 대중이 더 많이 필요했다. 현재도 변하지 않고 유지되고 있는 기득권의 의도이자 희망이기도 하다. 교육은 필요하지만 기득권이 보기에 대단히 위험한 양날의 칼과 같은 것이다. 아무리 막아도 교육이란 반드시 깨우침을 동반하고, 깨우친 자들은 의문을 갖게 된다. 깨우친 민중이 얼마나 두려운 존재가 되는지는 역사가 잘 보여주고 있다. 그래서 대중을 무지한 상태로 유지하려는 끊임없는 시도는 동서고금을 막론하고 지속되어온 기득권세력의 일관된 의지이다.

농경사회에서는 교육의 기회를 봉쇄하는 것이 가장 손쉽고 일반적인 체제유지 방법이었다. 산업혁명은 이 모든 것을 바꾸어 놓았다. 경험과 인간의 힘에 의지한 반복적인 단순 노동이었던 농사와 달리 기계의 도입으로 산업의 중심이 거대 농장에서 거대 공장으로 옮겨졌고, 신흥 부르주아들의 목소리가 높아졌으며, 자신들의 부를 확대하기 위해 더 많은 노동자들을 필요로 했다. 농촌에서 도시로 대거 인구이동이 일어나고, 자유농민들이 공장노동자로 전환되면서, 특히 노동집약적 기술혁신이었던 면공업에서 자본집약적 기술혁신인 철공업으로의 발전은 사회경제적 변화를 가져오게 된다. 농업경제에서 필요한 좋은 인력은 힘이 좋은 사람이지만, 기계화가 이루어진 산업화시대에서는 인간의 힘이 아니라 기술이 중요했고 여자뿐만 아니라 어린이도 중요한 인력으로 부상하게 되었다.

농경사회의 생산과정에서 중요한 존재가 아니었던 어린이들이, 산업혁명으로 생산력을 가진 중요한 존재로 대두되면서 공장노동자로 일하거나 방치된 아이들의 문제가 심각해졌다. 아이들을 더욱 말 잘 듣고 기술을 갖춘 인력으로 키우기 위해 교육이 필요하게 된 것이다. 이것이 근대의 국가 교육기관으로서 학교가 나타나게 된 계기였다. 그리고 이것이 현재 우리가 알고 있는 보통 교육기관으로서의 학교의 출발이다. 산업화시대에 형성된 과거의 교육관은 교육을 통해 미래에 더욱 유용하고 말을 잘 듣는 인력을 배양하는 것이 목적이었으며, 지금까지도 여전히 전통적 교육관의 중심사고로 자리 잡고 있다.

유용하고 말 잘 듣는 인력을 양성한다는 것은 수동적으로 지식을 잘 기억하는 학생들을 길러내는 것이며 교사는 아이들에게 지식을 잘 전달하는 역할이 본연의 임무가 된다. 이런 교육관을 바탕으로 운영되는 학교에서 학생들은 지식이 실제로 의미하는 바를 알지 못하고 그저 응시하고 기억하고 반복할 뿐이다. 프레이리에 따르면 이런 인식은 학생을 빈병으로, 즉 교육자가 채워야 할 그릇으로 바꾸어 놓는다고 한다. 학생들은 지식을 보관하는 기록보관소일 뿐 창조성도 변화도 지식도 존재하지 않는다.

기록 창고에 보관되기 위한 지식은 스스로 안다고 판단한 사람들이 무식하다고 판단되는 사람들에게 주는 기부이다. 그래서 교사는 항상 아는 사람이어야 하며 학생들은 항상 모르는 사람이 된다. 이렇게 고정된 사고는 탐구와 연구의 과정, 즉 배움의 과정으로서의 지식과 교육을 부인하고 교사가 학생들의 무식을 절대화함으로써 자신의 존재 이유를 찾는다. 이것은 교사 스스로를 이율배반적으로 만든다. 교사의 교육목표가 학생들을 유식한 존재로 만들기 위해서라면 학생들은 무식한 존재로 남아서는 안 되는데, 교사가 학생들을 무식한 존재로 절대화하면 교사의 역할은 무의미해지기 때문이다. 그래서 교사와 학생들이 동시에 가르치고 배우는 존재로 이해되어 교사와 학생이란 모순된 틀을 벗어나야 하는 것이다.

유식한 교사가 무식한 학생들에게 지식을 주입하는 것이 교육이라고 사고하게 되면 인간을 순응하고 조정할 수 있는 존재로 여기게 된다. 자신에게 주어지는 지식을 보관하는 것에만 신경 쓰게 되면 학생들은 변화의 인자나 주체로서 세상에 뛰어들 수 있는 비판의식을 내부에서 기를 수 없게 된다. 이러한 기록보관으로서의 지식에 대한 시각은 학생들의 창의력을 말살하거나 비판의식 대신에 단순한 측면을 두둔하면서 자기생각을 억누르고 제한하기 때문에 기득권이나 체제에는 이익이 되도록 하는 역할을 한다. 이것은 전통적인 교육이론이나 주류 교육학의 목적인 사회체제의 재생산을 위한 교육에 충실한 개념이다. 사고를 자극하고, 하나의 현상과 다른 현상을, 한 문제를 다른 문제와 연결하는 구조를 끊임없이 발견하고 현실의 파편적인 이해에 머무르지 않도록 하는 교육에 반대하는 보이지 않는 손으로 작용하고 있다.

기존의 체제와 기득권을 지키려는 의도를 가진 사람들은 주어진 사회구조와 계층구조 안에서의 현상적인 변화를 바라지 시민들의 탄생 즉, 억압의 구조와 사회적 모순을 드러내고 자신의 상황을 바꾸어내는 사람들을 원하지 않는다. 자신의 아이가 수동적이고 남의 지시에만 잘 따르고 순응하는 사람으로 자라기를 바라는가? 과거의 우리 부모들은 그래 왔다. 오랜 세월 지배와 통제의 세월을 살아온 우리 부모들의 가훈은 '모난 돌이 정 맞는다.'이다. "너는 앞에 나서지 말거라." 우리가 수없이 들어왔던 이야기들은 수동적이고 일신의 출세만을 생각하는 인간을 만드는 것이었다.

산업화시대에서는 이런 교육이 통했고 큰 문제를 일으키지 않았다. 그러나 이제 시대는 전혀 달라지고 있다. 그 누구도 혼자 힘으로는 해결할 수 없는 문제들이 우리 앞에 놓여 있다. 뛰어난 인재 한 명이 십만 명을 먹여 살리는 비즈니스는 더 이상 살아남을 수 없다. 다양한 생각들과 개성이 새로운 비즈니스를 창출하고 그것들이 모여 제대로 융합될 때 경쟁력을 가지게 된다. 혼자서 잘하는 것이 아니라 함께 잘하는 능력이 필요한 시대가 된 것이다. 생태계가 달라졌다. 공룡처럼 변화하는 환경에 적응하지 못하고 사라져 가느냐? 아니면 새로운 생태계에 지혜롭게 성장해 갈 것이냐를 결정해야 한다.

이것이 국가교육의 패러다임이 바뀌어야 하는 이유이다. 이제 말 잘 듣고 시키는 대로 열심히 하는 아이들이 아니라 왜라고 질문하고 자신의 생각을 거침없이 말하는 아이들이 필요한 시대이다. 어른들과 교사들이 적응할 차례이다. 멍하고 자기 생각에 빠져 있는 아이들을 눈여겨보아야 한다. 남의 생각이 아니라 자신의 생각 속으로 더 깊이 들어가는 아이들이 무엇에 관심을 두는지 살펴야 한다. 어른들의 말에 토를 달고 반항하는 아이들을 이해하려고 해야 한다. 그 행동 너머에 어떤 생각이 자리 잡고 있는지 보려고 노력하지 않으면 그 아이가 가진 정말 소중한 능력이나 가능성을 놓치게 되기 때문이다.

호기심 천국, 무기력한 아이는 없다

7

아이들이 자랄 때 질문을 하면 처음에는 귀여워서 대답을 해주다가 몇 번만 반복되어도 이내 귀찮아져서 짜증 섞인 반응을 한 적이 있을 것이다. 또 부모의 말에 일일이 토를 달고 말대꾸를 하면 이내 손이 먼저 올라가는 것을 참은 경험들도 다들 있을 것이다. 아이들은 왜 몇 번이고 반복해서 똑같은 질문을 반복할까? '왜? 왜? 왜?'로 이어지는 질문 속에서 어떤 의미를 찾을 수 있을까? 아이들은 왜 부모의 말에 토를 달고 말대꾸를 할까? 이런 아이가 정말 못돼 먹은 아이일까? 우리의 교실에서 이런 아이들은 좀 이상한 아이 취급을 받거나 심하면 수업을 방해하는 문제아로 분류되기 십상이다.

이러한 학교 분위기로 인해 우리 아이들은 수업시간에 의문을 갖지도 설령 의문이 생기더라도 질문하지 않는다. 초등학교 지학년 때 보았던 활기찬 수업 분위기는 중·고등학교로 가면서 무기력하고 생명력을 잃게 되는데, 모두 학교의 문화가 만들어낸 결과이다. 실제로 한 조사 결과에 따르면 우리나라 학생들의 거의 반이 초등학교 이후 고등학교를 졸업할 때까지 한 번도 질문이나 발표를 하지 않고 수업을 듣기만 한다는 것이다. 그 이유에 대해 질문했더니 다른 아이들에게 잘난 척하는 것으로 보일까 두렵다는 것과 틀린 대답을 해서 선생님께 무안을 당한 경험, 선생님이 자신의 질문을 무시하거나 쓸데없는 질문을 한다고 혼난 경험 등이 이런 수동적인 수업태도를 굳혔다는 것이다. 이것이 대부분의 학교에서 볼 수 있는 일반적인 분위기라는 점이 우리 교육의 심각한 문제이다.

이런 무기력한 수업은 다시 거꾸로 교사들을 힘들게 한다. 배움을 포기한 아이들 때문에 수업하기가 힘들다는 것이 대부분 교사들의 하소연인데, 요사이 관심이 집중되고 있는 일반고 문제도 마찬가지이다. 배움을 포기한 아이들 때문에 수업할 수 있는 분위기가 안 된단다. 그러나 아이들은 학교와 가정에서 어른들로부터 받은 상처 때문에 무기력해지고 배움을 포기하게 된 것이다.

끊임없는 호기심과 의문은 인간의 속성이다. 아주 단순한 일에도 집중력을 가지고 반복하는 어린 아이들의 몰입은 순수한 호기심이 그 원천이다. 이런 호기심이 자라면서, 특히 학교교육을 통해서 재단되고 틀 속에 갇히면서 사라지게 된다.

* * *

어린이의 호기심에 대한 특성은 붉은털 원숭이의 실험에서 확인할 수 있다. 걸쇠와 고리, 경첩이 달린 상자를 우리에 넣고 붉은털 원숭이를 한 마리씩 들여보냈더니 큰 관심을 보였다. 여러 번 시도하면서 어떻게 하면 상자가 열리는지를 알아내고 다시 잠그는 행동을 반복했다. 아무 보상이 없지만 호기심 많은 원숭이들은 문제해결에 매달렸다. 마치 즐기는 것처럼 보였다. 이것이 내면의 동기부여(intrinsic motivation)에 의한 몰입의 예이다.

* * *

어린 아이들도 붉은털 원숭이처럼 집중력과 왕성한 활력을 보이는데 이러한 활력은 호기심에서 나온다. 미지의 세상을 탐험하는 것에 대한 내면의 동기부여가 우리 인간의 본성임을 보여주는 것이다. 이것이 바로 학습의 과정이다. 학교에서 배우는 것만이 학습이 아니라 어린 아이가 스스로의 궁금증과 의문으로 자신이 아직 알지 못하는 세상의 비밀을 하나씩 밝혀가는 것, 그것이 진정한 의미의 배움이다. 배가 고프거나 부모가 놀아줄 때가 아니면 아이들은 늘 열성적으로 학습한다. 문제는 아이들이 커가면서 그 왕성하던 학습열이 온데간데없이 사라진다는 점이다. 그 원인을 제대로 이해하는 것이 배움을 가능하게 하는 길이다.

혁신학교 아이들은 세상에 질문을 던진다

8

아이들의 본성인 호기심을 되살리고 의문을 갖는 마음을 되찾으려면 스스로 세상에 대한 질문을 던지고 그 답을 찾아가도록 하는 교육을 실천해야 한다. 수동적이고 무력해져 있는 아이들을 깨우는 것에서부터 시작하자. 아이들의 마음속에 의문과 궁금함이 생기도록 만드는 것이다. 그 의문과 궁금함을 해결하기 위한 몰입이 가능해질 때 배움이 일어난다.

이런 몰입은 아이들 스스로 정말 하고 싶은 마음이 생길 때, 적절한 도전이 있을 때 가능하다. 그렇게 하려면 아이들의 재능과 관심에 대한 깊은 이해가 있어야 한다. 아이가 갖는 의문과 호기심을 읽어낼 수 있는 눈을 교사가 갖추어야 하는 것이다. 아이 하나하나에 대한 깊은 관심과 관찰 없이 아이들 속에 감춰진 가능성의 불씨를 찾아내는 것은 불가능하다.

혁신학교에서 교사의 역할은 아이들의 관심과 흥미를 이끌어내는 것이다. 같은 내용이라도 접근하는 방법에 따라서 반응이 달라진다. 아이들의 마음속에 의문이 생기고 호기심이 발동하도록 하는 것까지, 그것으로 교사의 역할은 충분하다. 그 이후에는 아이들이 스스로 알아서 길을 찾아간다. 교사는 아이들이 전혀 엉뚱한 길에서 헤매지 않도록 도와만 주면 된다. 교사가 일일이 길을 알려줄 필요는 없다. 그러면 오히려 아이들의 흥미를 떨어뜨리고 관심을 잃게 만든다.

어느 수준에 도달한 아이들이 흥미를 잃지 않도록 하기 위해서는 그 단계에서 적절한 도전이 되는 학습을 제시해야 하며, 그것이 교사가 해야 할 역할이다. 새로운 단계로의 도약을 위한 쉽지 않은 도전이 있을 때 아이들은 또 다시 몰입하게 된다. 이런 과정의 반복을 통해 아이들은 성장하게 되고 배움의 즐거움에 빠져들게 되는 것이다.

아이들의 흥미와 관심은 의문으로부터 나온다. 이런 의문은 세상에 대한 호기심에 기초한다. 아주 어렸을 때부터 인간은 세상에 대한 의문과 질문을 품게 된다. 아이 눈에 비치는 세상은 신기함과 놀라움 자체이다. 이 순수한 호기심이 배움을 일으키는 원동력이고, 이 호기심으로부터 자연스럽게 의문이 생기고 질문이 터져 나오는 것이다. 이것은 단지 아이들뿐만 아니라 위대한 성취를 얻은 학자나 전문가들이 보여준 특성이기도 하다.

* * *

라부아지에는 집 안에 굴러다니던 녹슨 물건을 보고 일반적으로 알려져 있던 녹이 슨 물체는 더 가벼워진다는 설에 대해 회의를 품게 되었다. 그는 '정말 그럴까?' 하는 의문에서 그치지 않고 녹이 스는 물질의 무게를 측정하는 연구를 하게 되었고, 그 결과 녹이 슬면 물질의 무게가 더 무거워진다는 것을 발견하였다. 지금 생각해보면 우리가 알고 있는 질량보존의 법칙에 따라 녹이 스는 것은 어떤 물체와 산소와의 결합(산화)이므로 질량은 당연히 증가해야 한다. 그러나 당시에는 아무도 이런 사실에 대해 의심을 품지 않았으며 그 질량을 측정해볼 생각조차 하지 않았다. 라부아지에의 순수한 호기심과 과학적 탐구 자세가 질량보존의 법칙이라는 위대한 과학적 성과로 이어지게 된 것이다. 이 사례는 배움에 있어서 의문과 질문이 얼마나 중요한지, 그리고 배우는 사람이 갖추어야 할 일상과 사물에 대한 탐구의 태도가 무엇인지를 잘 보여주고 있다.

* * *

이런 자연스러운 기질이 교육을 받으면서 인위적으로 억눌려 사라지게 되는 것이 우리 교육의 현실이다. 호기심과 의문을 가지고 그 속으로 빠져들 여유를 주지 않는 과도한 학습량, 질문하는 것이 이상한 행동으로 보이는 학습 문화가 아이들을 진정한 배움과 탐구로부터 점점 멀어지게 만든다. 우리의 교육제도는 호기심과 흥미의 대상이 되어야 할 지식을 딱딱하고 생명력을 잃은 기억의 대상으로 만들어버린다. 이런 지식을 더 많이 머릿속에 담고 있는 교사가 아이들에게 효과적으로 전수하는 것이 교육의 중요한 기능이 되고, 아이들을 지식의 탐구와는 전혀 다른 길로 이끌어가서 공부란 재미없고 고통스러운 과정이라고 생각하게 만드는 것이다. 결국 고통을 참아내는 내성이 강한 일부 아이들만이 이 시스템에 적응하고, 나머지 아이들은 수업시간에 엎드려 자는 일들이 일상화된다.

이런 상황은 교사 스스로의 자존감을 저하시킬 뿐만 아니라 외부로부터의 인식에도 부정적인 영향을 미치게 되는 이중고로 교사들을 내몬다. 교사들이 억울한 푸념을 하는 것을 이해해야 한다. 우리나라의 교육시스템 때문에 지식전달자로 전락한 것도 억울한데 아이들이 더 이상 교사를 존중하지 않는 현실에 대한 책임까지 교사들에게 전가하려고 하는 사회적 분위기를 받아들이기가 힘들 것이다.

그러나 교사도 피해자 역할만 할 수는 없다. 교사도 아이들을 무력하게 만드는 이런 시스템에 대해 저항하고 고민하다가 어느새 익숙해져버렸기 때문이다. 교사로서의 사명감만 버리면 현재의 교육시스템은 참 편하다. 아이들이 더 이상 자신의 수업을 듣지 않는 것이 매순간 힘들긴 하지만 누구누구라는 이름이 아니라 몇 학년 몇 반으로 일반화해버리고 애써 눈감아버리면 별로 불편할 것이 없다. 모든 것을 대학입시와 경쟁구조를 가진 사회의 탓으로 돌려버리면 면죄부를 받기 때문이다.

요즘 일반고 문제에 대해 문제제기를 하는 교사들의 태도에서도 이런 모습을 찾아볼 수 있다. 일반고의 교육이 어려워지는 탓을 자사고로 돌리는 심정에서 '뒤에 숨기'의 전형적인 기제를 발견할 수 있다. 자사고의 운영에 문제가 많은 것은 사실이다. 그리고 그 학교들에서 우수한(?) 아이들을 선점해 가는 것도 사실일 수 있다. 그러나 이 '우수한'의 기준이 무엇인가? 그 말을 그렇게 편안하게 써도 되는 것인지 의문이긴 하지만 하여간 그렇다고 치자. 아무리 그렇다고 해도 일반고의 수업이 어려워진 것이 다 자사고의 탓이라고 몰아붙이기에는 무리하다는 생각이 든다. 그것이 사실이라면 평준화 이전의 학교들은 다 교육을 못 했다는 것인가? 지금도 평준화가 이루어지지 않은 많은 지역의 학교들은 교육이 안 되고 있는 것인가? 그리고 그런 지역에서 평준화를 추진해야 하는 당위성에 교육이 안 될 지경이라는 이야기를 들은 기억이 별로 없는 것은 어떻게 이해해야 할까?

경기도 시흥의 한 혁신고등학교는 그 지역에서도 가장 기피대상이었다. 모두가 기피하는 학교가 이루어낸 변화는 그 속사정을 살펴보면 당연한 일이었다. 아이들이 스스로 관심이 있는 주제를 선정하고 탐구하도록 하면서 아이들 마음속에 호기심과 흥미를 불러일으킨 것이다. 교사가 말을 많이 하기보다는 학생들이 말을 하도록 하고 의문을 갖도록 한 것이 주효했다. 이렇게 혁신학교 아이들은 세상에 질문을 던짐으로써 진정한 배움을 추구하고 성장하였다. 혁신학교가 하려고 하는 교육이 그런 것이고 그 과정에서 아이들은 당연히 자신의 능력을 드러내게 되어 있는 것이다. 그런 아이들의 관심과 재능을 발견하고 끌어내고 성장시키려는 노력 없이 늘 외부에서 이유를 찾는 한 절대 학교의 변화는 일어나지 않는다.

'배움'이라는 새로운 언어로 만나는 교사와 아이들

9

이제 학교와 교사의 역할에 대해 다시 한 번 생각해보자. 필자는 경기도교육청에서 '배움중심수업'이라는 수업의 철학을 정립하고 현장에 전파해왔다. 여기에서 배움중심수업 이야기를 하는 이유는 그 배경이 중요하기 때문이다. 필자는 배움중심수업에서 특정한 수업 방법이나 형식을 제시한 것이 아니다. 철저히 배움이 일어나도록 하기 위한 교사의 고민과 철학적 접근을 강조하고 있는데, 그 핵심은 아이들 안에서 배움이 일어나는지의 여부이며 아이들뿐 아니라 교사에게도 배움이 일어나야 한다는 것이다.

배움중심수업을 제안하고 전파하려고 하는 이유는 우리가 하는 일상적인 행위가 얼마나 의미 있는 일인지를 간과하기 쉽기 때문이다. 교사가 수업을 하는 것은 아이들이 배움을 일으키도록 할 때 의미가 있다. 그것을 생각하면 아이 하나하나에 관심을 두지 않을 수 없다. 어떻게 해야 아이들이 흥미를 가지고 관심을 유지할 수 있을지 고민하지 않을 수 없는 것이다. 그런데 수업에 대한 자신만의 고민 없이 교사용지도서나 문제집을 들고 수업할 수 있을까? 학생이나 학부모의 관심은 대학입시에 집중되어 있고, 따라서 학교에서의 배움조차도 입시를 위한 조건으로 생각하기 때문에 당장 문제풀이에 도움이 되는 지식을 가르쳐주기를 바란다. 그래서 교과서와 문제집을 들고 하는 수업에 대해서 아무런 이의를 제기하지 않는다. 정작 이것이 아이들에게는 독이 됨에도 불구하고 말이다.

그러면 우리 아이들이 배우는 것은 무엇일까? 교과서나 문제집에 들어 있는 제한되고 한정된 지식만을 머릿속에 집어넣고 여러 가지 유형의 문제를 푸는 요령이다. 이런 교육은 당장 아이들도 편하고 평가를 준비하는 데는 도움이 될지 모른다. 동시에 학교와 교사도 편한 방법이다. 다양한 아이들의 욕구와 관심에 걸맞은 교육내용을 고민할 필요가 없고, 아이들의 흥미를 높이기 위해서 애써 수업을 준비할 이유도 없는 것이다. 교과서 진도만 나가면 학교와 교사는 모든 책임을 다한 것일까? 아이들이 무엇을 배웠는지 어떤 사고의 성장이 있었는지는 나랑 상관없다고 생각하는 문화는 아이들을 배움으로부터 멀어지게 하는 원인이 되고, 이것은 부메랑이 되어 수업에서 교사들을 지치게 만드는 이유가 되는 악순환이 반복되고 있다.

또 하나 빠진 중요한 것이 있다. 우리 아이들의 삶이다. 학부모들과 대화할 기회가 있을 때 꼭 하는 이야기 중의 하나가 아이들의 미래를 책임질 수 있는 것처럼 말하지 말라는 것이다. 정말 자신 있냐고 물으면 그때서야 거의 대부분 아니라고 대답할 수밖에 없는 자신을 발견한다. 그건 아이들을 속이는 일일 수 있다. 좀 더 적나라하게 말하면 사기다. 부모가 시키는 대로 하다가 그 말대로 안 되었을 때 부모가 그 아이의 삶을 책임질 정도의 능력이 되는가? 이 질문에 자신 있게 대답할 수 없다면 제발 아이들을 위해서 참기 바란다. 자신들의 경험으로 아이들의 미래를 판단하려고 하지 말라는 이야기이다. 그건 이미 흘러간 20세기의 이야기일 뿐이다.

평균수명이 60도 채 되지 않던 시절과 달리 100세 이상 살아야 할 아이들에게 대학입시는 인생의 1/5도 안 되는 지점이다. 아직 더 많은 삶이 그 아이들 앞에 놓여 있다. 대학입시로 모든 것이 결정되기에는 너무 살아갈 날이 많은 아이들이다. 그리고 대학에 간다고 삶이 보장되지 않는다는 것쯤은 아이들도 다 알고 있다. 대학을 졸업해도 더 극심한 경쟁이 자신들을 기다리고 있음을 알고 있는 아이들에게 너무도 설득력이 없는 이야기일 뿐이다. 아이들에게 좀 더 긴 호흡으로 삶을 바라보도록 해야 한다. 단기간에 승부가 나지 않고 역전에 역전을 거듭하게 될 아이들의 삶을 중심에 두고 생각하면 이대로의 교육은 더 이상 유효하지도 바람직하지도 않다.

그래서 배움이라는 의미를 진지하게 생각할 필요가 있다. 배움이라는 말에 새로운 의미를 부여하려면 우리 공교육시스템에 대한 정확한 이해가 필요하다. 공교육시스템은 산업혁명시대의 경제적 수요, 즉 자본가들의 이익을 극대화하기 위한 목적으로 탄생되었다. 이러한 태생적 한계 때문에 현대에서도 기업들의 요구가 교육의 방향에 적극적으로 반영되어야 한다는 논리가 자연스럽게 받아들여지고 있다. 여기서 주의 깊게 보아야 할 것은 바로 교육이 국민 대중을 위해서 시작된 것이 아니고 현재도 국민을 위한 국가의 선의가 아니라는 점이다. 태생부터 국가의(정확히 말하자면 자본주의 지배계층) 이익이라는 목적으로 출발했고, 언제나 그 초심에 충실하고 있다는 점을 인식해야 한다.

교육개혁을 위한 방향도 우리 아이들이 어떤 교육을 받아야 앞으로의 사회에서 경제적 주체로 자리 잡을 수 있을지에 대한 것으로 귀결되고 있다. 그런데 잘 생각해보자. 이것이 우리 아이들의 미래를 위한 고민일까? 내년의 국제 경제는 고사하고 당장 다음 달의 국내 경기가 어떻게 변할지조차 예측하지 못하면서 어떤 교육으로 우리 아이들의 미래를 보장할 수 있다는 것일까? 솔직히 불가능해 보인다. 세상을 위한 도구를 길러내는 교육이 아니라 세상을 만들어갈 아이들의 삶을 위한 배움은 교육에 대한 새로운 상상력을 요구하고 있다. 이를 위해서 교사는 교실에서 아이들과 새로운 만남을 준비해야 한다. 아이들 내부에서 스스로의 생각이 자라도록 하고 아이들과 함께 성장하는 경험을 위한 새로운 의미의 수업을 기획할 때 진정한 배움이 실현될 수 있다.

그럼에도 불구하고 우리의 학교는 여전히 20세기 방식의 교육에서 벗어나지 못하고 있다. 학교와 교사들은 다른 방법을 시도하다가 실패할 경우 받게 될 학부모와 사회의 비난이 원인이라고 말한다. 그러나 그것만이 이유는 아니다. 처음에는 그랬을지 모르지만 이제는 이런 시스템에 길들여져서 그것이 너무나 편하기 때문이기도 할 것이다. 대학입시라는 블랙홀 뒤에 숨어서 모든 책임을 아이들 탓으로 떠넘기고 나면, 학교와 교사는 고민으로부터 벗어나는 편안한 구조를 즐기고 있는 것인지도 모르겠다.

학교와 교사가 편해질수록 아이들은 그만큼 힘든 시간을 보내고, 앞으로도 더 보내게 될 것이다. 입시를 이유로 특정한 능력만 인정받는 기형적인 교육시스템에서 너무 일찍부터 자신의 가능성이 차단된 아이들은 부당하게 버림받고 있는 중이다. 아이들의 가능성을 발견하고 그것을 끌어내어 꽃피게 할 때 학교와 교사의 존재 이유와 가치가 있다. 학교와 교사가 이런 책임을 방기하면 지금 당장 많은 아이들을 고통스럽게 하는 것에서 끝나는 것이 아니다. 소위 우수하다고 하는 나머지 아이들 역시 자신의 삶 속에서 문제와 부딪혔을 때 극복할 수 있는 능력을 배우지 못한 대가를 치르게 된다. 우리 아이들의 미래와 삶을 위해 학교가 해야 할 일을 할 수 있는 골든타임을 놓치고 있는 건 아닌지 진지하게 돌아보아야 할 것이다.

너무 편해서 힘든 아이들 vs 괴롭지만 여유로운 아이들

10

교사들과 학부모들에게 꼭 하고 싶은 이야기 중 하나는 제발 아이들을 좀 괴롭히자는 것이다. 지금도 충분히 힘든 아이들을 더 괴롭히라고? 무슨 말 같지 않은 이야기를 하느냐고 할지도 모르겠다. 물론 우리 아이들은 힘들고 고통스럽다. 그러나 자신의 삶에 아무런 도움이 안 되는 이유와 일 때문에 괴롭힘을 당하고 있다면 그것은 비극일 것이다.

현실에서 이런 비극적인 일들이 실제로 일어나고 있다. 머리길이와 치마길이로 실랑이를 하면서 아이들은 인격적인 모멸감을 느낀다. 자신의 꿈과는 상관없는 시험을 잘 치기 위한 요령을 배우느라 아까운 청춘들이 사각의 교실에 갇혀 고통스러운 시간을 보내고 있다. 그러나 정작 이 아이들의 머리는 사고라는 힘든 일을 할 필요가 없으므로 너무 편하다. 그러다 보니 아이들의 사고는 점점 굳어지고 결국에는 스스로의 생각이 뭔지도 모르는 사람들이 되어간다.

아이들은 자신의 꿈이나 재능과는 아무런 관련도 없는 쓸데없는 노동과 고통에 시달리지만 그에 반해서 배움에는 너무도 편하다. 학교에 가면 선생님이 알아서 시험을 잘 보기 위한 요령을 다 정리해준다. 학교를 마치면 학원으로 달려가야 한다. 학원에서도 친절하게 다 정리된 학습 내용을 떠먹여준다. 집에 오면 부모가 다 알아서 모든 것을 챙겨주니 스스로 무엇인가를 해야 할 이유가 없다. 너무도 편안하게 학습하는 이 아이들의 머릿속에 갈등을 일으켜 혼란스럽고 괴롭게 만들어야 한다. 어떻게 하면 아이들의 머릿속이 복잡하고 괴로워질까? 아이들이 스스로 생각하고 탐구하는 과정에서 갈등하고 고민하도록 해야 한다. 스스로 자료를 찾고, 검토하고, 이해하는 힘든 과정을 거치도록 괴롭혀야 한다. 지금은 이런 과정을 모두 학교나 학원에서 다 해주니 아이들은 스스로 힘들게 배울 필요가 없다.

아이들의 배움에 대해서 진지하게 고민하는 교사들의 공통적인 이야기는 선생님이 이야기를 많이 하는 순간 아이들은 배움에서 멀어진다는 것이다. 아이들이 수업을 채우도록 하고 교사는 아이들의 사고가 편협해지거나 오류로 빠지지 않도록, 그리고 한 단계 높은 사고로 발전할 수 있도록 자극하는 역할만 하면 충분하다.

그러면서 아이들은 성장한다. 물론 밖에서 보기에 이런 수업이 교사에게 편해 보일 수도 있다. 그러나 전혀 그렇지 않다는 것은 경험해본 사람들은 다 안다. 수업시간에는 교사가 별로 하는 일이 없어 보이겠지만 이런 수업을 준비하려면 교사는 아이들의 사고를 자극할 계기와 내용을 찾고 적절히 배치하는 고민을 해야 한다. 어느 지도서에도 참고서에도 나오지 않는다. 오롯이 교사 스스로 고민하고 준비해야 하는 것이다. 그 다음에는 아이들의 사고 과정을 상상하고 어떤 순간에 개입할 것인지, 사고의 성장을 위한 적절한 질문을 어떤 장면에서 어떻게 던질 것인지 수많은 고민이 필요하다. 게다가 이런 수업은 교사의 예상 범위를 벗어나는 일이 다반사이다. 이런 경우는 교사도 아이들에게 배워야 한다. 자신의 무지를 자신 있게 드러내고 함께 배우는 과정에서 학생도 교사도 같이 성장하는 것이다.

기존의 상식과 가치관이 무너지는 경험을 할 수 있도록 준비해줘야 한다. 자신이 알고 있는 것이 절대적이 아니란 사실을 깨닫게 될 때 아이들은 당황할 것이다. 모든 것에 정답이 있는 것으로 믿어왔던 아이들이 정답이 없는 문제에 부딪칠 때 느끼게 될 혼란은 상상 이상이다. 그리고 우리가 아무런 의심 없이 받아들이고 믿어왔던 사실들에 다른 측면이 있다는 것을 깨닫고, 거기에서 받은 충격을 통해 제대로 된 지식탐구의 자세를 배우게 된다. 당연하다고 여겨졌던 것들에 대해서 의심하고 질문을 던지는 자세를 배우고, 다른 사람의 의견을 경청해야 한다는 사실을 배우면서, 정답이 아니라 다양한 해답을 찾아가는 과정을 통해 창의성 역시 길러지는 것이다.

* * *

한때 우리나라에서 열풍을 불러 일으켰던 《정의란 무엇인가》의 저자 마이클 센델의 수업은 하버드 대학에서도 최고의 강의로 손꼽힌다. 센델의 강의는 수백 명의 학생들이 대강당에서 한꺼번에 들어야 할 정도로 인기가 있다. 그런데 감동적인 것은 센델이 이 많은 학생들을 데리고 토론수업을 한다는 점이다. 더 인상적인 것은 그가 던지는 질문은 모든 학생들에게 사고의 혼란과 내적인 갈등을 불러일으킨다. 자신들이 당연하다고 생각했던 관념이나 믿음이 얼마나 허약한 것인지 깨닫게 되고 자신의 가치관이 무너져 내리는 고통스러운 순간을 경험하게 된다.

센델의 역할은 학생들에게 핵심적인 주제를 사고하도록 하는 질문을 던지고 토론을 유도하는 것에서 그치지 않는다. 더 깊은 사고로 나아가도록 자극하는 질문을 던짐으로써 학생들이 그 답을 찾아가도록 하는 것이다. 이 수업에서는 학생들도 교수에게 도전적인 질문을 던지는 모습을 볼 수 있는데, 서로가 서로에게 깊은 사고를 요구하는 그런 만남이 이루어진다. 교수와 학생이 서로를 갈등하게 만드는 괴롭힘의 구조가 형성되는 것이다.

* * *

이렇게 교사와 학생이 서로를 괴롭히는 구조가 형성될 때 진정한 지식의 탐구와 배움이 일어난다. 서로를 괴롭힌다는 것은 부정적인 의미로서가 아니라 긍정적인 자극을 말한다. 교사는 학생이 지식의 근원에 대해 의문을 가지고 탐구해가도록 요구함으로써 아이들의 머릿속을 복잡한 사고로 갈등하고 괴롭게 만들어야 한다. 머릿속은 괴롭지만 여유롭고 행복한 아이들이다. 이런 과정에서 학생들은 때로는 교사가 생각하지도 못한 새로운 아이디어를 떠올리게 되고, 이것이 교사를 당황스럽고 힘들게 하는 상황을 만들어내야 한다. 이렇게 교사와 학생이 배움의 장에서 마주치면 일방이 다른 쪽을 전적으로 가르치는 관계가 아니라 서로 배우고 가르치는 상호적인 관계가 형성되며, 이것은 전통적인 교육관에서는 이해할 수 없는 새로운 관계이다.

혁신학교에서 희망하는 최고 수준의 수업은 바로 이런 모습이다. 학생과 교사가 서로에게 배움이 일어나는 진정한 지식 탐구의 장으로서의 학교 말이다. 우리 아이들 수준으로는 무리라고 생각되는가? 앞에서 예를 든 센델의 수업은 하버드니까 가능한 것이라고? 우리 아이들의 능력을 모르고 하는 소리이다. 아이들 안에 어떤 능력이 감춰져 있는지는 아무도 모른다. 우리가 그것을 발견하고 끌어내려는 노력을 하지 않았을 뿐이다. 이런 방식의 수업을 해보면 전혀 예상하지 않았던 아이들에게서 놀라운 능력을 발견하게 된다. 일반적으로 공부를 잘한다고 생각하는 아이들에게서 실망스러울 정도로 평범한 사고를 보게 되는 것이 또한 이런 수업에서 경험하게 되는 놀라운 장면이기도 하다.

일반적인 수업도 제대로 되지 않는 학교에서 어떻게 이렇게 수준 높은 수업이 가능하냐고 반문할 수도 있다. 그러나 교사가 혼자 떠들고 아이들은 가만히 앉아서 지식을 받아들이고 암기하는 수업방식이라서 제대로 되지 않는 것이다. 아이들의 호기심과 의문을 모두 차단해버리고 교사 혼자 열심히 하는 수업은 서로를 힘들게 할 뿐이다.

브루너의 말을 빌리자면 지식을 탐구하는 과정은 어린 아이건 전문적인 학자건 그 구조는 똑같다. 아이들은 어려운 용어나 공식을 이해하지 못하지만 직관적으로 지식의 기본적인 아이디어를 이해하게 되는데 이것이 전문적인 학자가 지식을 탐구하는 방법과 다르지 않다는 것이다. 물론 어린이이가 방정식이나 복잡한 언어 개념으로 형식화되어 있는 지식을 이해하기는 힘들다. 그러나 핵심이 되는 아이디어를 직관적으로 이해하고 스스로의 힘으로 그것을 탐구해볼 기회가 있다면 충분히 이해할 수 있다. 이런 자연스러운 과정을 억누르고 지식을 억지로 머릿속에 욱여넣으려고 하니 흥미도 느끼지 못하고 제대로 된 지식의 이해도 이루어지지 못하는 것이다.

지식탐구의 본질을 추구하는 학교

11

 혁신학교는 제대로 된 지식탐구를 추구한다. 이것은 제대로 된 학력을 추구하는 학교라는 의미이다. 모름지기 학교는 학력을 일차적인 목표로 삼아야 한다. 혁신학교를 그냥 아이들을 편안하게 해주고 그래서 즐거운 학교로만 이해하는 것에 대해 절대 동의할 수 없다. 앞에서 언급한 것처럼 혁신학교는 아이들이 절대 편안하지도 즐겁기만 한 것도 아니다. 아이들을 괴롭히는 학교이고 즐거움이 아니라 행복을 추구하는 학교이다.

 초등학교는 혁신학교가 좋지만 중학교, 고등학교는 불안하다고 하는 학부모들에게 그러면 초등학교도 혁신학교에 보내지 마시라고 잘라서 이야기하고 싶다. 혁신학교에서 추구한 학력을 제대로 갖추게 되면 그 아이들은 대학입시뿐만 아니라 자신의 삶 전체를 책임질 수 있는 강한 인간으로 자라게 될 것이다.

 아쉽게도 모든 혁신학교가 제대로 혁신학교의 철학을 실천하고 있다고 할 수는 없다. 그러나 제대로 혁신학교를 실천한다면 최고 수준의 배움이 일어나야 한다. 교사와 학생이 함께 배우고 시험에서 좋은 성적을 얻는 기술이 아니라 지식의 본질을 이해하는 참된 학력이 길러지는 그런 배움이 일어나는 학교 말이다. 혁신학교에서는 지구를 계속 파내려 가면 지구의 중심에 도달할 것이고 그 중심은 뜨거운 용암 상태이므로 우리가 땅을 계속 파내려 가면 용암을 만나게 될 것이라는 것을 이해하는 아이들을 기르고자 한다. 그냥 아는 것과 진실된 지식(참 지식)은 다르다. 진실된 지식(참 지식)이란 통찰 혹은 분명한 이해가 바탕이 된 지식이다. 이렇게 지식이 형성될 때 제대로 된 배움이 일어났다고 할 수 있다.

그래서 혁신학교에서는 전혀 다른 시스템이 필요하다. 학교가 입시라는 눈앞의 성과에 집착하거나 그 뒤에 숨어서 아이들의 삶의 문제를 외면하는 문화를 바꾸어야 한다. 그렇다고 입시 같은 현실적인 문제를 무시하라는 것이 아니다. 이런 현실적이고 단기적인 목표를 무시하는 순간 아무리 이상적인 교육목표라고 해도 학생과 학부모를 설득할 수 없으며 궁극적으로 좋은 교육이라고 할 수도 없다. 그렇다고 단기간의 성과에 집착해서 아이들의 긴 삶의 문제를 고민하지 않는다면 그것 또한 학교의 역할이 아니다.

좋은 교육을 위해서는 아동관, 지식관, 학습관의 변화를 추구하며 이를 지원할 수 있는 학교문화의 변화가 필요하다. 학교의 교육목표가 바뀌어야 한다. 아이들이 채워가는 수업, 스스로 결정하고 탐구하는 자세를 기르기 위해서는 아동에 대한 시각이 변하지 않으면 안 된다. 이런 인식의 변화는 아이들의 자율적인 의사결정이 가능한 학교 전체의 민주적인 시스템의 정착으로 이어지게 된다. 학교조직이 수직적 명령체계를 고수한다면 아이들을 인격체로 존중하고 자율적으로 학교생활을 하게 하는 민주적인 문화는 불가능하기 때문이다.

지식의 속성을 어떻게 이해하느냐는 수업의 내용과 방법을 결정한다. 지식의 본질이 무엇이며 어떤 방법으로 지식을 탐구해야 하는지에 대한 제대로 된 이해가 있어야 아이들의 삶을 위한 교육이 가능하다. 학습관은 지식관과 밀접한 관계가 있고 학습방법에 대한 철학적 기반이 된다. 지식의 속성에 대한 이해와 이런 지식의 탐구를 위한 효과적인 학습방법은 다양한 수업형태의 도입을 가능하게 한다.

교육과 수업의 변화는 교사 개인의 힘과 노력만으로 이루어지기는 힘들다. 교사들 간의 협력과 학교 전체의 체계적인 지원체제가 있을 때 가능한 부분이다. 교사들이 자신의 교실에서 고립된 채 단절될 때 아이들의 배움의 질을 높이고 교육과정을 풍부하게 하기란 어렵다. 교사 개인이 이런 변화를 가져오려고 해도 학교교육시스템의 여러 가지 걸림돌에 걸려서 쓰러지고 지치게 된다. 아이들과 선생님이 같이 배우는 것을 넘어 교사들 사이에서도, 그리고 학부모들과도 함께 배우는 문화가 형성되어야 한다. 학교 전체가 서로 같이 배우고 협력하는 학습공동체로 바뀔 때 입시에도 성공적인, 아이들의 삶을 위한 교육이 가능해진다. 이것은 학교의 문화가 바뀌는 것을 의미한다.

　　학부모의 학교교육에 대한 이해와 참여는 교육과정을 더욱 풍부하게 할 수 있다. 학부모가 학교에서 이루어지는 교육을 제대로 이해할 때 교사는 더 자신 있고 다양한 교육활동을 할 수 있으며, 가정에서도 학교교육에 대한 지원과 보완을 통해 시너지 효과를 내게 될 것이다. 학교의 부족한 자원을 채우는 것도 학부모들과 지역사회이다. 열린 학교란 학부모와 지역사회의 인적 물적 자원이 다양한 방법으로 학교교육에 참여할 수 있는 문화가 갖추어질 때 가능한 것이다.

　　이렇게 혁신학교는 학교를 근본적으로 바꾸기 위해 학교문화를 혁신하는 것을 전제로 하는 교육운동이다. 혁신학교는 뭔가 기발하고 새로운 교육을 하자는 것이 아니다. 전혀 새로울 것이 없는 기본에 충실한 학교이다. 실망했다면 죄송스럽지만 혁신학교에 대해 잘못 이해하고 있었다고 생각하면 된다.

　　혁신학교란 교사들이 아이들 하나하나에게 전념하고 집중할 수 있는 문화가 자리 잡은 학교이다. 아이들이 제대로 배우고 하루하루 성장해가는 기쁨의 공간이다. 민주주의가 교과서나 문서의 글귀로만 떠돌아다니는 것이 아니라 아이들과 교사의 일상의 삶 모든 곳에서 자연스럽게 드러나는 학교이다. 학부모와 지역사회의 참여로 학교교육이 더욱 풍부해지고 질적 도약이 이루어지는 것으로 협력과 소통의 가치를 자연스럽게 배우게 되는 학교이다. 지식의 본질을 탐구하는 학습문화로 어떤 문제도 해결할 수 있는 문제해결력을 갖춘 강한 아이들을 길러내는 학교이다. 다양한 생각과 의견이 조화롭게 어우러지는 문화가 아이들의 창의적 사고와 민주시민으로서의 감성을 촉발하는 학교이다.

다시 말해서 학교가 갖추어야 할 본래의 모습에만 충실한 학교, 아이들의 배움과 성장을 방해하는 모든 것을 걷어낸 당연한 학교의 모습, 이것이 혁신학교이다. 그래서 전혀 새로울 것도 특별할 것도 없는 것이 혁신학교이다.

EBS 수능이 아이들을 망치고 있다

12

대학입시는 우리 사회에서 중요한 자리를 차지하고 있다. 대학입시가 우리 교육을 지배하는 강력한 힘을 가지고 있다는 말도 틀리지 않을 것이다. 그러다 보니 대학입시를 이유로 모든 편법적인 학습이 용인되었는데 그것이 문제유형 외우기 방식의 학습이다. 대학입시가 단순 암기 위주의 지식 평가에서 벗어나 통합적이고 논리적인 사고를 필요로 하는 문제들로 바뀌었음에도 불구하고, 여전히 과거의 방식 그대로 문제유형을 외우는 형태의 공부가 통한다. 비효율적이지만 대학입시에 효과는 있기 때문이다.

문제는 이런 식의 시험 준비가 학교와 학원에 가서도 문제풀이로 시간을 허비하도록 강요한다는 점이다. 학교 공부만으로 충분할 수가 없는 것이, 물리적으로 학교 공부시간만으로는 그 많은 유형을 다 다룰 수가 없기 때문이다. 당연히 학원을 가게 되고 그것이 문제가 되니까 정부가 나서서 사교육을 막는다는 이유로 EBS 사교육을 시작한다. 이런 대응방식이 문제이다.

정부가 수능에서 EBS 교재와의 70% 연계를 선언하자 전국의 모든 학교에서 EBS 문제집이 공식 교재가 되는 사태가 벌어졌다. 다양하고 통합적인 사고를 요구하는 수능문제에 모든 학교가 획일적으로 EBS 문제로 대응하는 모습은 참으로 우스꽝스럽다. 정부는 EBS 연계로 사교육을 막겠다고 했지만 학생들은 그 많은 유형의 문제를 다 외워야 하다 보니 정작 EBS 방송을 볼 시간조차 없다. 아이들은 뭔가를 배우는 것에는 관심이 없다. 그저 시험을 잘 보는 것만이 최고의 관심사이다. 줄어들라는 사교육은 줄지 않고 EBS 교재만 열심히 팔리니 정부가 학생들을 대상으로 교재장사나 하는 것 아니냐고 꼬집는 소리가 나온다. 실제로 EBS의 최대 수입은 교재판매에서 나온다고 한다.

이런 현상은 우리 사회가 대학입시에 모든 것을 거는 기형적인 문화에서 비롯된 것이다. 대학입시가 인생의 모든 것을 결정하는 것처럼 생각하다 보니 어떤 희생을 치르거나 어떤 편법을 동원하더라도 좋은 대학에 입학하기만 하면 된다는 심리가 강하게 지배하는 현상을 낳게 되었다. 극단적인 예는 EBS 문제집의 영어지문을 한글로 번역해서 외우는 것이 일반화되어 있다는 것이다. 영어학습에는 관심이 없고 수능점수를 높이는 편법부터 배워버린 것이다. 이것이 EBS 수능의 죄상이다. 단순히 대학입시까지만 그런 것도 아니다. 이런 경험은 그 사람의 인생 전체에 걸쳐 강하게 작용해서 어떤 일을 하더라도 과정이나 본래의 목적보다는 어떻게 해서든 결과를 얻어내면 된다는 생각을 고착화시킨다. 사회전체에 형성된 이런 왜곡된 가치관으로 인해 오늘날의 대한민국에서 납득하기 어려운 수많은 문제들이 양산되고 있으며, 그 부작용은 점차 더 심화될 것이다. 나랑 상관없는 사회적 문제가 아니라 나와 내 가족의 삶과 현실을 파괴하는 비극과 직결될 수 있다는 점을 인식해야 한다. 교육 문제는 단순히 교육 그 자체로 그치는 것이 아니라 개인의 삶과 우리 사회 구성원 전체의 운명에 중대한 영향을 미친다.

그렇다고 해서 대학입시를 무시하고 인간다운 삶만을 추구하는 그런 교육을 하자는 것은 아니다. 현실을 무시하는 것은 폭넓은 동의를 얻기 어려우며, 따라서 변화를 이끌어내는 것을 기대할 수 없다. 어쩔 수 없이 좋은 대학을 가야 하고 그래서 시험공부에 매달릴 수밖에 없다면 그거라도 제대로 하자는 것이다. 교육시스템을 바꾸어야 한다는 거대한 담론은 당장 입시를 앞둔 학생들과 학부모들에게는 너무 먼 이야기이고 현실감도 없다. 어차피 시간을 투자해야 하고 아까운 청춘들이 고통을 감내해야 한다면 그 시간이 그 고통이 무언가 자신에게 남는 것이 있어야 하지 않을까? 시험 문제를 잘 푸는 방법만이 아니라 두고두고 써먹을 수 있는, 내 삶에 힘이 되는 그런 의미 있는 시간이 되도록 만들어야 한다. 학교에서 배운 것들이 내 삶의 중요한 순간뿐만 아니라 일상에서 예측하지 못한 순간에 번뜩이는 아이디어로, 뭐라 딱 집어 설명할 수는 없지만 문제의 핵심이 꿰뚫어져 보이는 통찰로 나타나는 것이 진정한 배움의 결과이다. 학교란 이런 배움이 있는 곳이어야 한다.

현장에서 듣는 학부모들의 바람은 그리 대단한 것도 무리한 것도 아니다. 일반적으로 생각하듯이 특목고나 자사고를 바라는 부모는 10%도 안된다. 나머지 대부분의 부모들은 그냥 안심하고 아이를 학교에 보내고 싶어 한다. 그저 우리 아이가 영어 F와 P를 거꾸로 발음할 때 바로잡아주는 선생님이 있는, 우리 아이가 분수계산을 제대로 못 하는데도 그냥 방치되는 일이 없는 그런 학교를 간절히 바란다. 이것이 그리 대단한 일일까?

수능은 정말 객관적인 평가일까?

13

대학입시에 대해 대부분의 사람들이 기대하는 것은 객관성이다. 수능이 객관적인 평가 방식이라고 이야기하지만 그 대부분은 각자에게 유리한 방향에서의 객관성일 뿐이다. 대표적인 예가 수능시험에서 제기되는 변별력의 문제이다. 우리나라의 초·중·고 수학이 너무 수준이 높고 많은 내용을 다루고 있다는 것은 이론의 여지가 없다. 인문계열로 진학할 학생이 미적분을 배워야 하는 나라는 우리나라 외에는 없다고 한다. 자연계열로 진학하는 학생들조차도 미분과 적분의 의미와 어떻게 활용되는지에 대해서는 제대로 이해하지 못한 채 문제 푸는 기술만을 익힌다. 우리나라 수학 교육과정에 대한 비판이 높은 이유가 바로 이것이다.

그런데도 수능시험에서 수학과목의 변별력이 떨어지자 물수능이니 상위권학생들의 혼란이니 하면서 여기저기서 들썩인다. 내년도 수능시험에서 수학과목이 어려워질 것이라는 예상이 이미 나오고 있다. 이런 와중에 조용히 표정관리를 하는 사람들도 있다. 상위권 자녀를 둔 부모들과 학원관계자들일 것이다. 나머지 95% 이상의 학생들과 학부모들에게 이것은 매우 불공정하다. 수학시험 점수로 아이들이 가진 다른 능력은 완전히 가려지는 결과를 가져오니 말이다. 이것이 객관적 평가이며, 모두에게 공정한 결과를 가져오리라는 기대를 제대로 만족시키는 것일까? 필자는 부정적이다.

필자의 딸은 미국의 손꼽히는 대학에 진학해 디자인을 전공하고 있다. 그런데 이 아이는 미국 대학이 요구하는 토플 성적 기준에 한참 못 미치는 데도 불구하고 랭귀지 스쿨을 거치지 않고 정규 과정으로 바로 들어갔다. 면접에서 독특하고 창의적인 생각을 높이 평가 받았기 때문이다. 자랑하려는 게 아닌 것이, 솔직히 이 아이는 한국에서라면 제대로 대학을 갈수 없었을 것이 분명하다. 개인적으로 사장될 수 있었던 우리 아이의 가능성을 살릴 수 있었던 것에 감사한다. 이런 경우를 위해 다양한 입시전형이 나왔지만 여전히 대학입시에 대한 비난은 그치지 않는다. 표면적으로는 입시전형이 너무 복잡하다는 것인데 내면은 줄 세우기에 익숙하거나 자신의 이해관계에 맞지 않는 사람들의 트집 잡기일 가능성이 높다.

미래사회에 대한 전망이나 국가의 목표를 고려하면 오히려 더 다양한 요소를 통해서 학생을 선발할 수 있도록 확대하는 것이 필요하지 않을까? 적어도 현재의 입시제도가 창의성이니 다양성이니 하는 요소들이 반영될 수 있는 형태는 아니라는 것은 분명하다. 대학에서는 다양한 선발방식을 도입하고 싶어도 판단 기준이 없어 어쩔 수 없다고 주장한다. 이것은 두 가지 측면으로 생각할 수 있는데, 하나는 대학이 자신이 없음을 고백하는 것이다. 또 하나는 다양한 선발방식을 도입할 준비가 되어 있지 않다는 의미일 수도 있고, 과감한 모험을 할 만한 교육력을 갖추고 있지 않다는 의미일 수도 있다.

이미 입학사정관제도에서 경험했듯이 우리나라 대부분의 대학들은 학생들의 가능성이나 재능을 파악할 만한 전문적인 인력이나 시스템을 갖추고 있지 못하다. 입학사정관제도의 핵심이라 할 수 있는 사정관들을 계약직으로 채용해 놓고 그 전문성을 기대한다는 것은 어불성설이다. 입학사정관제도가 정착된 미국의 경우 대학의 입학사정관은 대단히 높은 전문성을 갖추고 있다. 우리나라로 치면 입학처에 해당하는 general admission은 규모도 상당하지만 오랜 경험을 갖춘 입학사정관들이 노련한 전문성으로 수많은 지원자들이 제출한 복잡한 서류를 검토한다. 이를 바탕으로 대학들은 성적만 좋은 학생이 아니라 다방면의 활동과 배경을 갖춘 다양한 인재를 뽑는다. 이들 대학들이 이렇게 다양한 학생 구성을 중요하게 생각하는 이유는 국가의 강제나 인센티브가 아니라 다양한 학생 구성이 학문적으로도 학생들의 성장에도 긍정적이라는, 오랜 경험으로부터 나온 확신이 있기 때문이다. 신분도 불안정한 계약직 입학사정관들이라면 전문성을 쌓을 수도 없지만 그나마의 인력도 부족해서 제대로 깊이 있는 검토가 어려운 환경이기 때문에, 만들어진 스펙으로 대학을 진학하려는 시도들이 계속되는 것이다. 우리나라 대학들도 스스로의 발전을 위해서라도 다양한 인재들 선발하기 위한 내부 시스템을 갖추어야 한다.

더 깊은 속내는 대학이 이런 다양한 인재를 뽑아 제대로 교육할 역량을 갖추고 있지 못한 것이 이유일 수도 있다. 입학생들의 성적으로만 평판을 유지하는 우리나라 대학들은 제대로 자신들의 교육력을 보여준 경험이 없다. 즉 대학이 제대로 된 교육력을 갖추고 있지 못하기 때문에 다양한 학생들을 받아 잘 키울 자신이 없는 것이 아닐까? 블라인드 테스트를 시행했던 공기업에서 소위 말하는 서울의 명문대보다 지방대학의 합격률이나 입사 후 업무능력에서 뛰어난 결과를 보여주는 사례들을 보면, 이런 의문에 힘이 실릴 수밖에 없다.

우리나라는 학교의 극심한 서열화가 이루어져 있지만 정작 그 학교들의 교육력에 대해서는 거의 검증된 바가 없는 희한한 상황이다. 이러니 소위 말하는 명문대학이나 고등학교를 막론하고 별다른 특별한 교육과정도 없이 우수한 학생들을 뽑아서 그 효과만을 누리고 있다는 의심을 받는 것이다. 이런 지적에 대해서 대학들은 납득할 만한 대답을 내놓을 때가 되지 않았을까?

혁신학교는 사교육에 의존하지 않는 아이를 기른다

14

"혁신학교에 아이를 보내는 부모들은 아이들이 행복해하는 건 좋은데 학력에 대한 불안 때문에 학원을 보낸다더라."

혁신학교에 대해서 슬쩍 꼬집는 반응의 대표적인 사례이다. 물론 이 정도는 점잖은 편이다. 맞다. 혁신학교에 다니는 아이들도 학원에 다닌다. 단번에 아이들이 학원에 가지 않도록 하는 것은 거의 불가능하다. 그러나 분명히 의미 있는 변화는 있었다. 아이들이 학원에 가는 것을 막을 수는 없지만 혁신학교는 사교육이 적을 수밖에 없는 구조라는 점은 분명하다.

필자가 방문했던 여러 학교에서 아이들이 학원을 갈 필요가 없다고 대답하거나 일부 과목은 학원을 거의 다니지 않는다고 한 경우들을 보면 공통점이 있다. 초등학교에서는 아이들을 학원에 보내지 않는 사례가 많이 늘고 있지만, 중·고등학교에서는 어려울 것이라고 생각하는 사람들이 대부분이다. 그러나 실제로 몇몇 중학교에서는 주변 학원에서 민원이 들어올 정도로 아이들이 학원에 가지 않는 환경을 만드는 학교가 있었다. 그 학교의 특징은 선생님이 교과서에만 의존해 진도를 나가는 것이 목적인 수업을 하지 않는다는 것이었다. 그렇다고 전혀 다른 수업을 하는 것은 아니다. 교육과정에 제시된 내용과 학생들이 도달해야 할 목표를 교사가 나름대로 해석해서 다양한 자료와 방법으로 수업을 하다 보니 학원에서 대응할 수 없게 된 것이다. 학원이라는 것이 여러 학교의 아이들을 모아서 수업을 해야 수지타산을 맞출 수 있다. 그런데 정해진 교과서나 엇비슷한 진도를 따르는 것이 아니라 학교마다 또 교사에 따라 전혀 다른 내용을 다루고 있으니 학생 하나하나에 맞는 수업을 해야 하는데 학원 시스템상 이는 불가능한 일이다. 경제성이 없으니 말이다.

'그럼 학원들도 나름대로의 내용을 구성해서 가르치면 되지 않을까?' 라는 의문을 가질 수 있을 것이다. 이 질문 속에 학원에 대해 아무도 말하지 않던 진실이 숨어 있다. 그런 식으로 가르치면 학원이 제대로 성과를 보이지 못한다는 점이다. 학원의 교육이 뛰어난 것이 아니었다는 진실이 드러나게 되는 것이다. 우리나라 학원들의 수업형태를 보면 각 학교의 기출문제를 다 빼낸 후 그것을 반복적으로 풀게 해서 단기적인 시험성적을 올리는 것이 전형적인 방법이다. 학교에서 배워야 할 내용을 미리 가르쳐서 더 잘 아는 것처럼 착각하게 만드는 것도 대표적인 방법이다. 교사들이 저마다 다른 내용으로 수업을 하고 평가도 다르게 하면 아이들도 학원을 다녀봐야 별로 도움이 되지 않는다는 것을 눈치 채게 된다.

사교육은 이렇게 교육의 기본원리에 충실할 때 자연스럽게 소멸될 것이다. 그렇다고 필자가 무조건 사교육을 반대하는 입장은 아니다. 사교육이 필요한 부분이 분명히 있다. 그러나 지금의 교육생태계를 파괴하고 아이들에게 왜곡된 학습관을 심어주는, 심각한 부작용을 양산하는 형태의 사교육에 반대하며, 그런 사교육은 반드시 사라져야 한다. 그리고 분명히 이런 잘못된 사교육을 퇴출시킬 방법이 있다.

교육당국의 사교육에 대한 대응 방식은 실패할 수밖에 없는 방법들이다. 사교육을 줄이겠다고 방과 후에 학교에서 학원과 같은 수업을 운영한다. 이렇게 해서 학부모들의 부담이 조금 줄어든 것을 사교육을 줄인 것으로 둔갑시킨다. 학부모 대신 정부가 돈을 내니 사교육비가 줄긴 했다. 사교육이 왜 교육적으로 문제인지, 그 폐해가 무엇인지에 대한 논의는 사라지고 표면적인 학부모의 부담, 즉 돈 문제만 남아버렸다.

또 사교육을 막기 위해서 선행학습을 금지하는 법도 제정하였다. 이런 생각이 교육지책이라는 점을 이해하지 못하는 것은 아니다. 그러나 학교들의 자유롭고 다양한 교육과정 운영이 불가능해질 수 있다는 점을 보지 못하고 있는 건 아닌가 싶다. 선행학습 금지가 학교에만 해당되고 문제의 근원인 사교육은 그 대상에서 빠진 점도 그렇고, 사교육이 선행학습만 금지하면 해결될 수 있는 것인지에 대한 명쾌한 설명도 없다. 이번 조치로 아이들의 수준에 맞는 다양한 탐구와 학습 운영이 가로막히는 결과를 초래할 수도 있는 것이, 선행학습이 무엇인지에 대한 정확한 정의와 합의가 없는 상태에서 형식적인 통제만 시도할 것이 분명하기 때문이다. 결국 사교육은 잡지도 못하면서 교사들의 자율성을 억누르고 다양한 교육활동을 가로막는 결과만 남을 것이라는 우려를 낳고 있다.

이런 일들이 일어나는 것은 교육부와 교육청이 말로는 다양한 교육과정을 이야기하고 교사의 전문성을 강조하지만 실제로 그런 것에는 별 관심도 없다는 증거이다. 문제는 이런 일들이 반복되면서 새로운 시도를 하는 열정적인 교사들을 지치게 하고 절망스럽게 한다는 점이다. 이런 일들이 정말 위험하다고 말하고 싶은 이유이기도 하다. 사교육을 없애는 것은 학교가 제자리를 찾는 것부터 출발해야지 다른 어떤 것을 건드린다고 해결될 수 없다는 것이 그동안 우리가 수많은 시도를 통해서 얻은 교훈이다. 학교에서 모든 배움이 완성되고 그것으로 충분할 때 사교육은 저절로 도태될 것이다.

실제로 혁신학교의 꿈은 학교를 마치면 아이들이 더 이상 공부에 매달릴 필요가 없는 학교이다. 학교 수업시간에 모든 에너지를 쏟고, 자기 내면에서 터져 나오는 호기심과 의문을 이겨내지 못하고 그것에 빠져드는 아이들이 배움의 행복을 경험하는 그런 학교가 혁신학교라고 불릴 수 있다. 그래서 제대로 만들어진 혁신학교에서는 아이들이 학원을 가지 않게 된다. 학원을 갈 필요도, 학원을 갈 시간도, 학원을 갈 힘도 없기 때문이다. 이런 꿈같은 현실은 교사들의 노력에 의해서만 만들어질 수 있다. 교사가 자신만의 수업을 만들어갈 때 가능하다.

학부모들은 냉정하게 스스로를 들여다보아야 한다. 자기 아이들을 돌볼 자신이 없으니까 학원으로 내몰고 돈으로 부모 역할을 메우는 건 아닌지 되돌아볼 일이다. 자본주의 사회에서 돈으로 해결하는 것이 가장 쉬운 일일 수 있다. 그러나 자식은 돈으로 크지 않는다. 인내와 정성으로 키워야 한다. 잔인한 이야기같지만 학원이 살아남는 이유는 학교와 부모의 무책임 때문이다. 학교와 교사가 아이들의 배움과는 상관없이 교과서의 진도만을 열심히 나가고, 부모는 아이들을 이 학원 저 학원으로 몰아붙이면서 자신들이 얼마나 많은 돈을 투자하고 있는지만 강조하는 구조가 지속된다면 사교육은 어떤 처방에도 시들지 않는다.

우리는 이미 길을 알고 있는 것인지도 모른다. 자신이 없을 뿐이지. 그리고 자신들이 그것을 떠안게 되었을 때의 수고로움을 감당하고 싶지 않은 것이다. 그러나 우리 교사란, 또 학부모란 아이들을 위해서 최선의 길을 찾아주어야 할 의무가 있는 사람들이다. 그것을 위해서 바치는 노력을 아끼지 말아야 한다. 자신들의 삶에 아무런 의미도 없는 일에 아이들이 시간과 노력을 허비하는 일을 멈추고 자신의 긴 삶을 준비하는 힘을 기르는 제대로 된 배움에 열정을 바치도록 해야 한다. 이것은 학원에서 해줄 수 있는 일이 아니다. 가정과 학교에서 할 수 있는 일이다. 사교육 없이 학교교육만으로 모든 것을 책임지는 비정상의 정상화를 이루기 위해서는 학교와 교사들이 교육의 본연의 원리를 실천하는 기본으로 돌아가야 한다. 혁신학교는 이런 교육의 본질을 되찾는 것이므로 당연히 혁신학교 아이들은 학원에 의지하지 않는 아이들로 자라나게 될 것이다.

학생인권조례

: 존중받는 아이들이 평화로운 교실을 만든다 :

학생인권에 대한 새로운 시각과 접근은 우리 사회에 한 번도 있어 본 적이 없는 개인에 대한 인식을 의미한다. 개인의 의미와 개인이 누려야 할 권리와 자유, 그리고 사회의 구성원으로서 요구되는 책임의 문제에 대한 새로운 이해와 합의를 만들어가는 과정이다.

한 인간 그리고 개인으로 학생들을 바라보기 시작하면 더 이상 학생들이 단순히 통제하고 길들여야 할 대상이 아니라 우리 사회를 함께 구성하고 더불어 살아가야 할 시민으로 보이게 된다. 시민은 통제의 대상이 아니다. 말 잘 듣고 군소리 없이 시키는 대로 따르는 것이 시민이 갖추어야 할 덕목은 아니기 때문이다. 학생들 자신이 개인, 즉 당당한 주체로 인정받음으로써 상대를 인정하고 어떤 문제에든 다양한 면이 있다는 것을 이해하는 것은 학교를 평화로운 공간으로 만드는 데 결정적인 역할을 한다는 점에서 학생인권의 문제를 검토할 필요가 있다.

학생들을 통제나 훈육의 대상이 아닌 성숙한 인격체로 인정하는 것은 학생들 개인의 문제로 그치지 않는다. 내가 존중받아야 할 대상임을 인식하는 순간, 타인 또한 존중받아야 할 대상임을 알게 된다. 그 사람의 외모, 사회적 배경, 성격, 취향에 관계없이 존중되어야 할 소중한 존재로 재인식되는 것이다. 이런 가운데 교실에서의 평화로운 문화가 형성된다. 그러기 위해서는 학교와 교사가 아이들을 존중해야 한다. 학교가 학생들을 함께 협의하고 결정하는 주체로 인정하는 것은 무엇보다 중요한 학생존중의 신호로 아이들에게 인식된다. 여기에 교실에서 교사의 비폭력적이고 평화로운 언어와 태도가 반드시 수반되어야 한다. 여전히 체벌이 없으면 교실이 무너질 것처럼 생각하는 교사와 학부모라면 이 이야기를 주의 깊게 생각해야 할 것이다.

우리 사회가 경험한 독재시대에도 똑같은 논리로 국민을 통제하려 했었다. 술자리에서의 객기 섞인 한 마디로 새벽 구둣발에 끌려 나가고, 12시만 되면 통행이 금지되던 일들은 지금 생각으로는 용납할 수 없는 일이다. 내가 통제되고 억압된 시스템에서만 제대로 살아갈 수 있는 인간이라면 지금은 더 많은 통제와 억압이 필요할 것이다. 그때보다 나는 더 때 묻고 덜 도덕적인 사람이 되었으니 말이다. 그럼에도 불구하고 지금 나는 독재가 없는 사회에서도 아무런 문제도 일으키지 않고 평화롭게 잘 살아가고 있다. 한 마디로 통제당해야 할 아무런 근거도 이유도 없었던 것이다. 그냥 그들은 악한 존재들이었을 뿐이다.

독재의 명분은 언제나 체제의 안정과 효율성이다. 우리가 21세기의 학교에서도 여전히 버리지 못하고 보물처럼 기필코 지켜내려고 하는 그 논리와 한 치도 다를 바 없는, 폭력을 휘두르는 자의 자기 합리화일 뿐이다. 이런 말들이 불편할 수도 있을 것이다. 그러나 조금만 마음을 열고 생각해보기를 간절히 희망한다. 독재자들의 논리는 언제나 국민들을 위한다는 것이었다. 마치 통제나 억압이 사라지면 금방이라도 나라가 무너질 것처럼 위기의식을 조장하면서, 부당하고 지나치게 개인의 권리를 제한하고 무자비한 폭력을 휘두르면서도 체제의 유지를 위해 정당하다고 강변한다.

독재와 교육은 다르다고 주장할지도 모르겠다. 그러나 앞에서 열거한 내용 중 양측의 주장과 행태에서 무엇이 다른지 적어도 나의 짧은 소견으로는 모르겠다. 다른 것이 있다면 통제하고 억압해야 할 대상이 아이들로 제한되고 있을 뿐이다. 정말 체벌이라는 폭력적 수단이 아니면 인간인 우리 아이들이 학교라는 시스템을 무너뜨릴 정도로 문제가 있거나 막무가내인 존재들인가? 아무리

입으로 평화를 이야기하고 학교에서 폭력은 사라져야 할 악이라고 비난해도 교사가 아이들을 무시하고 폭력으로 대하면 아이들은 말로만 하는 가식적인 평화를 금세 눈치 챈다. 체벌은 무력으로 아이들을 통제하는 것이다. 교사에게 힘으로 하는 통제가 허용되면 아이들 사이에서도 강한 아이가 약한 아이를 폭력으로 제압하는 폭력의 문화가 일상화된다. 교사부터 비폭력적이고 평화적인 언어를 사용하기 시작해야 한다. 그리고 폭력적인 언어와 행동에 대해 단호하고 일관된 거부의 태도를 유지하면, 쉽지는 않지만 아이들은 서서히 변하게 되고 평화로운 교실이 만들어져가는 경험을 하게 될 것이다.

아이들을 하나의 성숙한 인격체로 존중하면 아이들의 놀라운 성장으로 응답한다. 혁신학교에서 보게 되는 다른 점 중 눈에 띄는 것이 바로 아이들이 자신들이 정한 학칙에 대한 생각이 뚜렷하다는 점이다. 스스로 결정한 것에 대해서 책임지는 자세는 참여로부터 나온다. 그래서 다른 학교에 비해 더 학칙을 잘 지키려고 노력한다. 다른 학교들에서 우려한 것처럼 학생들이 제멋대로 하기 위한 이상한 학칙은 만들어지지 않았다. 아이들은 스스로 옳은 것에 대해 판단할 수 있는 능력이 있다는 것을 증명해냈다. 아이들에게 맡겨두면 어른들이 생각하는 이상으로 더 잘한다.

* * *

혁신학교인 모 초등학교에서는 혁신학교 3년차부터 아이들에게 스스로 체육대회를 기획하고 진행하도록 맡겼다. 결과적으로 선생님들이 했던 그 전의 체육대회에 비해 매끄럽지는 못했지만 훨씬 더 다양하고 재미있게 체육대회를 진행해서 학생, 학부모, 교사 모두의 만족도가 높았다고 한다. 체육대회를 준비하면서 아이들은 전체 모임을 통해 어떤 종목을 할 것인지부터 순서나 진행요원의 선정, 준비팀 등을 결정하는 민주적인 모습을 보이고 모두가 참여하는 공동의 장을 만들었다는 것이다. 체육대회 당일 진행이 완전히 매끄럽지는 않았지만 큰 실수 없이 이끌어나갔으며 선생님들은 지도

하는 입장이 아니라 여러 종목에 참여하며 같이 즐기는, 말 그대로 모두가 하나가 되는 행복한 체육대회였다고 한다.

처음에는 초등학교 6학년들이 체육대회를 스스로 준비하고 진행할 수 있을 것이라고는 교사들도 믿지 못했다. 그러나 혁신학교의 교육과정을 통해 스스로 배우는 힘을 키운 아이들은 어떤 상황에서도 문제를 해결하는 능력을 서서히 길러가고 있었던 것이다. 그런 아이들의 모습을 보고 믿음이 생겼고 실제로 맡겨보니 잘 해내더라는 경험은 교사들에게도 놀라운 변화를 일으키고 있었다. 아이들에 대한 교사들의 시각이 달라진 것이다. 도와주지 않으면 안 될 것 같은 미숙하고 어린아이들과 스스로 결정하고 일을 완성할 수 있는 아이들을 대하는 교사들의 자세는 다를 수밖에 없다.

* * *

스스로 문제를 찾고 함께 해결할 수 있다는 믿음이 생기면, 수업에서도 아이들의 자율성과 자기주도성을 확대해도 될 것이라는 믿음 역시 생긴다. 이런 수업을 통해 아이들의 자존감은 높아지고 자기주도적인 능력은 더 커지게 된다. 이런 것이 바로 선순환 구조이다. 아이들을 믿어라. 진심으로 아이들을 신뢰하면 아이들 안에 잠재되어 있는 놀라운 능력을 발견하게 될 것이다.

또 다른 긍정적인 점은 이런 경험들이 아이들 하나하나의 자존감을 높일 뿐만 아니라 집단적 자존감을 높인다는 점이다. 아이들 스스로 자신들에 대한 기대치가 높아지므로 행동이나 도덕적 판단에 대한 기준이 높아지는 효과를 동반하게 된다. 이런 학교에서는 누군가가 잘못된 행동을 하거나 다른 아이를 부당하게 대할 때 침묵하기보다는 집단적인 통제의 기제가 발동되어 그런 행동을 할 수 없는 문화가 형성된다. 이런 경험이 가지는 교육의 가치는 무엇과도 바꿀 수 없는 소중한 것이다.

4부

배움과 학교,
다시
묻는다

학교란 무엇인가?

[1

우리는 왜 학교를 다니고 배우려고 하는 걸까? 학교란 무엇인가?

터무니없는 질문인 것 같은가? 그럴 수도 있다. 너무도 당연한 것을 묻는 것이 이상해 보이는 것이 당연하다. 그래도 여전히 묻고 싶다. 학교를 가는 것이 우리가 오랫동안 해온 마땅히 인간으로서 해야 할 당연한 일인가? 대다수의 사람들이 학교를 가기 시작한 것은 채 백 년도 되지 않았고 길게 잡아야 이백 년 정도라는 것을 생각하면 별로 당연해 보이지 않는다.

이제 다시 묻겠다. 왜 학교를 가고 배우려고 하는 걸까? 좋은 직장을 얻기 위해서, 돈을 많이 벌기 위해서, 행복한 삶을 살기 위해서. 뭐 이런 일반적인 대답을 떠올릴 것이다. 그럼 행복한 삶이란 무엇일까? 돈은 얼마나 벌어야 많이 번다고 할 수 있나? 학교를 다니고 열심히 공부하면 좋은 직장을 얻을 수 있을까? 좋은 직장이란 어떤 직장인가?

이렇게 조금만 파고들면 그 자체가 본질이 아니라 행복하기 위한 조건에 불과하다는 것을 알 수 있다. 그런 것들이 우리 인생의 목표라고 하기에는 우리는 더 소중한 존재들이다. 많이 번다는 것은 상대적인 의미이다. 좋은 직장이란 것도 덜 좋은 직장이라는 비교의 대상이 있을 때 정의될 수 있는 의미이기는 마찬가지이다. 내가 얼마를 벌든 다른 사람과 비교해서 덜 번다고 생각되면 불행해진다. 그런 실체가 없는 목표를 향해 끊임없이 경쟁하고 쉴 새 없이 달려 나가다 끝내 한 번도 행복해지지 못한 모습이 바로 우리들 자신의 모습이라면 이대로 만족할 수 있을까?

물론 누구나 자신의 행복을 추구한다고 생각할 것이다. 그래서 미래의 행복을 위해서라면 지금 이 순간의 행복을 포기하는 대가를 기꺼이 치를 수 있다고 생각한다. 문제는 그 미래의 행복이라는 것이 좋은 대학을 가고, 그래서 좋은 직장을 얻고, 또 남보다 더 좋은 집에서 더 좋은 차를 타고 그리고 그리고의 반복일 뿐 결코 잡히지 않는 지평선과 같다는 점이다. 우리는 행복하게 살기 위해서 배우고 노력하지만 어떻게 행복해지는지 그리고 행복해지기 위해서 어떤 배움을 추구해야 하는지는 모르고 있다.

그러다 보니 아이들은 호기심이 아닌 경쟁을 원동력 삼아 공부를 한다. 내가 얼마만큼 아는지보다는 남보다 얼마나 더 아는지가 중요하다. 내가 백점을 맞아도 다른 아이가 똑같이 백점을 맞으면 그 기쁨이 반감된다. 우리가 추구하는 것이 남보다 더 좋은 직장과 남보다 더 나은 생활, 언제나 남과 비교하는 삶이기 때문이다. 그렇게 교육을 받고 자라나는 아이들은 분명 성취에 대한 열정은 있겠지만 공부에 대한 즐거움은 없다. 배우는 것에 대한 즐거움이 아닌 남보다 더 나은 결과에 대한 희열에 길들여지기 때문이다. 부모들의 책임이 크다. 미국의 학부모들이 한국 학부모들에게 놀라는 것은 높은 교육열만이 아니다. 아이가 A 등급을 받아오면 칭찬보다 먼저 몇 명이나 A를 받았는지 묻는 것에 더 놀란다고 한다.

이런 식의 경쟁은 아이들을 그 경쟁에서 이기기 위한 기술에만 집착하도록 부추긴다. 시험을 잘 보기 위한 목적으로 하는 공부는 단순한 기술로 전락하고, 실생활과 연결되지 않는 죽은 지식이 되는 것이다. 시험기술만 익히는 교육은 이제 더 이상 비밀스럽지도 수치스럽지도 않은 듯하다. 오죽하면 모든 기업에서 공통적으로 영어능력의 기준으로 삼는 TOEIC 시험이, 영어능력을 향상시키는 것보다 시험 보는 기술이 더 중요하다고 노골적으로 광고하는 것이 가능한 괴상한 사회가 되었을까?

이런 아이들을 보고 있으면 마치 한국 축구를 보는 것 같다. 오해하지 말기 바란다. 필자는 한국 축구를 사랑한다. 그만큼 아쉬움도 많다. 필자에게 한국 축구의 특징을 요약해보라고 하면 '열심히 뛰지만 왜 그렇게 열심히 뛰는지도 모르고 최선을 다하는 선수들'이라고 정리할 수 있겠다. 축구를 즐기는 것이 아니라 생사를 걸고 전투를 하는 것 같다는 평이 한때는 칭찬으로 들리기도 했다. 산업화시대의 우리나라의 모습도 그러했다. 그러나 그런 축구는 거기까지가 한계이다. 월드컵을 7번 연속 출전한 나라가 번번이 16강 문턱을 넘지 못하는 것은 맹목적인 전투 축구가 통하지 않는다는 것을 잘 보여주는 결과이다. 축구를 즐기고 자신의 플레이를 생각하면서 하는 축구에 당하지 못하는 것이다. 배움도 마찬가지이다. 산업화시대의 숙련된 인력을 빨리 양산하고, 맹목적 경쟁으로 내몰던 방식은 더이상 유효하지 않다는 것을 인정해야 한다. 또 이런 방식이 단지 효과가 없음을 넘어 불행한 일이 될 수도 있다는 사실에 주목해야 한다.

* * *

주로 아프리카 남부지역에 살고 있는 '스프링복(springbok)'이라는 독특한 이름을 가진 영양(羚羊)이 있다. 경계하거나 도망칠 때 네 다리를 모았다가 펴면서 등을 둥글게 하고 머리를 낮게 한 채 뛰는데, 이 모습이 마치 고무공이 통통 튀는 것 같아서 스프링복이라는 이름이 붙었다고 한다. 이 양들은 큰 무리를 지어서 풀을 찾아다니는데 본래 평화롭게 풀을 뜯으며 생활한다. 그런데 문제는 먹이가 모자랄 때이다. 앞쪽의 양들이 풀을 먼저 뜯어먹고 남은 풀이 없어지면 이 평화가 깨진다. 뒤따르던 양들이 풀을 차지하기 위해 앞으로 가려고 다툰다. 이렇게 시작된 다툼은 뒤쪽 양들을 뛰게 만들고 뒤에서 뛰기 시작하면 앞쪽의 양들은 선두를 지키기 위해 더 빨리 달릴 수밖에 없는 것이다. 이렇게 스프링복의 광란의 질주가 시작되면 무리 전체는 멈출 줄을 모르고 계속 달린다. 결국 모든 양떼가 전속력으로 달려가다가 벼랑 끝에서도 멈추지 못한 채 떨어져 죽고 10% 정도만 남았을 때에서야 그 질주가 멈춘다. 왜 뛰는지도 모르면서 달리다가 무리 전체가 파멸에 이르는 것이다.

처음에는 이들의 모습이 멍청하다고 생각했지만 이내 우리의 모습과 무엇이 다른지 고민하게 되었다. 경쟁에 뒤처지지 않으려고 쉬지 않고 뛰어야 하는, 그래서 지금 달리고 있는 방향이 올바른지를 생각할 겨를도 없이 달리고 있는 우리의 삶의 모습이 이들과 다를까? 17세기 유명한 튤립 투기 열풍을 떠올려보기 바란다. 지금으로서는 도저히 이해할 수 없는 행위에 아무런 의심도 없이 많은 사람들이 뛰어들었었다. 감당하기 힘들 정도의 돈을 쓰면서 아이들을 한계 이상으로 밀어붙이는 현재의 교육이 훗날 스프링복 떼의 광란의 질주처럼 보이지 않을 거라는 보장은 없는 듯하다.

* * *

그래서 이제 우리가 왜 배우는지에 대한 질문에 진지하게 대답해야 한다. 이 질문에 대한 답은 간단하지 않다. 제대로 하자면 긴 이야기가 되겠지만 단순하게 정리하자면 우리가 배우는 이유는 우리의 삶을 행복하게 살기 위한 지혜를 얻기 위해서일 것이다. 하나밖에 없는 나, 그리고 한 번밖에 살지 못하는 나의 삶을 행복하게 살아가는 것은 모든 인간의 꿈이다. 인간의 목표가 행복하게 사는 것이라면 우리가 배우는 이유는 '어떻게 살아가야 할지? 어떻게 하면 행복한 삶을 살아갈 수 있을지?'에 대한 해답을 찾기 위한 것이다. 그래서 배운다는 것은 자신의 삶과 연결된 살아 있는 지식을 터득해 나가는 것, 즉 삶을 생각하는 깊은 탐구의 과정이어야 한다.

삶이란 많은 것을 의미한다. 나를 둘러싼 모든 세상의 일들이 삶이고 그 삶을 어떻게 살아야 할지를 매순간 판단하고 결정해야 하는 것이 우리의 삶이기도 하다. 그래서 삶을 생각한다는 것은 무엇이 자신에게 이로운지를 판단하는 합리적인 사고를 의미한다. 다른 이들의 의견, 교육을 통해서 주입된 가치관, 매체를 통해 전달되는 정보에 지배되지 않고 스스로의 생각으로(비판적인 시각) 자신에게 이익이 되는 판단을 할 수 있는 능력 말이다. 그러나 그것만으로는 배움을 제대로 설명하기에 부족하다. 인간은 자신의 이익을 추구할 뿐만 아니라 타인과 공공의 이익을 위해서 기여하려는 이타적인 의지를 기본적으로 가지고 있다. 그래서 삶을 생각하는 배움이란 자신의 목표를 추구하는 것과 더불어 자신의 개인적 목표보다 더 큰 가치, 더 나은 세상을 위해서 기여하려는 마음을 키우는 것을 의미한다.

진정한 배움이란 어떠해야 하는지에 대한 두 가지 이야기를 들어보자.

첫 번째, 모든 인간은 자신이 중요하게 생각하는 것을 함으로써 탁월함을 추구하는 존재이어야 한다. 우리가 잘 아는 코미디 배우 짐 케리는 이런 이야기를 했다. "자신의 성직을 발견하라. 성공적인 삶을 살기 위한 방법은 스스로의 재능을 발견하고 자신이 성직으로 생각할 수 있는 일을 찾아 그 분야에 탁월한 사람이 되는 것이다." 드롭박스의 창업자 드류 하우스턴도 모교인 MIT의 졸업축사에서 이렇게 말했다. "가장 행복하고 성공한 사람들은 자신의 일을 좋아하는 정도가 아니라 집착하고 있었다. 그 뛰어난 사람들이 열심히 일하고 노력하는 이유는 의지력이나 자기 통제력이 강해서가 아니라 흥미로운 문제를 풀거나 풀려고 노력하는 자체가 재미있기 때문이었다." 그리고 테니스공 이야기를 꺼내면서, 애완견과 공 던지기 놀이를 할 때면 공을 집어 들기만 해도 개들은 이미 흥분해서 어쩔 줄 모른다는 사실을 상기시켰고, 이런 충고를 남겼다. "단순히 자신을 밀어붙이지 말고 자신이 중요하게 여기는 그것, 자신만의 테니스공을 찾아야 한다."

인간은 누구나 자신의 안에 내재된 재능과 가능성을 믿고 자신이 중요하게 여기는 일에 몰입할 때 탁월함을 얻게 된다. 배움이란 바로 이런 탁월함을 추구하는 과정이며, 어떤 특정한 능력만을 갖추는 것이 아니라 개개인의 모든 가능성을 존중하는 것이어야 한다. 이런 점에서 우리 교육의 현주소는 매우 실망스럽다. 학교가 특정한 영역에서 우수한, 그것도 정답을 잘 맞추는 능력에서 탁월한 아이들만을 위한 교육을 하고 있다는 비판을 받는 것이 당연하다. 물론 학교만의 잘못은 아닐 것이다. 학교교육을 지배하고 있는 대학입시에서 이런 능력만이 중시되었던 그동안의 경험이 우리 사회, 학교, 학부모, 학생들의 의식을 길들여왔고, 결과적으로 학교는 이런 소수의 학생들만이 인정받는 곳이 되어버렸다.

다양한 인재를 부르짖으면서도 일부 교과능력 외의 다른 분야에서 뛰어난 아이들은 인정하지도 관심을 갖지도 않았다. 때문에 자신의 삶을 통해 탁월함을 발휘할 아이들이 조기에 낙오자로 취급되어 스스로를 소위 말하는 '깔창(다른 아이들의 등수를 받쳐주는 역할을 하는 아이들을 의미하는 속어)'이라고 자조하며 전락해간다. 우리 교육의 억울한 피해자들이다. 관심을 가지고 바라보고 격려해주는, 최소한 이 아이들이 가진 능력만이라도 인정해주는 어른들이 있다면 행복하고 성공적인 삶을 살아갈 수 있을 아이들이다.

*   *   *

얼마 전 언론에서 집중적인 조명을 받았던 경기도의 모 혁신고등학교의 사례가 이런 사실을 잘 말해준다. 이 학교의 한 여학생이 전국의 영재고와 과학고 학생들을 제치고 전국규모의 과학경진대회에서 한 번도 아닌 다섯 번이나 수상을 했다. 단지 대기만성형이라 그랬을까? 중학교까지 평범한 아이였던, 그래서 신설학교인 그 학교를 갔던 아이였다. 참고로 그 지역은 아직도 평준화가 되지 않아서 고등학교를 성적순으로 간다. 그런 경우 신설학교는 대게 중학교 내신 성적이 떨어지는 아이들이 가게 되는데, 이 학교도 예외는 아니다. 그런 학교에서 대한민국의 0.1%만 갈 수 있다는 영재고나 과학고 아이들을 제치고 수상을 한 것은 기적이나 다름없다. 그러나 이것은 기적이 아니라 교육의 힘이다. 학교가 해야 할 역할이다. 아이들의 흥미와 관심을 불러일으키는 내용으로 교과목을 재해석하고 아이들 스스로 배울 수 있도록 하는 수업으로의 전환이 가져온 결과일 뿐이다. 아이들이 가지고 있는 재능과 잠재력을 발견하고 키우려고 노력하는 학교와 교사만이 가능한 교육의 모습을 증명해 보인 것이다.

＊　＊　＊

그렇게 특별한 아이들이 얼마나 되겠냐고 하겠지만, 더 중요한 것은 그 학교의 아이들이 스스로 배우는 것을 더 좋아하고 학교생활이 행복해졌다고 말한다는 사실이다. 저마다 다른 아이들이다. 국영수 같은 과목에 관심과 재미를 못 느낄 수도 있다. 당연하다. 예전에는 공부를 잘하는, 정확히는 국영수 같은 주요과목을 잘하는 아이들에게 예체능과목 성적을 잘 주는 것이 관례처럼 되어 있었다. 그런데 잘 생각해보자. 그 아이들도 예체능이나 문학 능력은 부족하고 별 관심도 없다. 그런데 왜 이렇게 대접이 달라야 하는가? 행복하고 의미 있는 삶을 살아가는 방법은 각자 다르다고 가르치면서, 모든 아이들에게 똑같은 방법으로 살아가도록 강요하는 학교 시스템은 아이들을 고통스럽게 하고 절망에 빠지게 한다. 이런 아이들은 수업으로부터 달아나게 되고 결국 그런 교실에 서는 교사들도 고통받게 되는 악순환이 반복되는 것이다.

방법은 단순하다. 이 아이들의 관심과 재능을 존중하는 교육시스템을 만들어가야 한다. 학교에서 지금처럼 획일적인 것이 아니라 다양한 교육과정으로 아이들에게 길을 열어주고, 대학입시에서 학문분야별로 필요한 다양한 능력을 평가하는 제도를 만들어가는 것이다. 이것은 배움을 바라보는 각(角)이 달라질 때 가능한 일이다.

두 번째, 배움은 개인적인 성취만을 추구하는 것을 의미하지 않는다. 배움을 통한 인류사회와 타인에의 기여가 비로소 배움을 온전하게 만든다. 독일의 유명한 극작가인 브레히트는 "선량하게 살려고 하지 말고 좋은 세상을 남기려고 노력하라."라는 말을 남겼다. 자신에게 주어진 의무를 충실히 다하는 것만으로는 충분하지 않다. 누구에게 해를 끼치거나 범죄를 저지르지 않는 선량한 사람이 되는 것으로 좋은 사람의 의미를 착각해서도 안 된다. 더 나은 세상을 만들기 위해 자신의 이익을 희생할 수 있고, 타인에게 가해지는 부당한 대우와 국가나 사회의 이름으로 행해지는 잘못에 대해 판단하고 저항할 수 있는 사람이 좋은 사람인 것이다.

진정한 배움이란 이렇게 탁월함을 추구하는 열정으로 세상의 이치를 꿰뚫는 통찰력을 기르고, 비판적인 사고로 성찰적인 삶을 살 수 있는 힘을 갖춘 사람이 되는 과정이다.

학교에서 진정한 배움을 만나다

2

　진정한 의미의 배움을 위해서 교육, 그리고 학교가 해야 할 역할은 무엇일까? 혁신학교를 이해하기 위해서는 이 질문에 대한 답을 찾아야 한다. 그러니 스스로에게 질문을 던져보기 바란다. 우리가 생각하는 배움이란 무엇일까? 우리는 어떤 의미로 배움이라는 말을 사용하고 있는 것인가? 배움의 주체는 누구이며, 어떻게 배움이 일어나는가? 이런 이해가 있을 때 비로소 진정한 배움을 위한 학교의 역할, 즉 혁신학교에 대해 이해할 수 있게 될 것이다.

　제대로 된 배움에 대해서 말하기 전에 먼저 배움이라는 용어의 의미에 대해서 정리하고 넘어가는 것이 좋을 듯하다. 공통된 인식이 앞으로 할 이야기를 이해할 수 있는 기초가 되기 때문이다. '공부나 학습'이라는 용어 대신 '배움'이라는 말을 쓰는 이유는 지금까지 통상적으로 이해하고 있는 공부가 교사가 지식을 전달하고 학생들은 그것을 잘 습득하고 이해하는 수동적 역할을 의미하는 것이기 때문이다. 이것을 '교사중심주의'라고 정의할 수 있다. 이와 대립되는 입장으로 아동의 주체적 역할을 강조하는 '아동중심주의나 학습자중심주의'가 있지만 이 또한 지나치게 학습자의 흥미에 의존함으로써 체계적이고 깊이 있는 학습이 어렵다는 비판을 받고 있다.

지금부터 말할 배움이란 이런 기존 관념과는 전혀 다른 개념이다.

필자는 경기도교육청에서 배움중심수업이라는 새로운 수업 철학을 제시하고, 이의 실천을 위한 수업 혁신을 추진하였다. 현재 배움중심수업은 경기도의 많은 학교에서 실천되고 있으며 교사들의 높은 호응을 얻고 있는 경기도교육청의 핵심 정책 중의 하나이다. 배움중심수업에서 강조하는 것은 말 그대로 배움이다.

배움이란 주체적인 의미이며 상호적인 특성을 갖는다. 교사나 학생 일방의 주도성을 강조하지 않고, 교사와 학생이 서로에게 배우고 협력하는 관계 속에서 지식의 본질을 이해하고 깊은 탐구가 일어날 때 진정한 배움이라고 정의한다. 학교는 배움을 위해서 존재하는 곳이다. 최근에는 학교에서 아이들을 돌보는 것까지 중요한 일이 되었지만 이 돌봄이라는 의미는 단순히 오갈 데 없는 아이들을 학교에 맡아서 보호해준다는 의미가 아니다. 돌봄이라는 것은 관계의 문제이고, 이런 관계가 제대로 형성되었을 때 배움도 제대로 이루어지고 극대화될 수 있기 때문에 중요하다고 이해해야 한다. 배움이 제대로 이루어질 때 학교는 존재의 가치가 있고, 제대로 된 배움을 위해 끊임없는 고민과 성찰이 있어야 한다.

배움이란 지식을 자기 내면화하는 과정이다. 지식을 자기 스스로의 사고와 경험에 바탕해서 인식하는 과정이므로 배움을 통해서 얻게 되는 지식은 당연히 주관적인 특성을 갖는다. 이렇게 얻어진 지식이 자신만의 생각으로 갇히지 않고 객관성을 확보하려면 다양한 의견과 생각들과의 대립과 조정 과정이 필요하므로 배움은 상호적이기도 해야 한다.

배움이란 개인적인 성장 배경과 가치관으로 형성되는 렌즈를 통해서 세상을 바라보는 방법이며, 나의 인식을 다시 타인의 시각을 통해서 바라보고 조정하는 과정이다. 타인의 생각을 통해서 내 생각의 불완전한 부분을 발견하고 한 단계 더 높은 사고로 발전하는 것이다. 이렇게 하면 타인 역시 나를 통해 배움이 일어난다. 따라서 배움이란 어떤 특정되고 정형화된 내용을 받아들이는 것이라기보다는 비정형적이며 확산적으로 펼쳐지는 것이다. 배움중심수업에서 교사로부터 학생들이 배우고, 학생들 간에 서로 배우는 것뿐만 아니라 교사도 학생들로부터 배움이 일어나야 온전한 배움이라고 강조하는 이유는, 다양한 수준의 생각들이 모일 때 내가 바라보지 못했던 새로운 시각을 만날 수 있기 때문이다. 제대로 된 배움을 추구하는 것은 나의 사고가 발전해가는 것 외에도 기존의 기준으로 공부를 잘하는 아이들이나 못하는 아이들 모두가 서로에게 배움으로써 상대를 인정하고 진정한 협력을 배우게 된다는 중요한 장점이 있다.

필자가 여러 학교의 수업을 보면서 아쉬웠던 점은 모둠수업을 할 때 대부분의 교사가 공부를 잘하는 아이와 못하는 아이들을 섞어 놓고 잘한다는 아이가 못한다고 생각되는 아이들에게 설명해주도록 하는 방법을 선택한다는 것이다. 이것이 정말 협력이고 협동일까?

지식의 습득이라는 측면만을 본다면 또래의 설명이 교사의 설명보다 더 효과적일 수 있다. 글쎄 이것이 사실이라면 교사가 그렇게나 많이 필요할까? 빨리 이해하는 아이들만 모아놓고 가르치고 그 아이들이 다른 아이들에게 설명하도록 하면 될 텐데? 말도 안 되는 상상이지만 효율만을 생각하면 그렇게 해야 하는 게 맞지 않을까?

올바른 협력의 가치를 가르치려면 모두가 서로에게 도움이 되어야 한다. 누군가가 다른 사람에게 늘 기대는 방식은 협력이라고 말하기 어렵다. 토론을 해보면 우리가 가지고 있던 잘하고 못하고의 기준이 심하게, 아주 많이 흔들리는 경험을 하게 된다. 자신의 생각을 표현하는 것에 대한 자신감을 가지기까지가 어렵고 시간이 걸리지, 자신의 시각을 드러내는 훈련이 되면 놀라운 일들이 벌어진다. 전혀 기대하지 않았던 아이들로부터 놀라운 시각을 발견할 때의 감동은 교사들의 피를 끓게 한다. 그리고 죄스러움에 몸을 떨게 한다. 이런 아이들을 우리들의 편한 잣대로 재단하고 평가해서 싹을 잘라온 건 아닌지에 대한 반성이 절로 생기니 말이다.

그래서 단순히 질문하고 대답하는 것이 아니라 토론이 핵심적인 수업의 과정으로 도입되어야 한다고 말하는 것이다. 그 가운데에서 교사도 자신의 무지를 발견하고 성장하는 경험을 통해 수업에 대해서 새롭게 눈을 떠야 한다. 교사가 자신의 무지를 솔직하게 드러낼 때 아이들도 지식의 본질과 올바른 배움에 대해 제대로 이해하게 된다.

　　또 진정한 배움은 특정한 답을 아는 것이 아니라 해답을 찾아가는 과정이며, 그 과정에서 다양한 방법과 해결책이 있음을 이해하는 것이다. 그러므로 배움은 누군가로부터 일방적으로 지식을 전수받거나 지식을 전달하는 행위가 아니다. 다양한 사회경제적, 문화적 성장배경을 가진 자아들이 만나는 과정이며 이들 간의 긴밀하고 진지한 소통이 이루어질 때 비로소 진정한 배움이 일어나게 된다. 교실에서 교사는 학생들과 만나면서 학생들의 배움을 자극하고 지원하는 역할을 하지만 거꾸로 학생들에게서도 배우는 경험을 하면서 수업에 참여한 모두가 함께 성장하게 된다. 배움중심수업에서 학습자와 교사를 구분하지 않고 학습 참여자로 정의하는 것은 바로 이런 이유 때문이다. 배움의 본질은 이렇게 함께 성장하는 경험이며, 이 경험을 통해 한 단계 더 높은 배움으로의 도약이 일어나게 된다.

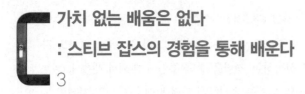

가치 없는 배움은 없다
: 스티브 잡스의 경험을 통해 배운다
3

스티브 잡스는 스탠퍼드대학교의 졸업축사에서 인상적인 연설을 했다. 특히 자신이 리드대학을 중퇴한 것을 인생 최고의 결정이었다고 당당하게 이야기함으로써 그 자리에 앉아 있던 수많은 교수들과 대학관계자들을 당황하게 만들었다. 잡스가 자신을 초청한 대학 관계자들을 조롱하기 위해서 그런 이야기를 꺼낸 것은 아니었다.

* * *

가장 비싼 대학 중의 하나인 리드대학에 간 것은 꼭 대학에 가기를 바라는 양부모에 대한 반항심 때문이었지만, 자퇴를 결심할 당시엔 잡스도 두려웠다. 그러나 그것이 인생 최고의 결정 중 하나였다고 자신 있게 이야기할 수 있는 이유는, 자퇴한 순간 별 흥미 없던 필수과목들을 듣는 걸 그만두고 관심 있는 강의만 들을 수 있었기 때문이었다. 사실 그렇게 낭만적인 일만도 아니었다. 친구 집 마룻바닥에서 자고 한 병당 5센트씩 하는 코카콜라 빈병을 팔아서 먹을 것을 사는 고생이 이어졌다. 순전히 호기심과 직감만을 믿고 저지른 일들이었지만 후에 그의 삶에서 정말 값진 경험이 되었다. 대학을 중퇴하고 청강생으로 들었던 서체 수업에서 세리프와 산세리프체를, 다른 글씨체의 조합에서 생기는 여백의 다양함을, 무엇이 타이포그래피를 위대하게 만드는지를 배웠다. 그 당시에는 인생에 실질적인 도움이 될 것 같지 않았지만 10년 후 첫 번째 매킨토시를 구상할 때, 그것들은 찬란한 빛을 발하게 되었다. 당시의 그런 경험이 없었다면 매킨토시의 복수서체 기능이나 자동 자간 맞춤 기능을 만나지 못했을지도 모른다.

* * *

잡스가 자신의 대학시절이 인생의 전환점이라는 것을 알아챌 수 없었듯이 우리도 미래를 알 수 없다. 그러나 그가 10년이 지난 후에야 모든 것을 분명하게 볼 수 있었듯이 현재의 순간들이 어떤 식으로든지 미래로 연결된다는 것은 틀림없다. 우리는 현재와 과거의 사건들만을 연관시켜 볼 수 있을 뿐이지만 자신의 배짱, 운명, 인생, 카르마(업) 등 무엇이든지 간에 '그 무엇'에 믿음을 가져야만 한다는 것이 잡스의 메시지이다. 그는 이런 믿음이 자신을 실망시킨 적이 없으며 그것이 자신의 인생에서 남들과는 다른 모든 '차이'들을 만들어냈다고 단호한 결론을 내리고 있다.

우리나라 학교에서는 인문계열로 진학할 학생들은 과학이, 자연계열 학생들은 사회가 수능시험 과목이 아니라는 이유로 수업시간에 아예 다른 공부를 하거나 모자란 잠을 보충하는 시간으로 여긴다. 선생님들도 그런 아이들을 제재하지 않는다. 이미 당연한 일이 되어버려서 오히려 그런 시간에 열심히 가르치려는 선생님이 이상한 취급을 받는 지경이다. 매우 어리석은 선택이며 자신에게 다가올 소중한 기회를 놓치는 일이다. 미래를 예측할 수는 없지만 그 수업에서 무언가를 배웠다면 인생의 어느 순간에 자신의 인생을 바꿀 중요한 계기로 연결될지 누가 알겠는가? 스티브 잡스의 이야기가 주는 교훈은 우리가 배우는 것이 당장의 목표나 필요에 의해서 좌우되어서는 안 된다는 것이다. 당장 내일 시험에 나오는 것만 공부하고 입시에 필요한 것만 골라서 공부하는 사람은 자신을 진정한 성장의 길로 이끌지 못하고 인생의 수많은 기회를 놓치게 될지도 모른다.

이미 배움이란 말은 교육현장에 일반화되어 있고 많은 교사들이 배움 중심수업을 시도하고 있다. 그러나 대다수의 교실에서 진정한 의미의 배움이 일어나지 않는 것 또한 현실이다. 그 원인은 바로 교사의 내면에 정확한 지식관, 아동관, 학습관이 정립되지 않았기 때문이다. 교사가 지식의 속성을 어떻게 이해하느냐에 따라서, 학생을 어떤 존재로 바라보느냐에 따라서, 그리고 학습이 이루어지는 과정을 어떤 방식으로 인식하느냐에 따라서 수업에서 교사와 학생들의 자세는 전혀 달라진다. 교사가 학습을 객관적인 내용으로서의 지식을 이해하고 습득하는 것으로, 쉽게 말해 교과서의 내용을 아는 것으로 인식하면 교사는 좀 더 효율적인 방법으로 지식을 전달하는 것에 집중하게 될 것이다. 교사가 지식을 이해하고 아동을 어떤 존재로 보는가는 학생들이 배움에 어떻게 다가가느냐에 결정적인 영향을 미친다.

이것은 학부모들에게도 똑같이 해당되는 말이다. 학부모가 어떤 인식을 가지고 있는지가 교사의 수업에 큰 영향을 미치기 때문이다. 우리나라 학부모들의 입김은 전 세계 어떤 학부모들보다 강력하다. 학교가 무언가를 할 때 가장 먼저 살피는 것이 학부모들의 반응이라는 것은 모든 관리자, 교사들의 공통된 반응이다. 우리나라 교육을 망친 책임의 51%는 학부모에게 있다는 말이 전혀 근거 없는 말은 아니다. 학부모가 교과서 진도를 다 나가지 않는다고 항의하고, 학원가야 하는데 아이들을 학교에 잡아둔다고 불평하는 한 학교가 제대로 된 배움을 실천하기란 쉽지 않다. 학교와 교육에 대해 제대로 알고 아이들의 눈이 언제 살아서 반짝이는지를 주의 깊게 바라보아야 한다. 그 눈에서 미래의 희망을 발견할 수 있기를 바란다.

배움, 철학적 접근이 필요하다

4

제대로 된 배움이 일어나기 위해서는 단순한 수업기술이나 방법론적 접근이 아니라 배움이라는 것에 대한 철학적 접근이 필요하다. 흥미를 끌기 위한 수업기술, 다양한 자료나 활동을 동원하는 방법을 고민하는 것이 전부가 아니라는 것을 이해해야 한다. 본질적인 배움을 이루기 위한 지식의 본질에 대한 이해, 지식의 내면화를 이루기 위한 올바른 학습의 방법, 그리고 아동을 이해하기 위한 교사의 진지한 고민이 출발점이 되어야 한다. 쉽지 않은 일이다.

여전히 많은 교사들이 아이들이 즐거워하고 재미있어 하는 수업 방법을 배우는 데 더 관심이 많은 것 같다. 그래서 마술을 배우기도 하고, 아이들과 함께할 수 있는 재미있는 게임을 찾아다니고, 수업에 활용할 수 있는 다양한 기법을 배울 수 있는 연수에 참여한다. 물론 이런 노력을 하는 것 자체만으로도 교사로서 바람직하다. 그것을 부정하거나 폄하하려는 것은 아니다. 그러나 이런 기법 이전에 아이들이 무엇을 배워야 할지를 먼저 고민하는 것이 필요하다고 말하고 싶다. '어떻게'는 그 다음의 문제이다. '무엇을'에 대한 고민 없이 어떻게만 찾는 수업은 그 순간에는 아이들도 흥미를 가지고 열심히 즐겁게 하겠지만 나중에 남는 것이 없기 때문이다.

진정한 배움을 위해서는 우리의 지식관, 학습관, 아동관을 다시 돌아볼 필요가 있다. 배움이 빠진 교육은 아이들을 학교로부터 멀어지게 한다. 아이들 개개인의 문제로 떠넘기는 것은 옳지 않다. 수업시간에 엎드려 자고 결국 학교를 떠나는 아이들에게 배움이란 어떤 의미였는지 학교와 교사는 깊이 반성해야 한다. 왜냐하면 아이들은 원래 배우는 것을 싫어하는 존재들이 아니기 때문이다. 오히려 엄청난 호기심과 의문을 주체하지 못하는 뜨거운 배움의 열정을 가진 특이한 종들이다. 그런데 커가면서, 정확히는 학교를 다니면 다닐수록 호기심이나 흥미는 급격히 저하된다. 아이들의 어린 시절을 잘 생각해보자. 끊임없이 왜라고 물어대고, 아무것도 아닌 일에도 숨이 넘어가라고 웃어대고, 어른들의 눈에는 지루해 보이는 것에도 지치지 않고 몰두해 있던 모습들을 떠올린다면 어른들과는 많이 다른 색다른 종족이라는 데 동의할 수 있을 것이다.

* * *

좀 더 그럴싸해 보이도록 하기 위해 George Land와 Beth Jarman이 공저한 《Breakpoint and Beyond: Mastering the Future Today》를 인용해 보겠다. 이 책에서는 창의력의 기반이 되는 확산적 사고에 대한 실험을 소개하고 있는데, 테스트 방법은 종이클립의 용도를 몇 개까지 생각해낼 수 있을지 묻는 것이었다. 1,500명의 특정 실험 집단을 선정하고 이들에 대해서 추적조사를 실시했다. 이 실험에서 대상자들 중 98%가 천재 수준의 점수를 받았다. 대상자들이 유치원생이었을 때 기록한 점수이다. 이 실험은 동일한 대상자들을 장기적으로 추적하면서 측정하는 방식이었고 5년 간격으로 실험을 진행하였다. 5년 후 똑같은 아이들을 대상으로 테스트를 시행하였는데 이때 아이들의 나이는 8~10세 정도였다. 이때는 32%만이 천재 수준의 점수를 기록했다. 그리고 다시 5년 후 아이들이 13~15세가 되었을 때 천재 수준의 점수를 기록한 아이들은 10%에 불과했다. 그래서 이번에는 별도의 성인 20만 명을 대상으로 동일한 실험을 했다. 결과는 겨우 2%의 어른들만이 천재 수준의 점수를 기록한 것으로 나타 났다.

*   *   *

이 실험이 보여주는 분명한 사실이 있다. 끊임없는 호기심과 질문으로 가득 찬 아이들이 특별한 종이 아니라 우리 모두 확산적 사고능력 즉 창의 력을 발휘할 수 있는 사람으로 태어났다는 것이다. 학부모들에게 끊임없 이 강조했던 "여러분의 자녀들은 원래 천재였습니다."라는 말이 거짓이 아 님을 이 기회를 통해서 증명하게 되어 나도 기쁘다. 이 천재들이 나이가 들 어가면서 평범하게 변해간다. 무슨 일이 일어났던 것인가? 아이들이 자라 면서 많은 것을 경험하고 정말 많은 일들이 일어났을 것이다. 이들이 자라 는 동안 가장 큰 영향을 미친 것은 바로 이들이 받았던 교육이다. 우리는 늘 창의적인 인재를 키워야 한다고 떠들면서도 정작 아이들의 창의성을 죽이는데 몰두해왔던 것이다. 차라리 아이들을 그대로 내버려 두는 편이 그들의 창의성을 유지하는 것이란 생각마저 들 수 있는 결과이다.

이것이 학교와 교사들만의 잘못은 아니다. 선생으로서 나 자신도 열심 히 아이들을 교육하기 위해서 노력해왔다. 그러나 그것이 옳은 방향이었 는지 제대로 생각해보지 못했고 누구도 이야기 해주지 않았다. 뭔가 잘못 된 방향으로 달려왔다는 생각이 들었을 때 배움이라는 의미를 깊이 파고 들게 된 것이다.

배움중심수업의 탄생,
나의 부끄러운 과거를 공개합니다

5

배움중심수업의 개념을 정립하는 데는 나의 개인적인 경험이 크게 작용했다. 그리고 학교현장의 수업을 보면서 교사들은 필연적으로 교사중심적으로 흘러가고 있음을 깨달았던 것도 중요한 요인이 되었다. 교사들은 학생중심적이려고 노력하지만 자신도 모르게 조금씩 조금씩 다시 교사중심으로 돌아가는 관성을 가지고 있다. 정말 아이들 중심적이기 위해서는 배움의 의미를 깊이 고민해야 한다. 배움이란 아이들 내부에서 일어나는 것이지 교사가 무엇을 하느냐가 아니기 때문이다.

배움과 관련한 나의 뼈아픈 경험이 배움중심수업을 만들었고 혁신학교의 기본 철학에도 크게 반영되었다. 갓 서른에 대학교수로 임용되고 나서 많은 시행착오를 겪었다. 물론 그 전에도 시간강사를 하면서 학생들을 가르친 경험이 있었긴 했지만 전임 교수는 많은 점이 달랐다. 직접 교육과정을 만들고 학생들을 장기적으로 지도하는 것은 무거운 책임을 의미하는 것이었다. 시간강사 시절에는 늘 새로운 학생들을 만나기 때문에 학생들이 제대로 알지 못해도 남 탓을 할 수 있었지만 이제 그것은 온전히 나의 잘못이었다. 내가 가르친 내용을 학생들이 제대로 이해하지 못하고 있다는 것을 다시 확인하게 될 때의 난감함이란 무어라 설명할 수 없다.

* * *

열심히 강의준비를 하고 앞자리에 앉은 학생들에게 피해를 줄 정도로 침을 튀겨가며 열정적으로 강의했다는 것은 자부할 수 있다. 무조건 열심히 한 것 같다, 무식하게. 컴퓨터를 잘 다루고 얼리 어답터로 불리던 터라 다른 교수들보다 앞서가는 첨단기기를 동원하고 여러 가지 자료를 활용한 수업을 준비하느라 강의준비는 항상 다른 사람들의 몇 배의 시간을 들여야 했다. 자랑 같지만 스스로를 채찍질하기 위해 같은 교재를 반복해서 쓰지 않는다는 원칙을 세워 실천했고, 직접 집필한 책을 교재로 사용할 때도 강의 자료는 매년 새롭게 만들어 사용했다.

좀 더 좋은 수업을 고민하다가 외국의 사례를 공부하게 되었고, 아직 국내에서 강의평가가 본격적으로 시행되기 전이라 강의소감문을 받아 보기로 했다. 물론 이런 시도를 하게 된 배경에는 나름대로의 자신감이 있었기 때문이다. 이만하면 학생들이 높게 평가해주겠지. 남들이 겨우 오버헤드필름을 사용할 때 이미 학교에 한 대밖에 없던 수천만 원짜리 프로젝터를 전세내서 수업하던 터라 좋은 결과를 자신했었다.

그러나 결과를 받아들고 한 장 한 장 읽어갈수록 머릿속이 하얘지면서 아무런 생각도 할 수 없었다. 너무도 참담한 상황에 화도 나고 억울하기도 했다. 내가 얼마나 노력했는데 그걸 몰라주다니. 며칠을 의욕을 잃고 혼란스러워 했다. 마침 기말고사 성적을 내고 있던 터라 성적을 확 깎아버릴까 하는 유치한 생각도 했다. 그러다가 내 수업을 되돌아보기 시작했다. 나는 내 원맨쇼에 취해서 아이들을 보지 못했던 것이다. 물론 내 수업은 워낙 엄격하기로 소문이 나서 조는 학생도 없을 정도였다. 그래서 나는 학생들이 잘 듣고 있다고 믿었고 내 설명에 대해서 고개를 끄덕이니까 내가 수업을 잘한다고 생각했던 것이다.

"교수님 말씀이 너무 빨라서 한 학기 내내 하나도 못 알아들었습니다. 제발 천천히 설명해주세요."

강의소감문의 80% 이상이 거의 같은 내용이었다. 나 혼자 달려 나가고 있었다. 학생들은 따라 오든 말든. 문득 우리 아이가 떠올랐다. 아이를 위해 놀이동산에 갔었다. 다른 사람보다 먼저 가서 앞줄에 서겠다는 마음으로 열심히 걸었는데, 아이가 소리 지르는 것이 들렸다. "아빠, 같이 가요!" 아이를 위해서라면서 정작 아이는 안중에도 없이 앞으로만 달려 나가던 모습을 생각하면 지금도 부끄러워진다. 그 뒤로는 아이와 함께 보조를 맞춰 같이 가려고 노력한다. 물론 잘 되지 않는다. 워낙 발걸음이 빠르다 보니 누구와 보조를 맞추는 것이 쉽지 않은 탓이다. 똑같은 실수를 이제는 학생들에게 하고 있었다. 나만 취해서 신나게 달려 나가고 있었던 것이다. 아이들이 무엇을 듣고 배우고 있는지 상관도 하지 않고. 나는 빵점짜리 교수였다. 그 아이들이 낸 비싼 등록금, 그리고 수십 명의 아이들의 소중한 시간을 허비한 멍청한 교수였던 것이다. 그때의 경험이 일생의 교훈이 되었지만 그때의 제자들에게는 너무도 미안한 일이다.

* * *

나의 이런 부끄러운 경험을 통해서 얻은 교훈은, 선생님이 아무리 열심히 가르치려고 노력하고 애썼다고 해도 그것으로는 아무런 변명도 되지 않는다는 것이다. 수업을 하는 이유는 아이들이 있기 때문이다. 선생님이 자기가 준비한 자료가 자랑스럽고 아무런 막힘없이 한 시간을 유창하게 떠들었다고 해도 아이들에게서 배움이 일어나지 않으면 그것은 아무것도 아니다. 아이들에게서 배움이 일어나는지에 관심을 두는 수업, 그리고 선생님이 배우는 모범을 보이는 수업이 제대로 된 배움중심수업이다. 그러면 어떻게 해야 하는 걸까? 제대로 된 배움을 위해서는 지식에 대한 올바른 인식과 올바른 접근법이 필요하다. 아이 자신의 경험과 연결될 때 그 지식은 흥미를 유발하고, 우리의 실제 삶과 연결될 때 온전히 내면화될 수 있기 때문이다.

배움은 여러 가지 모습으로 나타난다

6

　우리 교육이 획일적이고 삶과 동떨어진 박제된 지식을 전달하는 배움의 퇴행으로부터 벗어나지 못하는 중요한 이유 중의 하나는 '교과서에 대한 맹신'이다. 이것은 오랜 기간 국가에서 만든 교과서를 의무적으로 사용하거나 선택권이 주어지더라도 국가의 검사를 통과한 몇 개의 교과서 중 선택할 수 있었기 때문에 교과서에만 의존한 교육을 해온 탓이 크다. 또 지식을 깨달아가는 즐거움보다는 학교 시험에서 좋은 결과를 얻는 것에 목표를 두고 시험에 출제되는 내용 이외의 것은 알 필요가 없다고 생각했기 때문이기도 하다.

　상황이 이렇다 보니 교사들은 아이들의 사고를 성장시키고 삶을 위한 힘을 기르는 것을 고민하는 것이 아니라 교과서에 나온 지식들을 그대로 가르치고 효과적으로 습득시키는 것으로 만족해왔다. 학부모들도 마찬가지였다. 교과서 진도를 다 나갔는지에만 관심을 두다 보니 일부 교사들이 교과서가 아닌 다른 자료들을 활용해 수업을 하면 못마땅해하고 항의하기 일쑤다. 재밌는 것은 이런 학부모들도 외국 학교들의 자유로운 교육을 보면 무척 부러워한다. 그 학교의 교사들이 교과서 없이 수업을 하거나 다양한 교재를 가지고 수업을 한다는 사실을 알고는 있는지 궁금해진다. 자유롭고 창의적인 교육은 특정한 틀에 갇히면 안 된다는 사실을 모르지는 않을 것이다. 그러나 자신의 아이를 쳐다보고 있으면 시험성적이 눈앞에서 어른거리니 어쩔 수 없는 것이 아닐까? 그러니 누구의 책임이라고 할 수도 없다.

교과서의 내용을 그대로 받아들이는 것으로 지식을 온전히 이해했다고 보는 것은 배움을 잘못 인식하고 있는 것이다. 올바른 배움이란 지식을 온전하게 이해하고 내면화하는 것이라고 정의했었다. 지식을 학습자가 스스로의 생각으로 받아들이고, 이를 재해석하는 내면화의 과정을 거쳐 다시 자신만의 방법으로 표현하거나 활용할 수 있을 때 비로소 제대로 지식을 이해했다고 말할 수 있다.

어떤 사물이나 현상을 이해하는 것에는 하나의 정해진 방법이나 규칙이 존재하지 않는 경우가 대부분이다. 같은 사물이라도 바라보는 방향에 따라서 전혀 다른 모습으로 이해될 수 있다. 원뿔을 위에서 보는 사람은 원을 보게 되지만, 옆에서 보는 사람은 삼각형으로 이해하게 된다. 실체가 분명한 물체를 인식하는 것도 이렇게 바라보는 위치나 방향에 따라 달라지는데, 눈에 보이지 않는 이론이나 지식을 이해하는 것은 개인적 경험에 따라 전혀 다른 다양한 스펙트럼이 존재할 수밖에 없다. 이런 지식의 속성을 이해하면 아이들이 배우는 방법도 당연히 달라져야 한다.

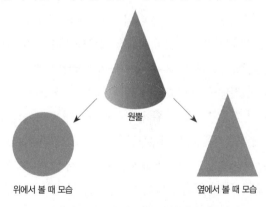

원뿔

위에서 볼 때 모습   옆에서 볼 때 모습

원뿔을 위에서 볼 때와 옆에서 볼 때의 차이

배움은 기본적으로 주관적인 성격을 가진다. 그러나 자신만의 시각과 가치관으로 사물이나 현상을 이해하는 주관적 인식은 오류나 편협성으로 이어질 수 있다. 따라서 다른 시각이나 방향에서 바라보는 다양한 관점을 공유하고 이해할 때 사물이나 현상의 본질에 가까이 다가갈 수 있는데, 이 것을 주관적인 인식의 객관화 작업이라고 이야기할 수 있겠다. 이러한 과 정이 학습에서 이루어질 때 본질적인 지식의 이해가 가능해진다. 따라서 배움중심수업의 학습관은 다양한 시각과 의견을 공유하고 이를 통해서 서로의 생각을 이해하고 조정해 나가는 학습방법이 제대로 된 배움을 일 으킬 수 있다는 것이다.

장님 코끼리 만지기

'장님 코끼리 만지기'라는 속담이 있다. 장님들이 커다란 코끼리를 만 지면서 각자 자기가 만져본 일부분만으로 그것이 코끼리의 전부인 것처럼 이해한다는 내용이다. 어떤 장님에게는 코끼리가 부채처럼, 어떤 장님에게 는 기둥처럼 느껴질 것이다. 일부만 보고 전체를 보지 못하는 우매함을 빗 대어 생겨난 속담이다.

여기에서 다양성과 협력의 중요성을 찾을 수 있다. 만약 장님들이 코끼리를 만져보고 자기주장만 하면서 싸울 것이 아니라 서로 이야기를 나눈후 서로 차이가 생긴 원인을 고민하면서 자신들의 경험을 조합해본다면 하나의 코끼리 전체를 이해할 수 있지 않을까? 우리 인간도 우주의 모든 현상을 제대로 알지 못한다. 복잡한 사회 현상을 제대로 이해하기도 어렵다. 그럼에도 각자가 이해한 것만을 바탕으로 서로 자기 주장만하다가 실체를 제대로 이해하지 못하는 것이다. 찬찬히 생각해보면 인류의 발전을 이루어낸 많은 일들이 각자의 생각을 모아서 하나의 코끼리를 만들어가는 과정과 비슷하다는 것을 알 수 있을 것이다. 다른 사람의 생각이 나의 사고에서 빠진 퍼즐을 채워주고, 다른 생각을 통해서 내 생각의 진로를 바로잡을 수 있다. 그렇게 해서 우리의 지식은 완결성을 이루어가고 올바른 목표를 향해서 한 발 한 발 나아가게 된다.

배움이 일어나는 순간, 감동을 만나다

7

배움이 언제 일어나는지에 대해서는 누구도 정확히 알 수 없다. 어떤 이들은 점프로 표현하기도 하고 '아하!' 하는 깨달음의 순간을 이야기하기도 한다. 배움이 일어나는 단계와 그 발전의 과정을 정확히 정의하는 것은 쉽지 않은 일이다. 그러나 배움이 일어나기 위한 조건이나 환경을 정의하는 것은 어렵지 않다.

배움을 촉진하는 여러 가지 조건과 환경이 있겠지만 먼저 학습자의 흥미와 관심을 이끌어내고 스스로의 동기가 일어나도록 해야 한다. 좋은 학교라고 불리는 여러 학교들의 사례와 학교 방문을 통해서 얻은 결론은, 배움을 위한 기본 조건이 학교를 비롯한 학습공간에서 학습자 자신이 교사나 동료, 학습공간의 모든 조건에 의해 안전하게 보호받고 있다는 편안하고 행복한 마음 상태라는 것이다. 가정이나 주변에서 상처받은 아이들조차 학습공간에 들어오는 순간 모든 것이 치유되고 행복하고 안전한 분위기를 느끼게 되는 이런 상태에서 학습을 할 준비가 된다는 이야기를 어김없이 들을 수 있었다.

많은 학교에서 하는 아침모임이나 교사들의 아침맞이는 학생들이 등교하는 순간, 학교생활을 시작하는 순간부터 자신들이 공동체 안에 속해 있다는 느낌을 받게 하고 평화로운 분위기에서 학습을 시작할 수 있게 만든다고 한다. 한 혁신학교에서 교장선생님이 매일같이 아침마다 교문 앞에서 아이들을 맞이하는 모습이 화제가 된 적이 있다. 이유를 묻자 아이들이 아침에 어떤 감정으로 시작하는지가 하루 종일 학교생활에 영향을 미친다는 것이다. 밝은 모습으로 교문을 들어오는 아이들은 하루가 즐겁지만 아침에 침울하게 들어오는 아이는 무언가 문제가 발생한다는 것이다. 하다못해 사소한 친구간의 다툼이라도 생긴다고 했다. 그래서 아침에 아이들의 모습을 살피고 침울하게 들어오는 아이에게 따뜻한 말 한 마디를 건네고, 손을 잡아주며 그 아이의 마음을 풀어주는 것이 학교의 첫 번째 역할이라는 것이었다.

그 말씀만으로도 참으로 감동적이었는데 더 큰 감동은 그 다음에 일어났다. 교장선생님이 누구에게도 강요하지 않고 묵묵히 아침맞이를 한 더 큰 이유는 다른 데 있었다. 교장선생님이 아침마다 아이들 맞이를 하자 선생님들이 서서히 바뀌기 시작했다는 것이다. 아침에 아이들이 등교해도 미리 업무를 처리하느라 눈길 한 번 주지 않고 컴퓨터와 씨름하던 교사들이 교실 앞에서 아이들을 하나씩 맞이하며 안아주고 아침인사를 하기 시작한 것이다. 그런 아주 작은 실천 하나가 학교의 문화를 완전히 바꾸는 힘이 되었다고 한다. 아이들과 교사의 관계가 달라지고 나자 아이들의 수업태도가 달라지기 시작했다. 자신이 관심을 받고 있다고 느끼는 아이들의 자존감은 모든 일에 자신감을 갖도록 한다. 어떻게 하면 지식을 잘 이해시킬 것인지 고민하는 것보다 아이들에게 따뜻한 손을 내미는 것이 먼저라는 것을 잘 보여주는 사례이다.

이런 것들이 소위 말하는 잠재적 교육과정이라고 할 수 있을 것이다. 이렇게 자란 혁신학교 출신 아이들이 상급학교로 진학하면 선생님들이 괴로워진다. 전혀 새로운 인류를 만나게 된 선생님들은 어찌해야 할 바를 몰라 하고 아이들도 새로운 시스템에 적응하느라 힘들어 한다. 어찌 보면 근거 없는 자신감에 가득 차 있는 이 자유로운 영혼들이 선생님들에게는 무질서하고 버릇없어 보일 수도 있다. 게다가 이 아이들이 혁신학교와 달리 질문이나 토론도 없는 수업이 재미없다고 불평하니 그것도 부담이 된다. 학년이 올라가면서 점차 적응하고 공부를 더 잘하는 것을 지켜보면서 혁신학교를 다시 보게 되었다는 선생님도 있었다. 제대로 배우는 방법을 아는 아이들은 어떤 문제에도 적응하고 해결할 수 있는 힘을 갖추게 된다는 혁신학교의 철학을 일반학교가 증명해 보이는 재미있는 상황이다. 진리는 어느 시대, 어느 장소에서도 통한다는 말이 있다. 자유롭고 평온한 학교의 문화가 배움의 시작이라는 것은 100년 전 서머 힐에서부터 덴마크의 자유학교, 독일의 슈타이너 학교를 거쳐 오늘날 대한민국의 혁신학교에서 증명되고 있는 것이다.

마음속으로부터의 불안감을 씻어내고 평안하고 행복한 마음으로 학습을 시작할 수 있도록 하는 것이 학생들이 자신의 능력을 극대화할 수 있는 기반이다. 억압되지 않은 자유롭고 평화로운 상태에서 학습자의 감성을 자극하고 온몸의 감각을 일깨워 본격적으로 배움의 상태로 들어가게 하는 것이 교사의 역할이다. 감성과 감각을 살려내는 것은 인간의 이성적 사고뿐만 아니라 창의적 사고를 자극하는 촉발제 역할을 한다. 이를 통해서 학습자는 자신의 흥미와 관심을 불러일으키는 지식에 빠져드는 몰입이 일어나게 되는 것이다.

이제 배움을 위한 예술의 역할을 다른 시각에서 살펴보려고 한다.

감성과 감각을 일깨우는 장치로 주로 활용되는 것이 노래를 포함한 예술과 이야기 또는 놀이이다. 예술이 인간의 감성을 자극하고 손과 몸을 놀리는 것이 감각을 일깨운다는 것은 더 말할 필요도 없다. 그러나 음악이나 미술을 단순히 인간의 감수성을 기르고 교양을 쌓는 수단 정도로 생각하는 것은 배움의 의미를 제한적으로 이해하는 데서 오는 한계이다. 물론 음악이나 미술 그 자체가 주는 즐거움을 누릴 수 있다는 것만으로도 충분히 가치가 있다. 여기에 음악과 미술의 여러 요소들을 잘 활용해서 다양한 교육적 효과를 얻을 수 있다면 마다할 이유가 없지 않겠나?

많은 학교에서 하고 있는 오케스트라나 합창은 다양한 소리가 모여 아름다움을 창조해내는 경험을 가져다준다. 단순히 악기를 하나 다룰 수 있다는 기능적인 측면을 넘어, 이런 식으로 다양성과 협력의 중요성을 몸으로 느낄 수 있게 하는 장치들이 배치되어 있어야 한다. 아이들이 의식하지 못하는 가운데 자연스럽게 다양성을 존중하고 협력의 힘을 느끼게 하는 것이 교육이고, 그런 준비를 하는 것이 교사의 역할이다. 아쉽게도 대부분의 경우 연주를 함께 잘 해냈다는 성취감에서 머무르고 말곤 한다. 함께 연습하고 연주하면서 자연스럽게 협력하는 마음을 배우게 된다고 이야기할 수도 있다. 맞는 말이다. 그러나 더 정교하게 다양성과 협력의 가치를 경험할 수 있도록 기획하면 배움이 일어날 가능성은 높아진다. 오케스트라나 합창을 하면서 성취감을 넘어 상대를 존중하고 배려하는 다양성의 의미와 진정한 협력이란 단순히 함께하는 것만을 의미하지 않음을 깨닫는 진정한 배움이 함께 이루어지는 것이 음악수업을 더 풍부하게 하는 길이다. 음악을 활용한 다양한 표현을 통해 음악과 과학, 역사, 문학, 사회(종교, 산업), 미술 등의 과목이 융합되는 교과통합수업으로 발전한다면, 음악이 감성을 풍부하게 하는 역할에서 창의성을 자극하고 깊은 사고를 가능하게 하는 역할로 발전하게 될 것이다.

음악 못지않게 미술의 교육적 활용 가치도 높다. 음악처럼 미술 역시 표현의 수단이지만 시각적으로 드러난다는 점에서 더 강렬하고 명확하게 자신의 생각을 표현할 수 있도록 해준다. 미술은 그림을 통해서 자신의 생각을 드러내는 과정이며, 표현하려면 사물을 자세히 관찰하고 이해해야 한다. 미술이 학습자의 배움에 기여하는 역할은 감수성 자극뿐만 아니라 자신의 생각을 구체화시키는 과정을 통해 길러지는 창의성이다. 창의성이란 자신의 머릿속에 있는 다른 생각을 드러내는 것, 즉 아이디어를 실체화하는 것이기 때문이다. 또 미술 수업을 통해서 모든 사물이나 현상에는 하나의 모습이나 관점만이 아니라 다양한 모습이 존재한다는 것을 배우게 된다.

우리의 미술 수업을 상상해보자. 교실 맨 앞에 물체를 두고, 한 반의 학생들이 모두 같은 방향에서 바라보면서 그림을 그린다. 모든 학생들의 그림은 똑같은 모양이다. 이제 넓은 사각형의 방 한 가운데 어떤 물체가 놓여 있고 학생들이 삥 둘러앉아서 그림을 그리고 있는 모습을 상상해보자. 이 학생들의 그림은 어떨까? 어떤 아이들은 앞모습을, 어떤 아이들은 뒷모습을, 다른 아이들은 옆모습을 그렸을 것이다. 이 두 미술 수업의 차이는 무엇일까? 어떤 사물이나 현상에는 다른 시각이 존재할 수 있다는 것을 경험한 학생들과 그렇지 못한 학생들이 있다는 점이다. 이것은 대단히 중요한 차이를 가져올 수 있다.

각자는 '장님 코끼리 만지기' 같은 그림이 되었지만 서로 다른 방향에서 그린 아이들의 그림을 모으면 온전한 실체가 완성된다. 이 학생들은 다른 시각에서 사물을 관찰함으로써 다양한 관점이 존재함을 이해하게 되지만, 더 중요하게는 이 다양한 시선들이 모여야 온전한 실체를 이해할 수 있다는 것 또한 배우게 된다. 자신의 생각이나 관점만이 옳은 것이 아니라 나와 다른 생각도 옳을 수 있고, 또 그 모든 생각들이 다 불완전한 경우가 대부분이라는 것을 깨닫게 될 것이다. 이런 경험을 통해 개인의 다양한 생각이 존중되고, 적극적으로 소통하는 과정에서 자신의 생각이 객관적인 시각으로 조정될 수 있음을 배운다.

다양한 시각이 있을 수 있다는 것을 배운 아이들은 자신의 생각을 자유롭게 표현할 수 있는 문화를 만들어간다. 언제나 다른 생각이 존재할 수 있다는 것을 경험함으로써 자신의 의견이 옳고 그른 것으로 평가받지 않는다는 믿음이 생긴다. 그래서 어떤 의견을 듣더라도 그것이 옳고 그른지 평가하지 않고 왜 그런 생각을 했는지 그 생각의 이유와 근원을 묻는 성숙함을 보이게 되는 것이다. 미술 시간을 통해 다양한 의견이 존중받아야 함을 직접 체험함으로써 다른 생각을 배척하지 않고 서로의 생각을 확인하고 조정하는 태도가 길러지게 된다. 이런 사람을 일컬어 '민주시민'이라고 하지 않는가? 미술시간을 통해서 우리 아이들은 민주주의를 배우게 되는 것이다.

기본적인 환경과 더불어 학습으로의 몰입이 일어날 수 있는 조건이 갖추어져야 배움이 일어난다. 몰입이 일어나는 조건은 흥미와 동기 유발 그리고 적절한 도전이다. 즐겁고 하고 싶은 마음이 들어야 학습에 몰입하게 된다는 것에는 누구나 동의할 것이다. 이 즐겁고 하고 싶은 마음은 흥미와 동기를 유발할 수 있는 내용으로 배움을 유도할 때 우러나게 된다.

그런데 흥미와 동기 유발에만 초점을 맞추면 오히려 몰입을 방해할 수도 있다는 것에 주의해야 한다. 단순히 학생들을 재미있게 하는 것에서 멈추면 무의미할 뿐이다. 아이들의 흥미는 목표하는 학습에 몰입할 수 있는 조건을 만드는 것이어야 한다. 단순히 재미만 있거나 분위기를 띄우기 위한 활동은 그 여운이 너무 길게 남아 아이들의 몰입을 방해하게 된다. 필자가 적응이 안 되는 것이 걸그룹 열풍이다. 원래 단순해서 여러 가지 일을 한 번에 하지 못하는데 걸그룹의 화려한 율동 때문에 정작 노래는 제대로 듣지 못한다. 나중에는 내가 노래를 들으려고 한 것인지 댄스를 보려고 한 것인지조차 헷갈린다.

잘못된 흥미 유발과 더불어 문제가 될 수 있는 것이 동기 부여에 대한 오해이다. 칭찬은 고래도 춤추게 한다는 말만 듣고 무조건 칭찬을 해야 동기가 생겨난다고 생각하면 정말 큰 착각이다. 잘못된 칭찬은 고래를 춤추게 하기는커녕 아이들을 망친다는 것을 알아야 한다. 혹독하게 키우라는 말이 아니다. 칭찬은 필요하다. 그러나 좋은 칭찬과 나쁜 칭찬이 있다. 나쁜 칭찬은 뭐냐고 묻고 싶다면 모든 약이 다 몸에 좋은 것은 아니라는 사실을 생각해보기 바란다. 어떤 약은 잘못 먹으면 치명적인 독이 되지 않는가? 칭찬도 그런 것이다. 잘못 사용하면 대단히 위험하다.

* * *

　이를 증명하는 여러 가지 실험이 있다. 스탠퍼드대학교의 사회 심리학자인 드웩 교수가 뉴욕의 5학년 학생들을 대상으로 실험을 했다. 한 반의 아이들에게 아주 쉬운 문제로 테스트를 한 후 무작위로 아이들을 두 그룹으로 나누었다. 시험 점수를 두고 한 그룹에게는 머리가 좋다고 칭찬하고, 다른 그룹에게는 열심히 하려는 노력에 대해 칭찬했다.

　그 후 다시 시험을 보는데, 이번에는 두 가지 문제를 제시하고 아이들에게 고를 수 있는 기회를 주었다. 하나는 어렵고, 다른 하나는 쉬운 것이었다. 그러자 노력에 대해 칭찬받은 아이들의 90%는 어려운 문제를, 머리가 좋다고 칭찬받은 아이들 대부분은 쉬운 문제를 선택했다. 왜 그랬을까? 머리가 좋다고 칭찬받은 아이들은 멍청해 보이는 위험을 피하기 위해서였다고 한다. 재능에 대해 인정받았다고 생각하면 어려움이나 실패를 쉽게 받아들이지 못하게 된다.

　실험은 계속 되었다. 세 번째는 아주 어려운 시험을 모두에게 똑같이 풀게 하였다. 노력에 대해 칭찬받은 아이들은 아주 어려운 문제까지 스스로 풀어내는 놀라운 발전을 보였으나, 머리가 좋다고 칭찬받은 아이들은 낙담과 실망만 했다. 그리고 이어진 네 번째 시험, 이번에는 맨 처음처럼 아주 쉬운 문제가 주어졌다. 결과는? 노력에 대해 칭찬받은 아이들은 이전에 비해 성적이 30%나 상승했으나, 머리가 좋다고 칭찬받은 아이들은 오히려 20%나 떨어졌다. 이것이 위험한 칭찬의 전형이다. 타고난 지능에 대해 칭찬하는 것은 노력하겠다는 의지까지 박탈하는 위험한 결과를 가져온다.

　다른 실험의 사례도 똑같이 두 그룹에 대해서 한 그룹은 머리가 좋은 것 같다고 칭찬을 하고, 다른 그룹에게는 정말 열심히 한다는 칭찬을 하였다. 그리고 나서 카드에 적힌 단어를 보고 암기한 후 기억해내는 테스트를 실행했다. 이 실험은 실험 도중에 뒤집어 둔 카드를 남겨 둔 채 시험관이 자리를 뜨고 시험대상자들의 반응을 지켜보는 것이었다. 그 결과가 재미있었다. 아이들이나 성인할 것 없이 머리가 좋다고 칭찬받은 그룹은 대부분 카드를 몰래 보았지만 열심히 노력한다고 칭찬을 받은 그룹은 대다수가 자기 힘으로 기억해내려고 애쓸 뿐 카드를 보려고 하지 않았다.

* * *

이 두 실험은 지능이나 재능에 대해 칭찬받은 사람들은 실망시키지 않으려는 마음에 도전을 회피하거나 부정한 행동까지 할 수 있지만, 노력에 대해 칭찬을 받은 사람들은 도전하고 노력하려는 의지를 보인다는 것을 보여준다. 올바른 칭찬은 동기를 부여하는 데 고래만큼 크게 작용하지만 잘못된 칭찬은 오히려 동기를 저하시킨다. 질문 등을 통해 학습하려는 내용에 대한 호기심과 상상력을 자극하는 게, 흥미와 동기를 유발시켜 학습에 몰입하도록 유도하는 데 더 효과적이다.

아쉽게도 학생들의 몰입 상태는 그리 길지 않다. 일단 몰입했다가도 어느 순간 흥미를 잃게 되는데, 학습내용이 자신의 수준과 맞지 않은 것이 주된 원인이다. 그래서 각자의 수준에 따라 적절한 도전을 주는 것이 필요하다. 학생들은 자신에게 주어진 문제를 해결할 때 성취감을 느끼게 된다. 그러나 문제가 너무 쉬우면 흥미를 잃게 되고, 반대로 감당하기 힘들면 쉽게 포기하고 스스로를 책망하게 된다. 현재 내 수준에서 약간 어렵다고 느껴지지만 해결할 수 있을 정도의 적절한 도전이 되는 문제가 강한 성취감을 주고 더 높은 수준으로 도전하고자 하는 동기를 만들어낸다.

그러므로 제대로 된 배움을 위한 조건인 몰입은 흥미와 동기 유발로 몰입의 상태로 빠져들게 하고, 각자의 수준에 맞는 적절한 도전으로 몰입의 상태를 유지하도록 하는 것을 말하는 것이다.

배움을 위한 준비된 수업,
'두 가지 수업' 사례에서 만나는 교훈

8

배움을 위해 준비된 수업에 대한 이해를 돕기 위해 필자가 본 두 가지 수업 장면을 소개하려고 한다.

* * *

첫 번째는 한 마디로 모든 준비가 잘되고 잘 짜여진, 선생님이 주도하는 수업이다. 사전에 여러 가지 흥미로운 자료들이 준비되어 있어서 아이들의 흥미를 끌기에도 충분했던 것 같다. 그것을 준비하는 선생님이 얼마나 고생했을까 생각하면 입이 벌어질 정도였다. 이것저것 떼었다 붙였다도 하고 노래도 하고 동영상도 보고 모든 수업 도구가 다 동원된 것 같았다. 수업을 시작하자마자 먼저 다 같이 노래와 율동을 하고 이어서 게임을 한다. 수업의 도입부에 학생들의 흥미를 자극하라는 이론에 충실한 것 같았다. 문제는 그것이 수업 내용과 전혀 관계가 없다는 점이었다. 아이들은 재미있어 하고 신이 난 표정이었는데, 게임의 흥분이 가라앉기도 전에 바로 학습목표를 알아보는 순서로 넘어가고 있었다. 물론 선생님이 준비한 자료를 활용해서 재미있게 진행되었지만, 정작 본 수업으로 들어가자 아이들이 몰입하는 모습을 찾을 수가 없었다. 수업 내내 아이들은 재미있어 하고 즐거운 표정을 보였지만 모둠활동을 할 때도 배움이 일어나는 모습을 보기는 어려웠다. 솔직히 말하면 선생님이 잘 기획해서 이끌어 나가는 쇼에 아이들은 자신의 역할을 충실히 해낸 배우처럼 느껴졌다.

이제 다른 수업 장면으로 넘어가 보자.

수업이 시작되자 선생님이 오늘 우리가 배울 내용이 무엇인지 아이들에게 묻는다. 칠판에도 선생님의 손에도 아무것도 보이지 않는다. 아이들이 여기저기서 발표를 하고 뭔가 좀 소란스러워 보였다. 아이들 책상 위에는 교과서 말고도 여러 가지 책들이 놓여 있었다. 좀 다른 모습이다. 잠시 후 선생님이 아이들에게 모둠별로 그림을 몇 장씩 나누어준다. 평범한 A4 용지에 복사된 학습자료인데 내용도 없이 그림만 달랑 인쇄되어 있다. 이쯤 되자 너무 성의 없는 것 아닌가 하는 생각이 머리를 스친다. 그림을 나눠주고 나서 선생님이 아이들에게 그 그림들에 대해 어떤 질문을 할 것인지 생각해보자고 한다. 그리고 이런 이야기를 한다. "당연하다고 생각하는 것에 대해서 의문을 가지세요." 그러자 아이들이 자신이 갖게 된 의문을 이야기하기 시작하는데 그 순간 소름이 쫙 돋았다. 아이들이 마치 전문학자들이 가질 만한 의문을 똑같이 이야기했기 때문이다. 모둠별 토론을 할 때는 몰입하는 것을 느낄 수 있었다. 아이들 모두가 자신 있게 생각을 드러내고 토론하면서 한 단계 한 단계 생각이 발전하는 것이 눈에 보였다. 모둠별 발표를 할 순서가 되자 아이들은 한 번 더 나를 놀라게 했다. 모든 모둠의 발표에 경청하는 모습을 보여주는 것이 아닌가? 이 아이들이 처음에 보았던 산만하고 소란스럽게 자신의 의견을 말하려고 나서던 그 아이들인가 싶었다. 경청이란 그냥 조용히 잘 듣고 있는 것이 아니다. 집중해서 그 내용을 이해하려고 하는 것을 의미하는데, 이 아이들은 '경청'을 하고 있었다.

* * *

두 번째 수업은 내게는 감동으로 남는 수업 중의 하나이다. 말하기 죄송하지만 선생님이 별로 한 것이 없었기 때문이다. 그렇게 열심히 자료를 준비한 것도 아니고 선생님이 아이들을 막 휘어잡아서 자신이 기획한 대로 수업을 끌고나간 것도 아니다. 그냥 적절하게 아이들의 의견이나 토론에 끼어들어서 질문하는 게 다였다. 그런데 그것이 진정한 배움을 일어나게 하는 대단한 수업을 만든 요인이었다. 실제로 이런 수업에 더 많은 고민과 준비가 필요하다는 것은 해보지 않고는 알 수 없다. 아이들의 동기를 끌어내고 몰입하게 하며 사고를 더 높이 끌어올리기 위한 교사의 성찰과 준비가 좋은 수업의 밑거름이 되는 것이다.

　　배움이란 이렇게 일어나게 된다. 교사의 화려한 언변이나 다양한 자료와 재미 요소는 아이들의 관심을 끌고 졸지 않게 할 수는 있으나 진정한 몰입으로 끌어들여서 배움의 행복한 경험으로 이끌지는 못 한다. 혁신학교는 이렇게 화려한 외양이나 형식이 아닌 배움의 본질에 접근한 단순함과 소박함을 추구하는 것이다.

　　몰입의 상태에서 학습자는 배움이 주는 진정한 기쁨을 경험하게 되며 지식의 본질을 이해하고 심화된 지식으로 접근하고자 하는 도전의식이 생긴다. 학습자의 이런 의지를 체계적인 사고의 발전 단계로 이끌고 자신만의 관점으로 지식을 재해석하고 스스로의 생각을 만들어가도록 하는 것이 교사의 역할이며, 이것이 진정한 배움으로 나아가는 길이다.

　　여기서 다시 한 번 기억해야 할 것이 있다. 교사의 역할은 많은 지식을 전달하는 것이 아니라 학생들이 배움으로 빠져들도록 인도하고 그 안에 동참하는 것이다. 그러기 위해서 교사는 배움이 일어나는 과정을 잘 살피고 이를 격려하기 위해서 학습자의 학습과정을 진지하게 관찰하는 것에 더 많은 노력을 기울여야 한다. 이것은 학습자의 배움을 촉진하는 것이기도 하지만 학습자에게 어떤 배움이 일어나고 있는지 파악하는 일이 되기도 한다. 이런 관심이 중요한 이유는 아이들 하나하나의 재능과 관심을 알게 되는 과정이기 때문이다. 혁신학교에서 강조하는 모두를 위한 교육은 바로 이렇게 학생 개개인의 배움에 관심을 기울이고 각자 배움의 속도에 맞게 개별화된 지원을 하는 것을 의미한다. 이렇게 자신의 흥미와 관심을 자극하는 내용과 적절한 도전이 주어질 때 학습자는 적극적으로 학습에 몰입하게 되고 그때서야 진정한 배움이 일어나게 된다.

배움을 지배하는 강력한 힘, 평가

9

배움에 있어서 또 다른 중요한 요소는 평가이다. 우리가 일반적으로 떠올리는 시험과는 다른 의미이다. 시험과 평가가 무엇이 다른지 의아할 것이다. 같은 의미일 수도 있는 시험과 평가를 다르게 정의하는 이유는 그것을 실시하는 목적의 차이 때문이다. 일반적으로 우리가 생각하고 있는 시험의 의미는 비교를 위한, 즉 아이들을 변별하기 위한 것이 주된 목적이다. 이에 반해 평가는 학습의 효과를 확인하고 아이들 개개인의 배움의 수준을 확인하기 위한, 즉 교육의 효과를 높이기 위한 교사의 자기점검이나 반성의 의미가 크다.

이것이 어떤 차이가 있을까? 변별을 위한 시험은 아이들이 좋은 성적을 받기 위해서 애쓰고 부정행위까지 서슴지 않게 한다. 교사에게도 수업을 개선하는 데 별다른 도움이 되지 않는다. 그러나 평가는 아이들이 얼마큼 이해했는지를 중심으로 이루어지기 때문에 어떤 부분이 제대로 이해되지 못 했는지, 왜 이해하지 못했는지와 학생 개개인의 학습 정도를 파악하게 되어 교사가 수업을 개선하는 데 중요한 아이디어를 제공받을 수 있다.

예를 들어 선택형 객관식 문제를 출제하면 학생들이 그 문제를 맞추었는지 아니면 틀렸는지만 파악할 수 있을 뿐이다. 틀린 아이가 왜 그 문제를 틀렸는지? 맞춘 아이는 제대로 이해하고 맞춘 것인지 알 수가 없는 것이다. 그래서 다양한 평가 방법의 도입이 필요하다. 서술형 평가, 논술형 평가, 수행평가, 관찰평가 등 다양한 평가 방법을 적용해 학생들이 얻은 학습의 구체적인 질을 파악할 수 있는 형태로 이루어질 때 학생들의 배움의 자세도 바뀌게 된다.

평가가 중요한 이유는 대학입시의 예가 단적으로 드러내듯이 평가의 형태와 내용에 따라서 교육과 아이들의 학습 방향이 결정되기 때문이다. 물론 평가를 위한 교육이나 학습이 바람직한 것은 아니지만 현실적으로 학습자들은 평가의 방향에 큰 영향을 받는다. 학습자들이 단순지식 암기나 많은 유형의 문제풀기에 매달리는 학습을 하느냐? 내용을 깊이 있게 이해하고 원리를 파악하려는 노력을 하느냐는 교사의 평가 방향에 따라서 달라진다. 아무리 학생들의 협력을 강조하는 수업 방법을 도입하고 창의적인 사고를 자극하는 내용으로 구성하여도 평가가 단순한 지식의 암기와 습득을 확인하는 문제로 출제되면 학생들의 학습은 교사의 노력과 상관없이 지식암기와 문제유형 외우기로 돌아가게 된다. 그래서 평가는 수업의 성과를 판단하는 기준이기도 하지만, 배움의 질을 좌우하는 요소이기도 하다.

배움, 창의성을 기르는 교육

10

"왜 대한민국에는 빌 게이츠와 스티브 잡스 같은 창의적 천재들이 드문가? 많은 부모와 교사, CEO들은 오늘도 창의적 인재를 키우겠다고 목소리를 높이지만, 사실은 '공부 잘하고 말 잘 듣는' 모범생, 모범직원을 만드는 데 급급할 뿐이다. 누구나 창의성의 중요함을 강조하지만 정작 창의성이 언제 어떤 순간에 발현되며, 어떻게 북돋아야 하는지는 누구도 제대로 알지 못한다."

최인수가 쓴 《창의성의 발견》이라는 책에 나오는 한 구절이다. 우리 사회에서 말로만 창의성을 외칠 뿐 실제 창의성이 어떻게 길러지는지 모르고 있다는 통렬한 지적이다. 그러나 한 가지 덧붙이고 싶은 것이 있다.

이 구절에서는 기업이나 학교, 학부모를 이야기하지만 국가의 책임은 언급하지 않고 있다. 필자가 보기엔 우리나라 정부가 딱히 창의적 인재를 키우려는 생각이 없어 보인다. 창의성이 발현되기 위한 필요조건이 비판적 사고와 확산적 사고라고 한다면, 확산적 사고는 비판적 사고가 기반이 될 때 온전히 갖추어지게 된다. 정부는 창의성을 이야기하지만 그 기반이 되는 비판적 인간은 원하지 않는 것처럼 보인다. 비판적 사고는 다양성에 대한 인정이자 기존의 질서에 대한 의심으로부터 길러지는 것이다. 우리 사회가 다양한 사상이나 주장에 대해서 얼마나 비이성적이고 폭력적으로 억압하는지를 생각하면 이러 토대에서 창의적인 인재가 나오는 것이 이상할 지경이다. 우리 사회가 설사 창의성을 기대한다고 해도 그것은 국가나 기업이 정해 놓은 틀, 그 한계 안에서 창의적이기를 바라는 것일 뿐이다. 기업이나 국가가 바라는 것은 모범적이면서도 창의적인 직원이나 국민이다. 기존의 사회질서와 틀, 즉 기득권의 이해를 침해하거나 흔들지 않는 범위 내에서의 뛰어난 인재를 요구한다는 말이다. 이것은 혁신을 부르짖는 기업들에서 총수들이나 경영자들의 행태를 보면 확연해진다.

우리나라 기업의 문화는 봉건적인 모습 그대로이다. 창업주의 가족이 대대로 세습을 하는 모습이나 그 앞에서 어떤 다른 의견을 이야기하지 못하는 문화가 그렇다. 심지어 그 뛰어난 인재들이 총수 일가의 이익을 위해 범법행위도 서슴지 않는다. 이들의 모습은 최근 재벌가의 자식들이 보인 일련의 사건으로 더 극명해지긴 했지만, 그것이 그들이 외치는 창의성과 혁신의 본 모습이다. 그냥 말 잘 들으면서 자신들의 이익을 극대화해줄 수 있는 사람이 자신들이 생각하는 창의적인 인재인 것이다. 국가라고 별반 다르지 않다. 민주주의 국가라는 말이 무색하게 정권에 반대되는 의견은 철저히 봉쇄한다. 창의성은 자유로운 표현으로부터 나오는 것임에도 불구하고 말로만 창의성을 외치지 창의성이 나올 토대를 걷어차 버리고 있다. 그래서 불가능하다는 것이다.

창의성이란 특별히 창의성을 기르는 훈련을 통해서 얻어지는 것이 아니다. 창의성을 소리 높여 외치지 않아도 제대로 된 배움이 일어나는 교육이 실천되면 자연스럽게 갖추어진다. 지금 우리에게 필요한 것은 창의성을 외치는 구호보다 제대로 된 배움이 가능한 교육적 환경과 조건을 만드는 것이다.

창의성이 기존의 암기식, 문제풀이식 교육으로는 얻어질 수 없다는 것은 자명한 사실이다. 창의성이 필요하다는 것을 알면서도 왜 문제유형을 암기해야 하는 과거의 방식 그대로 고집하는 것일까? 창의성이란 특별한 아이들에게만 있는 능력이거나 공상에 가까운 별난 생각이며, 일반적인 시험을 보기 위한 지식과는 거리가 멀다고 생각하는 이중적 오해가 있기 때문으로 보인다. 그러나 앞에서 정리한 것처럼 창의성이란 소수의 사람들에게만 존재하는 특별한 능력이 아니다. George Land와 Beth Jarman의 실험을 다시 상기해보자. 아이들은 누구나 창의성을 가지고 태어난다. 그것이 사회의 기존질서와 교육의 이름으로 억압되고 퇴화되어 있을 뿐이다. 아이들은 누구나 창의적이다.

체계적인 배움, 지식에 대한 깊은 이해와 원리를 터득하는 것으로 발현되기 때문에 창의성을 갖춘 아이들은 어떤 문제가 주어져도 해결할 수 있는 능력을 갖추게 된다. 그것이 눈앞의 입시이든 먼 미래 자신의 삶을 책임질 수 있는 힘이든 간에. 자신감을 가지자. 이미 혁신학교에서 그런 사례를 보이고 있지 않은가? 제대로 운영되는 혁신 중학교의 아이들은 더 자유롭지만 성적도 더 우수하다. 고등학교에서도 제대로만 운영하면 이런 방식의 교육이 더 효과적임을 보이고 있다. 고등학교는 더 증명하기가 쉽다. 일부 외고들을 제외하고 우리가 알고 있는 특별한 학교들이 아이들에게 문제풀이와 암기를 죽어라 시킨다는 말을 들어보았는가? 그런 사례가 있으면 찾아보기 바란다. 이미 길은 드러나 있다. 그것을 애써 외면하고 감추려는 시도만 남아있을 뿐.

나이가 들어가면서 창의성이 떨어진다는 실험 결과를 보면 창의성을 기른다는 말은 모순인 것 같다. 오히려 창의성을 유지하는 것이 교육이 해야 할 일이며, 그러기 위해서는 독서와 토론, 프로젝트 수업, 체험활동, 그리고 진로와 관련된 경험 등이 더 강화되어야 한다. 창의성을 기르는 교육이 이루어지기 위해 가장 중요한 방법이자 목표가 되어야 하는 것은 학생들로 하여금 스스로의 생각으로 자신을 둘러싼 세상의 사물과 현상을 본질적이고 통합적으로 이해할 수 있는 능력을 갖추도록 하는 것이다. 이러한 사고 능력은 창의성의 기초가 되는 비판적 사고로부터 출발하며 이는 자신을 둘러싼 세상에 대한 끊임없는 질문과 의문을 제기하고 그 답을 찾으려는 노력으로부터 얻어진다.

독서의 목표 또한 스스로 생각하는 힘을 키워서 비판적 사고를 갖춘 지성인으로 성장하기 위한 것이다. 그러므로 독서교육은 창의성을 기르는 데 매우 효과적인 수단이다. 동서고금의 명저를 읽고 이해하는 과정을 통해 우리의 아이들은 스스로를 역사적 사회적 존재로 자각하게 되고 자신들의 삶을 성찰하고 자신과 세계의 관계에 대하여 보다 성숙한 질문을 던질 수 있게 될 것이다. 명저가 제기하는 문제들을 자신의 문제로 받아들이고 비판적으로 대안을 제시하려는 과정을 겪으면서 성숙한 지성인으로 나아갈 수 있는 토대를 쌓을 수 있을 것이다.

전통적인 의미에서의 독서는 책을 읽는 것이다. 그것은 문자를 사용하게 된 이후부터, 특히 인쇄술의 발전 이후 정보나 지식의 전달이 책을 중심으로 이루어졌기 때문이다. 그러나 현대 사회에는 정보를 유통하고 지식을 재생산하는 다양하고 새로운 매체가 존재하니 독서의 의미를 새롭게 정의할 필요가 있다. 다양한 매체가 다양한 정보를 쏟아냄에 따라 오히려 제대로 정보를 이해하지 못하게 만드는 정보유통의 걸림돌이 생기는 부작용이 발생하고 있다. 더욱이 이런 신매체들은 즉각적이고 쉽게 정보를 받아들일 수 있다는 특징 때문에 파급력과 영향력이 매우 크므로 이런 매체들을 제대로 이해하고 그 내용을 파악하는 것이 더 중요해졌다고 할 수 있다.(모티머 J. 애들러, 《독서의 기술》, 범우사, 2011)

인터넷, 텔레비전, 라디오, 잡지 등을 통해 사람들은 교묘한 설득에서부터 신중하게 선별된 정보와 통계에 이르기까지 별로 힘들이지 않고 결정을 내릴 수 있도록 잘 정리된 자료들을 제공받는다. 그런데 이것들이 어찌나 효과적으로 포장되어 있는지 시청자나 독자들은 그 의견을 그대로 자신의 사고 속에 주입해 두었다가 필요할 때 즉각 그대로 재생시킨다는 게 문제이다. 자기 스스로 생각하고 판단하여 내린 결정이 아니라는 게 위험하다. 생각이 없는 사회로 가고 있는 것이다. 그러므로 현대적 의미로 독서는 단순히 책을 읽는 것만이 아니라 다양한 매체들이 전달하는 정보나 지식을 제대로 읽어내는 것으로 해석되어야 한다. 어떠한 매체에서 얻은 정보든 그것을 제대로 읽고 재해석해서 자신의 생각을 만들 수 있는 능력을 길러야 한다.

독서의 중요성이나 필요성에 대해서는 이론의 여지가 없지만 요즘 제대로 된 독서를 위해 책을 읽고 서로의 생각을 나누는 독서토론 교육의 필요성에 대한 인식이 높아지고 있다. 독서는 자신과 저자와의 대화이다. 책을 읽는 것은 끊임없는 질문으로 저자와의 대화를 시도하는 것이고 저자의 문제의식을 파악하고 자신의 주체적 사고로 재정리하는 것이다. 이때 독서만으로는 채워지지 않는 한계를 드러내게 되는데 독서란 혼자서 하는 행위라 주관적인 지식이 형성될 수밖에 없다는 점이다. 물론 다양한 주장을 담은 책들을 고루 읽음으로써 자신만의 생각에 갇히거나 오류에 빠지는 것을 최소화할 수는 있겠지만 쉽지 않은 일이다. 그래서 독서는 토론과 함께해야 온전해진다.

다른 사람의 생각을 듣고 생각을 교류하는 과정을 통해 아집에 갇히는 것을 피할 수 있고 같은 책을 읽고 토론하고 함께 의미를 탐구하면서 책을 더 깊이 있게 이해할 수 있게 된다. 토론이 중요한 이유는 좋은 토론을 통해서 소통과 협력, 다른 것을 인정하는 자세 등 민주시민적 가치까지 습득하게 되기 때문이다. 이것이 이스라엘의 하브루타 교육에서 토론을 중시하는 이유이기도 하다. 이스라엘의 하브루타 교육이 관심을 받게 된 것은 전 세계 인구의 0.25%도 안 되는 유대인이 전 세계 노벨상 수장자를 20% 이상 배출했다는 사실 때문이다. 그 이유를 그들의 독특한 교육법인 하브루타에서 찾고 있는데, 이 교육의 핵심은 그들의 경전인 탈무드를 읽고 정답이 없는 문제로 토론하는 것이다.

독서, 하면 역시나 유태인 출신인 아인슈타인을 빼놓을 수 없다. 수학 때문에 낙제를 한 위대한 이론물리학자 아인슈타인은 인문고전 독서광이었다. 박사학위를 받고 변변한 직장을 얻지 못해서 특허청 말단 직원으로 일하면서도 매일 저녁 인문고전독서클럽을 운영하였다. 수학을 못하면서도 사물과 현상에 대한 직관력을 가졌던 그의 힘은 바로 독서와 토론으로부터 나왔음을 스스로도 강조하였다. 또 한 사람의 과학자 레더포드도 독서의 중요성을 이해하고 있었다. 그는 독서와 더불어 생각의 중요성을 강조하면서 생각 없이 책을 읽는 것은 의미가 없다고 주장했다. 그 외 많은 위대한 과학자들이 훌륭한 인문고전 독서가였다는 사실은 독서의 중요성을 잘 보여주고 있다.

아무리 독서가 좋다고 해도 잘못 읽으면 독이 된다. 그래서 독서교육에서 경계해야 할 것은 겉핥기식의 독서이다. 한 권을 읽더라도 깊게 제대로 읽어야 한다. 독서는 여행과 같다. 해외여행이 일반적이지 않던 시절에는 한 번 해외에 나가는 것이 일생의 꿈이었다. 그래서 한 번 나간 김에 최대한 많이 보는 것이 여행의 가장 중요한 미션이었다. '찍고 오기'라고 불리는 이런 여행에서는 갔다 왔다는 자랑거리 외에는 별로 얻는 것이 없다. 여행을 하는 진짜 목적은 별로 중요하지 않다. 그래서 아침독서나 독서록 같은 것에 찬성하기가 어렵다. 독서프로그램은 주로 초등학교에서 많이 이루어지는데 대게 다독을 강조하는 형태로 운영된다. 이렇게 다독으로 아이들을 경쟁시키다 보니 한 아이가 6년 동안 수천 권의 책을 읽는 일이 벌어진다. 대단하다고 생각될 수도 있다. 그런데 이렇게 많은 책을 읽으려면 어떻게 해야 할까? 내용의 이해보다는 빨리 읽는 것에만 매달리게 된다. 책을 읽는 목적은 무엇일까? 책의 내용을 깊이 있게 이해하고 그로부터 삶의 지혜를 얻는 것이다.

* * *

바람직한 독서교육의 사례를 한 번 생각해보자.

EBS 다큐프라임에 소개된 경기도의 모 초등학교의 사례인데 딱 한 권의 책으로 5학년 국어수업을 일 년간 진행한 사례가 있다. 이런 수업이 나오게 된 것은 아마도 경기도교육청에서 명저를 수업에 직접 활용하는 교육을 강조한 것이 배경이 되었으리라 생각된다. 한 권의 책을 정해서 그것을 일 년 수업의 교재로 사용하기 때문에 책이 교과서가 되는 것이다. 이 수업에서는 책을 천천히 다 같이 읽으면서 내용을 깊이 있게 이해하는 것을 목표로 하고 있다. 책을 천천히 읽어 나가면서 내용을 파악하다 보니 아이들이 알지 못하는 어휘가 나오면 사전을 찾아보고 정확히 뜻을 이해한 후 넘어간다. 국어교과의 목표인 어휘습득, 내용파악 등이 충분히 달성될 수 있다는 것을 보여주는 것이다.

* * *

책 한 권만으로 수업을 하면 교육목표가 달성될 수 있을까 우려하는 교사나 학부모들에게 충분한 답이 될 듯하다. 그리고 아이들은 책에 나오는 특정한 사건을 중심으로 토론함으로써 자신의 생각을 정리하게 되고 나와 다른 다양한 생각을 접하게 되어 사고의 폭이 넓어진다. 이 수업은 책에 나오는 나무를 학교 주변에서 찾아보기도 하고, 책에 기술된 생활이나 문화와 자신의 삶을 비교해 보면서 다른 과목의 교육목표까지 포괄하게 된다. 자연스럽게 통합교과적 성격을 가지게 되는 것이다. 뿐만 아니라 책의 내용을 아이들이 문단을 나누어서 글과 삽화로 표현하는 과정도 있는데, 이렇게 삽화로 표현하려면 핵심적인 내용을 파악하고, 그것을 어떻게 표현할 것인지를 고민해야 하므로 아이들은 내용을 깊게 생각하게 되고 창의성을 키우게 된다. 책 한 권으로 국어수업을 진행하지만 과학, 음악, 미술, 사회, 역사까지 섭렵하면서 아이들은 분리된 지식의 벽을 넘어 통합적 사고가 가능해지고 통찰력이 생긴다. 이런 사례를 보고 국어교과라서 책 한 권으로 교육목표를 달성하기 쉽다고 생각할 수도 있겠지만, 상상력의 문제이다. 다른 과목도 책을 활용해서 수업이 가능하다. 같은 어학과목인 영어는 물론이고 사회, 역사 등의 과목도 쉽게 접근할 수 있을 것이며 과학과목의 경우도 일부 단원의 경우 시도해볼 만하다.

　무엇보다 중요한 것은 이런 수업은 아이들이 책을 읽으면서 관심이 생긴 부분을 확인하는 과정에서 공부에 재미를 느끼고 스스로 알아가는 즐거움을 얻게 만들 수 있다는 것이다. 이런 수업이 가능하려면 교사들의 도전과 노력이 필요하다. 기존 교과서를 이용하면 지도서에 따라서 단계별로 진행하면 되지만 이런 수업에서는 교사가 새롭게 모든 것을 기획해야 하며 의도한 대로 흘러가지도 않기 때문이다. 아이들이 잘 이해하도록 하기 위해서 교사는 몇 번씩 책을 읽고 다양한 방법으로 학습의 효과를 높이기 위해서 노력해야 목표한 성과를 기대할 수 있다. 교사의 이런 노력은 아이들에게 다른 수업에서 기대할 수 없는 놀라운 성장을 가져올 것이다.

100세 시대를 살아갈 힘, 우리의 배움을 바꿔라

11

진정한 의미의 배움이란 좋은 직업을 갖기 위해서나 경제적으로 부를 쌓고 명예를 얻기 위한 지식을 습득하는 것이 아니라 인간으로서 자신을 실현하고 행복한 삶을 살아가기 위한 지혜의 힘을 얻기 위한 것이어야 한다. 모두 알고 있는, 너무 흔한 말이지 않은가?

그러나 현재의 교육은 이런 배움과는 다른 방향으로 달려가고 있다. 삶을 위한 배움이 아니라 시험 기술자를 양성하는 교육, 백 년 이상을 살아야 할 아이들의 긴 인생을 위한 배움이 아니라 몇 년이면 쓸모없어질 지식을 욱여넣는 소모적인 교육이다. 자신의 꿈을 찾고 가능성을 키워 나가도록 지원하는 배움이 아니라 획일적인 틀에 맞춰서 모든 아이들의 꿈을 재단하는 고통의 교육이다.

진정한 배움을 위해서는 학교의 교육시스템이 전면적으로 바뀌어야 한다. 현재의 과도한 입시경쟁으로 인한 학교교육의 왜곡을 바로잡고 학교교육이 스스로의 문제를 설정하고 이를 해결하기 위해 해결 방법을 기획하고 실천해 나가는 자기주도적인 능력을 길러야 한다. 타인과의 소통을 통해 더 높은 수준의 지식을 획득할 수 있다는 경험을 바탕으로 자연스럽게 협력하고 소통할 수 있는 능력을 기르는 방향으로 전환해야 한다.

문학·사학·철학 등 인문학 교육을 강화하고, 학문 간 교류와 통합적 사고력 배양에 중점을 두어야 한다. 이와 동시에 개인의 욕망을 절제하고 상대방에 대한 배려와 소통이 가능한 성찰적 인재의 양성이 개인과 사회의 조화로운 발전을 위해서 필수적임을 명심해야 한다. 우리는 이미 미국의 금융위기를 통해서 통제 불능의 개인적 욕망 추구가 결국은 사회뿐만 아니라 개인의 몰락으로 이어진다는 값진 교훈을 얻었다. 더불어 성장하고 학습하는 배움의 공동체를 통해 자기 절제, 신뢰와 협력의 정신을 갖춘 창의적 리더를 양성하는 것이 미래사회를 위한 학교교육의 목표가 되어야 한다.

덴마크 교육의 아버지로 불리는 그룬투비의 교육철학처럼 교육은 그 자체로 삶이어야 하며, 삶을 통한 교육이 학습에 대한 학생들의 흥미와 자발성을 일으켜 진정한 배움으로 이어진다. 교과서에 나오는 나열형 지식을 어떻게 잘 가르칠 것인지에 대한 고민에서, 교육과정이 추구하는 인간상과 교과 목표를 달성하기 위해 적절한 주제를 선정하고 우리 삶의 문제와 구체적 교과지식을 어떻게 연결할 것인지로 고민의 방향을 바꾸는 코페르니쿠스적 사고의 전환이 필요하다.

또 호세 마르티의 말처럼 자유롭기 위해서 배워야 한다. 배움으로써 다른 사람의 잘못된 주장에 지배당하지 않는 자유로운 존재가 될 수 있다. 내가 진정으로 원하는 것이 무엇인지를 깊이 생각하고 사회의 통념에 의한 억지 삶을 살지 않아야 한다. 나에게 진정으로 이로운 것이 무엇인지 판단할 수 있게 되면 사회를 바꾸는 올바른 행동을 할 수 있게 된다.

왜 배워야 하는지? 짧은 물음에 대한 답치고는 너무 길고 장황한 이야기였다. 필자의 생각이 짧고 학식이 미천한 탓에 간명하게 설명할 방법이 없음을 이해해주기 바란다. 그래서 그 물음에 대한 명징한 답을 던져주는 문장을 소개하려고 한다. 더불어 고전을 왜 읽어야 하는지를 일깨워주기도 하는 문장이다. 많은 여성들이 주인공 배우의 등 근육만 기억하고 나왔다는 영화 《역린》으로 유명해진 중용의 한 구절이다.

"작은 일도 무시하지 않고 최선을 다해야 한다. 작은 일에도 최선을 다하면 정성스럽게 된다. 정성스럽게 되면 겉에 배어 나오고 겉에 배어 나오면 겉으로 드러나고 겉으로 드러나면 이내 밝아지고 밝아지면 남을 감동시키고 남을 감동시키면 이내 변하게 되고 변하면 생육된다. 그러니 오직 세상에서 지극히 정성을 다하는 사람만이 나와 세상을 변하게 할 수 있는 것이다."

이 대사는 "정성을 쏟으면 밝아지고, 밝으면 정성스럽게 된다(誠則明矣, 明則誠矣)."는 《중용》 21장에서 나온 것이다. 정성스러움(誠)에 관한 내용을 다루는 것인데 정성스러움이 있게 되면 태도가 형성되고, 태도가 형성된다는 것은 쌓여서 드러나는 것이다. 드러나면 나타나 알게 되고, 알게 되면 밝아진다. 밝아지면 실천하고, 실천하면 변(變)하고, 변하면 바뀐다(化).

아전인수격 해석이라고 할 수도 있지만 모름지기 정성을 다한다는 것은 그것에 몰입하는 것이고 몰입하면 알게 된다. 이렇게 알게 되면 실천으로 이어져야 하고 실천할 때 다른 사람을 감동시켜서 변하게 하며 변하면 세상이 바뀌게 된다는 내용이다.

배움이란 이러해야 하는 것이다. 배움을 통해 세상에 대한 통찰력이 생기고 그것은 나만의 이익이 아니라 나와 이웃의 이익을 추구하는 것으로 나타난다. 적극적인 실천을 의미하며 이런 실천이 세상을 바꾸는 힘이 된다. 그것이 배워야 하는 이유이다.

아이들은 믿는 만큼 자란다

* * *

　혁신학교 지정 3년이 된 한 중학교에서는 학생·학부모·교사 등 교육의 3주체가 스스로 생활협약을 정해서 지난 3년간 지켜왔다. '생활협약'이라는 이름으로 학칙을 정하기로 하고 학년 초부터 학급별로 생활협약에 담았으면 하는 내용을 토론하고, 학년별 토론과 전체 학생 토론을 거쳐 8가지 내용을 정리하였다. 물론 이 과정은 쉽지 않았다. 학생들의 관심이 높은, 학교에서의 휴대폰 사용, 복장과 두발, 실내화 착용 문제 등 다양한 사안이 학생들의 의견과 교사나 학부모의 의견이 팽팽하게 대립할 수밖에 없는 상황이었다. 학부모와 학생들 간 의견이 막판까지 좁혀지지 않은 3가지 쟁점은 3주체 공청회와 설문조사를 거쳐 타협안을 도출하는 방식을 택했다.

　이 학교에서는 처음에는 학생들의 의견을 많이 반영해야 한다는 생각 때문에 학생·학부모·교사의 투표권 비율을 3:1:1로 정했지만, 학부모들의 반대로 3:3:1로 바뀌면서 치열한 논의과정을 거쳤다고 한다. 이렇게 하나하나 꼼꼼하게 따지다 보니 생활협약이 만들어지기까지 6개월이란 시간이 걸렸고, 3주체가 서로 자율적으로 지키자는 자율약속과 8개 조항의 강제규정이 선포되게 되었다.

* * *

이 긴 과정을 거친 효과는 매우 긍정적이다. 학생들은 자신들의 참여를 통해 협약을 만든 만큼 이것을 잘 지키고 보완하는 데도 적극적이다. 자신들이 지킬 약속을 스스로 만들었다는 자부심과 그런 만큼 이것을 잘 지켜야 한다는 책임감이 수반되는 결과이다. 이것은 높은 수준의 민주주의를 경험하는 일이기도 하다. 여기에서 그치지 않고 이 학교에서는 한 달에 한 번 그동안의 생활협약 운영에 대해 점검하고 문제점을 개선하기 위한 자치회의를 갖는다. 이 자치회의는 학급회의와 전체회의의 단계를 거치는 방식으로 이루어진다. 학급회의를 통해서 논의된 내용을 각 학급의 학생 대의원들이 발표하고 TV를 통해 이 내용이 중계되므로 모든 학생들은 전체회의 내용을 공유한다. 자치회의에서 다루어지는 내용은 생활협약 중 잘 안 지켜지고 있는 '수업종이 치면 자리에 앉아 있기'나 '실내화 미착용 학생들을 어떻게 징계할 것인가' 같은 것들이다.

교사들과 학부모들의 반응도 긍정적이다. "아이들을 믿고 기다려줬더니 스스로 규칙을 지키고, 지키지 않았을 때도 어떻게 해야 할지 결정하는 역량이 길러지고 있는 것 같다." "생활협약 이후 교사와 학부모들이 아이들에게 다가가려는 마음으로 생활지도를 하게 되었다. 무엇보다 아이들의 표정이 밝고 건강해져 정말 좋다."는 것이 교사들의 반응이다. 학부모도 "사실 부모들은 아이들이 의견을 내고 스스로 지키는 것에 대해 불안해했다. 처음엔 약간의 강제성이 있어야 하지 않을까 생각하는 부모들이 많았는데, 한 해 한 해 가다 보니 협약이 잘 정착되고 아이들 스스로 지키려는 모습이 눈에 띄면서 믿음이 커졌다. 특히 아이들이 자기가 낸 의견이 협약으로 채택되는 걸 경험하며 스스로 대견하게 생각하는 것 같다. 나중에 사회생활을 하면서도 이런 경험이 큰 도움이 될 것이다."라는 반응을 보이고 있다.(송현숙 기자, "생활협약 선포 3년" 관련 기사, 경향신문, 2014. 9. 16.)

이렇게 아이들은 믿고 기다려주면 그 믿음에 반드시 응답한다. 아이들의 생활뿐만 아니라 학습에서도 마찬가지이다.

* * *

　이번 사례는 혁신학교가 아닌 일반고의 이야기이다. 프로젝트 수업연구를 같이 하는 이 학교의 선생님들이 기말고사 이후에 진행한 수업을 참관한 적이 있었는데, 이 수업은 이 학교 교감선생님과 영어선생님이 협력해서 영어와 역사 융합수업을 만든 것이었다. 요즘 교장, 교감 수업 문제가 논란이 되고 있지만 이렇게 현장에서는 필요를 느끼는 분들이 자발적으로 하고 있다. 하여간 이 수업은 시대별로 본 여성의 지위에 관해 프로젝트 형태로 진행되었는데 역사과목을 뼈대로 영어 자료를 활용하는 형식이었다. 필자의 눈에 한 아이가 들어왔다. 이 아이는 수업을 시작할 때부터 엎드려서 아예 관심을 두지 않고 있었다. 내심 다른 선생님들이 참관하는데 저 정도면 평소 때는 어떨까 싶었다. 두 분 선생님이 협력수업으로 진행했지만 누구도 그 아이의 태도를 지적하지 않았기에 평소에 그런 아이라 내버려두나 싶었다.

　그런데 수업이 진행되면서 그 아이에게 변화가 일어나기 시작했다. 자신의 귀에 흥미로운 소리가 들렸는지 서서히 몸을 일으키고 이야기를 듣기 위해서 몸을 기울이는 것이 아닌가. 아이들이 모둠별로 발표를 하고 서로 질문을 하는 순서가 되자 이 아이의 눈이 빛나기 시작했다. 그리고 적극적으로 수업에 참여하고 누구보다도 더 많은 질문과 토론을 이어갔다. 놀라운 모습이었다. 수업을 시작할 때는 상상하기 어려운 모습이었다. 아예 수업에 끼고 싶지 않다는 거부의 몸짓에서 적극적인 몰입으로 전환되는 극적인 변화를 목격하는 것은 필자로서도 특이한 경험이었다.

　많은 수업을 보았지만 이 수업에서 그 아이가 보인 모습은 오래 기억에 남는다. 수업이 끝나고 참관한 교사들과 함께 수업 나누기를 했는데 이때 필자가 그 아이 이야기를 꺼냈다. 다른 선생님들은 별로 관심을 두지 않았는지 좀 놀라는 모습이었다. 한 선생님이 그 아이는 원래 오전에는 거의 자다가 오후에 깨어난다는 말을 해주었다. 그러나 그것은 그 아이를 제대로 보지 못한 것이었다. 그 아이의 모습은 오후라 이제 깰 시간이 되어서 일어나 있는 게 아니었다. 나중에 수업을 한 선생님께서 살짝 귀띔을 해주셨는데, 이 아이는 역사 수업에는 남다른 관심을 가지고 있고 수업에도 적극적으로 참여한다는 것이다. 전에 진행했던 프로젝트 수업도 오전이었는데 그때도 이 아이는 적극적으로 수업에 참여했다는 것이다. 역사에 관심을 많다는 것을 지켜본 선생님이 그 아이에게 그 점을 칭찬하고 격려한 것이 그 아이에게 더 큰 자극이 되었을 것이라는 이야기까지 듣고 나서야 이 아이가 보여준 모습이 이해가 되었다.

* * *

이렇게 아이들은 자세히 관심을 가지고 지켜보아야 제대로 보인다. 그리고 선생님이 믿고 기대하는 대로 아이들은 자라난다. 다른 선생님들이 볼 때 이 아이는 오전에는 그냥 대책 없이 엎드려 자는 녀석, 그리고 오후에야 겨우 깨어나 있는 정도로만 보였던 것이다. 그 아이의 속에 자리 잡고 있는 흥미와 열정은 절대 볼 수 없다. 그러나 이 아이는 그 역사, 영어 프로젝트 수업을 통해서 새로운 모습을 보여주었다. 스스로도 자신의 내부에 존재하는 힘과 열정을 깨달았을 것이다. 교사는 그 아이의 가능성을 발견하고 그것을 끄집어내는 가치 있고 의미 있는 역할을 했다. 그리고 아이들은 놀라운 존재라는 것을 다시금 생각하는 계기가 되었을 것이다. 아이들은 이렇게 놀라운 존재이고 우리가 믿는 만큼 자라난다.

5부

교실이 바뀌면
아이들이 바뀐다

그래도 여전히 희망은 교사다

1

한국 사회에서, 적어도 학부모들에게 교육은 모든 것을 빨아들이는 블랙홀이다. 자녀의 교육에 도움이 된다고 하면 물불가리지 않고 뛰어들고 걸림돌이라고 생각되면 가차 없이 공격의 대상으로 만들어버린다. 그러나 이런 부모들의 높은 교육열과는 반대로 자녀교육에 만족하기란 점점 어렵고 절망스러워지고 있다. 이렇게 교육에 대한 기대가 상실감으로 바뀌고 있는데도 교육에 대한 집착이 더 심화되고 있다는 것이 기이하다.

탈출구가 없는 끝없는 무한경쟁에 지쳐가면서 교육에 대한 불신이 높아질수록 비난의 화살은 학교로 쏟아진다. 특히 교사들에 대한 비판은 차갑고 매섭다. 그래서인지 교사들에 대한 사회적 신뢰나 존중이 예전만 못한 것을 넘어서 부정적인 측면까지 보이는 것이 사실이다. 자녀 앞에서 선생님에 대한 험담을 자연스럽게 하는 것까지는 애교로 받아들여진다. 학교에 찾아와서 선생님에게 폭언을 퍼붓고 심지어는 학생들 앞에서 교사를 폭행하는 일들도 드물지 않게 벌어지고 있다. 이런 일들이 선생님들이 스스로 자초한 일이라고 쉽게 말할 수 있을까? 누구 때문인지는 제쳐두고 과연 이런 현상이 누구에게 도움이 될까? 우리 아이들에게는 과연 좋은 일일까? 누구에게 손해가 되는 일일까? 조금만 찬찬히 생각해보면 답을 알 수 있을 것이다.

학교가 교육적 역할을 충분히 하지 못 했고, 일부 선생님들이 일반적인 직업인의 기준으로 보아도 용납하기 힘든 행태를 보인 것도 분명한 사실이지만 학교와 교사들에게 가해진 공격은 불공정하고 의도적인 측면이 강하다. 우리 사회 전체가 떠안아야 할 실패한 교육에 대한 책임을 전가할 희생양이 되었다는 느낌이다.

교장선생님과 교사들을 포함해 요즘 학교가 가장 무서워하는 것이 무엇일까? 교육청의 감사? 도저히 통제가 안 되는 아이들? 어느 것도 아니다. 예전만큼 교육청의 서슬이 먹혀들지 않는 것이 현실이다. 많은 것이 투명해지고 제도화되어서 과거처럼 행정기관이 마음대로 할 수 있는 것이 별로 없다. 아이들? 그래도 아이들은 사랑스럽다. 아이들을 어떻게 해서든 포기하지 않으려고 하는 게 학교다. 외국 같으면 당연히 법적으로 처리해야 할 문제도 학교 내에서 어떻게 해서든 안고 가려고 노력하는 것이 우리나라 교사들이고 우리나라의 학교이다. 학교에서 정말 피하고 싶은 존재는 바로 학부모들이다. 학부모들은 선생님을 비하하고 무시하지만 그런 학부모들은 교사들이 마주치고 싶지 않은 대상이 되고 있다. 이런 사실을 우리 학부모들이 분명히 알아야 한다.

학부모의 민원이 무서워서 아무것도 할 수 없다는 관리자들과 선생님들의 하소연이 새로운 교육을 시도하려는 의욕의 발목을 잡는다. 학교폭력 가해자의 부모가 더 기세등등하게 나오기 때문에 어떻게 해서든 조용히 덮는 것이 상책이라는 분위기가 학교폭력을 근절하지 못하는 원인이기도 하다. 시험점수 1, 2점으로 핏대를 세우는 학부모 때문에 아이들을 경쟁으로 내몰지 않기 위한 절대평가는 상상도 못 한다고 한다. 교사들은 이런 학부모들 때문에 거의 노이로제 상태이다. 학부모들은 교사들 때문에 자기 자식이 제대로 능력을 발휘할 수 없다고 하지만 교사들은 학부모들 등쌀에 아무것도 안 하는 것이 차라리 낫다고 푸념하고 있다.

교사들에 대한 공격은 교사들의 사기저하로 이어지고 그것이 부메랑이 되어서 결국은 아이들에게 피해로 돌아가고 있는 상황이다. 교사들의 무너진 자존감은 냉소적인 기능주의에 빠져들어서 최소한의 직업인으로서의 역할로 자신을 제한하게 된다. 어떻게 보면 교사들은 자신에게 쏟아지는 성직자 수준의 기대와 이와는 너무도 동떨어진 처우와 사회적 인식 사이에서 혼란과 자괴감마저 느끼고 있을지 모른다.

이것이 어떤 결과를 가져올 것인지 모두가 곰곰이 생각해볼 필요가 있다. 서로가 서로를 비난하고 책임을 전가하는 모습은 실패한 조직이 보이는 전형적인 증상이다. 모두가 패자가 되는 길이다. 존중받지 못하는 선생님이 과연 애정과 열의를 가지고 아이들을 대하려고 할까? 자기 시간을 포기해가며 하나라도 더 아이들에게 주려고 아등바등하는 모습을 보일까? 아이들은 마음속으로 존경하지 않는 선생님으로부터 무엇을 배울 것이라고 기대하겠는가? 선생님에게 마음이 열리지 않은 아이들이 교실에서 수업에 몰입할 수 있을까? 모두들 남 탓을 하는 동안 우리 아이들은? 우리의 소중한 아이들은 그들 앞에 놓인 많은 기회를 놓치고 만다. 피해는 고스란히 우리 아이들에게 전가된다. 아이들이 학교에서 행복하게 성장하고 자신의 가능성을 찾아가기를 바라는 학부모는 이런 결과를 보고 어떤 마음일까?

이렇게 교사들에 대한 공격으로 교사상이 무너진 것은 이유가 어떻든 간에 교육의 질을 높이는 것으로 작용하지 않는다는 것을 확인했을 뿐이다. 그러면 학교와 교사들에 대한 부정적 인식이 교사들만의 책임일까? 이 시대의 교사상이 허물어진 것은 우리 사회의 책임이 크다.

학부모들은 자신의 아이들에게 최고의 교육을 요구하면서 정작 교사를 낮춰보고 무시하는 태도를 노골적으로 드러낸다. 사회적으로는 낮은 처우와 신분에 대한 위협으로 교사들의 사기를 떨어뜨리고 교사를 전문가라고 하면서도 그 전문성을 인정하는 어떤 역할도 부여하지 않는다. 민주시민 육성을 버젓이 교육의 목표로 내걸고 있지만 우리사회에서 가장 비민주적인 집단이 군대와 학교라고 할 정도로 경직된 학교문화는 교사들을 억누르고 자존감을 떨어뜨리는 원인이 되고 있다.

학교의 문화가 얼마나 경직되어 있는지는 전교조가 처음 출범을 선언했을 때의 재미있는 일화로 충분히 짐작할 수 있다. 그 당시 문교부 ―당시에는 문교부가 교육부의 명칭이었다.― 에서 실제로 일선 학교에 내려 보낸 공식문서에 '전교조 교사 식별법'이란 것이 있었다. 거기에 보면 '촌지를 안 받는 교사' 등 여러 가지 내용이 포함되어 있었는데 이런 내용도 함께 있었다. '직원회의에서 원리원칙을 따지며 발언하는 교사' 이런 공문을 정부 기관이 만들었다는 것이 코미디이지만 원칙에 따라서 이야기하는 것조차 어려울 정도로 학교가 비민주적으로 운영되고 있었다는 반증일 것이다. 이런 사정은 세월이 지나도 별반 크게 달라진 것이 없다고 한다. 변화 중 가장 바람직한 것은 내부로부터 스스로 일어나는 변화이다. 그러나 많은 교사들이 학교 내부로부터의 변화에 대해 비관적인 전망을 이야기한다. 이렇게 수동적이며 늘 위로부터의 지시에 익숙해진 교사들에게 자발성을 기대하기란 어렵다는 것이 이유이다.

이런 학부모와 사회의 인식, 그리고 비민주적 학교문화로 인한 교사의 자존감 저하는 고스란히 아이들에게 전가되고 아이들의 배움을 저해하는 결과로 나타나고 있다. 교육에 대한 지나친 과열과 기대가 있는 반면 아이들의 교육에 결정적인 영향을 미치는 교사에 대해서는 홀대와 비판을 넘어서 적대감을 표시하는 상황에서 좋은 교육을 기대하는 것은 염치없는 일이 아닐까? 우리 사회는 이렇게 교사들에 대해서 다중 인격적인 모습을 드러내고 있는 것이다.

학교를 지탱하는 힘, 교사의 헌신과 소명

2

그럼에도 우리나라에서 학교가 이렇게나마 버티고 있는, 그리고 우리 사회가 무너지지 않고 있는 이유는 교사들의 헌신과 사명감 때문이다.

학생들이 범죄에 해당되는 잘못을 저질러도 동료나 교사에게 심각한 수준의 위해를 가해도 어떻게 하든 학교 내에서 보듬고 해결해보려고 하는 것이 우리나라 교사들의 모습이다. 학생이 학교 내에서 범죄를 저질러도 법적으로 처벌하는 것을 비도덕적으로 여기는 것이 우리나라의 교사들이다. 자신의 학생들을 부모의 마음으로 보호하고 책임져야 한다는 기본적인 의식이 있는 것이다. 미래에 대한 암울한 전망과 고통스러운 현실에 신음하는 아이들을 보듬고 함께 버티는 힘이 되어주는 것은 교사들이다. 그래서 아직도 교사가 희망이라고 이야기할 수 있는 것이다.

미국 사회가 유지되는 것은 강력하고 무관용적인 공권력 때문이라고 한다. 그런데 그 강력한 공권력 아래에서도 미국에서는 수많은 강력범죄와 총기로 인한 인명살상이 끊이지 않는다. 미국의 학교도 비슷한 모습이다. 미국은 특히 교사의 양성이 자유롭기 때문에 교사 자신도 수많은 직업 중의 하나를 선택한 것으로 생각하고, 교사에 대한 사회적 인식도 그렇게 좋은 편이 아니다. 학교는 학생들에 대해서 대단히 엄격하고 냉정하다.

*　*　*

    구체적인 실례로 내가 있던 곳에서 중학생들의 사소한 싸움이 생겼었는데, 그때 학교가 한 일은 경찰을 부르는 것이었다. 우리나라에서 이런 일이 벌어졌다면 어떻게 됐을까? 아마도 학부모가 한바탕 학교를 뒤집어 놓고 언론에서는 교육기관의 도덕성을 거론하며 신나게 떠들어 댈 것이다. 미국에서는 학교가 아이들을 퇴학시키거나 등교정지를 시키는 일에 있어서도 아주 냉정하고 사무적이다. 아이에게 문제가 있으면 곧바로 부모를 부른다. 이것이 그 무시무시한 학부모면담(Parents Conference)이다. 적어도 나에게는 무시무시한 경험이었다. 아이에게 문제가 있는 것은 가정의 책임이라 본다. 학교는 이런 문제에 있어서 매우 당당하다. 그러다 보니 미국에서 고등학교 이상의 졸업률이 높지 않아 심각한 문제가 되는 것은 당연한 일일지도 모르겠다. 이렇게 학교 밖으로 나간 아이들은 문제를 일으키고 쉽게 범죄의 유혹에 빠져들게 된다. 냉정하고 엄격한 학교가 포기하고 방치한 아이들이 더 큰 사회적 위협과 비용을 발생시키는 원인이 되는 것이다.

*　*　*

    학교와 교사의 역할에 대해서 다시 생각하게 하는 대목이다.

    대한민국의 교사들이 전 세계의 교사집단 중 가장 우수한 집단이라는 말은 하도 들어서 식상할 수도 있다. 그러나 교사들의 능력 면에서만 세계 최고가 아니라 교사로서의 사명감과 헌신성에서도 세계 최고일 것이다. 실제로 대한민국에서 교사가 되는 것은 대단한 일이다. 교대나 사대 입학보다 더 어려운 고시라고 불릴 정도의 임용고시를 거쳐서 교사가 된다. 그만큼 자부심도 크다. 교대와 사대에서 교사가 되기 위한 교육을 받으면서 자연스럽게 교사로서의 사명감도 함께 갖추게 된다. 그러나 이런 사명감과 부푼 포부를 가슴에 안고 교직에 들어선 지 몇 년이 지나지 않아서 이들은 중요한 선택을 강요받게 된다. 가슴 한 구석이 근질거리긴 하지만 애써 외면하면서 편안하게 살 수 있는 직업인으로서의 교사가 될 것인가? 많은 것을 포기해야 하고 힘겹고 고통스럽지만 가슴이 뜨거운 참 선생으로 살아갈 것인가?

교사로서 그 아이들 속에 들어 있는 보석을 발견하기 위해 애쓰는 삶을 살 것인지, 아이들을 현재의 모습만으로 판단하고 편안한 길을 갈 것인지는 교사 스스로만 결정할 수 있다. 아이들은 교사의 삶을 지켜보고 있다. 희생을 두려워하지 않는 사랑으로 아이들과 함께하는 교사를 아이들은 배신하지 않는다. 자신의 삶으로 아이들에게 전하고 싶은 배움을 입증해야 할 책임은 교사에게 있다. 오늘도 학교에는 수많은 교사들이 아이들을 가르치고 있다. 선생님이 된다는 것은 남다른 소명을 갖는 것이다. 남들이 기대하는 것 이상의 헌신과 희생 그것은 우리 아이들과 함께 성장해 가는 것이다. 선생님으로 산다는 것은 아이들의 배움을 위해서 자신을 내던진다는 것을 의미한다.

물론 교사도 직업인이다. 그리고 가정을 꾸리고 있는 부모이자 자식이며 가족의 한 구성원이다. 그들에게도 사생활이 있고 돌보아야 할 누군가가 있다. 그러나 선생님은 많은 아이들에게 영향을 미칠 수 있는 중요한 인물임을 늘 기억해야 한다. 아이들에게 올바른 인간으로 살라고 이야기를 하는 것만으로는 충분하지 않다. 그 아이들이 자신을 지켜본다는 것을 생각하면 자신이 어떤 모습으로 살아가는지를 보여주는 것이 중요하다. 아이들에게 기대하는 것을, 스스로 증명하는 삶으로 보여주는 것이 교육적으로 가장 강력한 방법일 것이다.

쇼달교사(쇼핑의 달인)가 신규교사를 멍들게 한다

3

어느 조직이나 마찬가지이지만 교사들도 다양한 모습을 가지고 있다. 아이들과 함께 뒤엉켜 뒹굴면서 자신의 삶을 던지는 교사부터 4시 40분 퇴근 시간만을 기다리고 있는 교사까지 똑같은 학교에서 똑같은 일을 하지만 그들의 삶의 모습은 전혀 다르다.

지난 여름방학 중에 프로젝트 수업연구팀의 초·중·고 선생님들과 울릉도로 워크숍을 갔다가 거기서 한 무리의 고등학생들을 만났다. 학생들만 보이기에 어디서 왔는지, 혹시 학생들끼리만 온 것인지 물어보았다. 이 아이들은 서울의 모 자율형사립고등학교(자사고) 학생들이었고 선생님들은 좀 뒤처져 오고 있다고 했다. 그때 한 선생님이 공립학교에서는 절대 상상도 할 수는 일이라며 부러워했다. 학기 중에도 주말이나 퇴근시간 후에는 아이들과 별도의 활동을 하는 것이 어려운데 더구나 방학 중에는 말도 꺼내지 못한다는 것이다. 이 경험은 그 후 자사고 문제가 전면으로 떠올랐을 때 좀 더 넓은 시각으로 자사고에 대해 다시 바라볼 수 있는 계기가 되었다. 자사고에서 운영되는 일반고의 몇 배나 되는 동아리 수는 아이들만의 문제가 아닌 것이다. 그 동아리를 운영하려면 교사들이 함께 참여해야 하는데, 우리가 비판하는 자사고의 선생님들이 아이들과 더 많은 활동을 하고 있음은 부정할 수 없는 사실이다.

그때 들었던 이야기는 비단 동아리 문제만은 아니다. 담임을 맡을 사람이 없어서 읍소를 해야 하고 가정의 일 때문에 자신이 맡은 업무와 관련된 일을 못 하겠다고 하는 일들이 비일비재하다는 것이다. 필자도 교사 대상의 연수에서 강의를 할 때 5시만 되면 분위기가 이상해지는 것을 느낀 적이 많았다. 처음에는 몰랐는데 퇴근시간이 지났기 때문이란다. 일반 직장에서 이런 것이 용납될 수 있을까?

학교에 따라서 형성된 독특한 문화가 교사의 태도를 좌우하는 경우도 많다. 어떤 학교의 학년협의실에서 이루어지는 대부분의 대화가 육아나 자신의 자녀교육 문제, 그리고 재테크 같은 잡다한 이야기들이라는 말을 들었다. 이런 문화는 초임 특히 초임 남교사들에게는 너무도 당황스럽게 다가온다. 교사도 생활인이기 때문에 어쩌면 자연스러운 일이라고 생각할 수도 있다. 일부 학교에서만 생기는 일이고 교사들 간의 친밀감이 쌓인 후 더 진지한 이야기를 끌어 나가는 것이 효과적이라는 측면에서 대수롭지 않게 생각할 수도 있다. 그러나 학년협의실을 만든 애초의 목적을, 그리고 그것이 그나마 짧은 근무시간에 이루어지는 대화라는 것을 생각한다면 적절하지 않아 보인다.

대형 교무실을 없애고 학년이나 교과 중심으로 소규모 교무실을 만들도록 한 취지는 같은 학년 같은 교과 선생님들이 만나서 아이들에 대한 이야기를 나눌 시간을 많이 만들자는 것이었다. 기존의 대형 교무실은 업무 중심으로 배치되어서 행정업무를 중심으로 대화가 이루어질 수밖에 없는 구조였기 때문이다. 다행히 대부분의 학교에서 학년이나 교과 중심으로 교무실을 재편한 것이 교사의 관심을 아이들에게로 돌려놓는 긍정적인 반응과 효과를 보이고 있으므로 너무 걱정할 일은 아닐 것이다.

그러나 우려되는 것은 이런 문화가 형성되어 있으면 신규교사들은 교직에 입직하던 초기의 뜨거운 마음이 금방 식어버리고 이런 문화에 쉽게 동화해버린다는 점이다. 편한 것은 누구나 빨리 받아들이는 속성이 있다.

그것이 얼마나 위험한지는 다음의 사례를 통해 미루어 짐작할 수 있을 것이다.

* * *

이 이야기는 현직 교사로부터 전해 들은 것이다. 한 학교에 소위 말하는 쇼달(쇼핑의 달인) 교사가 있었다. 중년 여교사인 이 분은 말 그대로 홈쇼핑부터 해외직구까지 모든 쇼핑에 통달한 전문가급 쇼퍼였나 보다. 해외택배를 섭외해서 싼 가격에 택배를 받을 정도였다고 하니 가히 전문가 수준이라고 할 수 있을 것이다.

이 학교에 신규교사가 발령받아 왔다. 학교에는 교사가 처음 임용되어 오면 취임식을 따로 해주는 좋은 문화가 있다. 취임식에는 부모님까지 참석하시고 초임교사는 목이 메어서 자신이 얼마나 교사가 되고 싶었는지를 간절하게 이야기하는 가슴 벅찬 순간이었다. 6개월 후 이 교사는 완전히 바뀌어 그날의 모습은 온데간데없이 사라져버리고 한 20년 지나서 모든 것이 시들해진 능구렁이 교사로 변해 있었다. 물론 20년 정도 지난 교사들이 다 무성의하고 나태하다는 말은 아니다. 하여간 쇼핑에 빠져버린 그 교사에게 아이들이 눈에 보일 리 없었고 관심은 온통 쇼핑이었다. 심지어 수업시간에도 이 쇼달 교사에게 전화를 해서 쇼핑과정에서 생긴 문제를 상담했던 모양이다. 수업시간에 그랬다는 것은 수업 중에 쇼핑을 하고 있었다는 점에서 문제가 심각하다. 수업시간 중에 아이들이 내팽개쳐지고 있었다는 의미이기 때문이다. 그 절절하던 열정이 이렇게 쉽게 바뀔 수도 있다.

또 다른 경우는 클릭교사이다. 아이스크림, T 나라 이야기를 들어본 학부모들도 많을 것이다. 이것은 초등학교의 이야기이지만 중·고등학교에서는 교과서나 참고서 업체가 수업자료까지 파워포인트로 만들어준다. 교사는 가만히 컴퓨터 앞에 앉아서 마우스만 클릭하면 수업이 저절로 흘러간다. 더 충격적인 것은 어떤 교사는 이것도 귀찮아서 마우스 당번을 정해 놓고 클릭하도록 시킨 사례도 있었다. 이러니 명퇴하고 몇 년 쉬어도 아이스크림이나 T 나라만 있으면 기간제교사로 수업하는 것은 문제도 아니라는 말이 떠도는 것이다.

＊　＊　＊

이런 일이 가능한 이유가 있다. 학교에서 교사는 편하려고 들면 한없이 편할 수 있는 위치이다. 자신에게 주어진 업무와 수업을 형식적인 면에서 책임을 다하면 누구도 간섭하거나 뭐라 할 사람이 없다. 일반 기업처럼 실적으로 압박받지도 않는다. 처음에는 이런 것이 교사의 양심을 건드리지만 그것도 몇 년이 지나면 익숙해지고 괜스레 열심히 하는 교사를 훈계하는 내공까지 쌓이는 경지에 이르게 된다. 실제로 다른 교사들 눈치가 보여서 열심히 하지 못하는 경우도 있다. 견제가 들어오기도 하고 혼자 열성을 보이면 노골적으로 왕따를 시키기도 한단다. 또 다시 학교의 문화를 이야기 할 수밖에 없는 이유이다. 이런 식의 수업에서 어떤 배움이 일어날 수 있을까? 우리 학교가 이런 식의 수업을 만든 것은 아닐까? 지식을 외우고 문제만 열심히 풀면 되는데 이렇게 좋은 학습 프로그램을 사용하는 것이 뭐가 문제일까? 갑자기 머릿속이 마구 혼란스럽다.

아이들을 탁월하게 만들고 성장시키는 것은 뛰어난 수업기술이 아니다. 자신을 소중하게 생각하는 마음이 생기고 자신감이 생길 때 비로소 아이들은 자신을 훌륭하게 만들 준비가 되는 것이다. 교사의 열정과 헌신이 있어야만 가능한 일이다. 교사가 직업일 뿐인 교사들에게 그것을 기대하기는 어렵다. 다행인 것은 아직은 이런 교사들이 일부에 지나지 않는다는 것이지만 불행히도 외국의 사례를 보면 교사의 사명감은 교사에 대한 사회적 인식과 처우에 비례한다는 점에서 우리 사회는 분명히 우려스러운 방향으로 흘러가고 있는 듯하다.

교사의 진심이 아이들을 변화시킨다
: 아이들과 함께 웃고 우는 교사들

4

학교가 안고 있는 문제가 적지 않지만 아직까지 희망이 있다고 자신하는 것은 학교현장을 다니면서 수많은 훌륭한 선생님을 만났기 때문이다. 그 분들의 이야기를 듣고 있노라면 같은 교육자로서 한없이 부끄러운 내 모습을 발견하게 된다. 시간가는 줄 모르고 그 이야기를 들으면서 창피하게도 눈가가 뜨거워지는 경험을 한 것이 한두 번이 아니다. 가는 학교마다 그런 선생님들의 일상적인 이야기에 나는 감동받고 뜨거워졌다. 특별한 이야기가 아니다. 현장에서 아이들에게 하나라도 더 주지 못해서 애가 타는 선생님들이 드물지 않다. 너무 많이 주려고 하는 것이 문제일 정도로. 어느 혁신학교에서 만난 선생님은 자기 반 아이들을 돌보느라 자기 자식들은 방치되고 있다며 쓴웃음을 지었다. 그래도 행복하단다. 자기 자식들도 누군가 다른 선생님으로부터 사랑받고 있을 것이기 때문에 자기는 이 아이들에게 최선을 다해야 한다고.

많은 자리에서 혁신학교의 성공요인을 묻는 질문에 꼭 빠뜨리지 않는 대답은 바로 교사이다. 성경을 잘 알지는 못하지만 흘러가는 이야기로 들었던 촛불을 들고 기다리는 사람들을 만난 기분이었다는 이야기를 하곤 한다. 고백처럼 정말 행복하다고 하는 사람들이 그 사람들이다. 등불을 들고 참 교육을 꿈꾸며 포기하지 않고 기다리며 준비해온 사람들, 매일 밤늦은 시간까지 누가 시키지도 않은 일을 하면서 행복해하는 사람들이다. 주말도 없이 피곤에 찌들어도 마음만은 너무 싱싱하고 건강한 교사들이 우리 아이들을 든든하게 지키고 있다는 사실만으로도 우리 학교는, 대한민국 교육은 희망을 가져도 된다고 자신한다.

아이들한테 너무 미안해서 양심의 가책 때문에 교사를 계속해야 하는지 고민을 거듭해야만 했었는데 이제야 제대로 교사라고 떳떳하게 말할 수 있다고 즐거워하는 사람들이 우리의 학교를 지켜오고 있었다. 혁신학교에서 이제야 정말 내가 진정한 교사로 살고 있구나 하는 것을 느낀다는 절절한 자기 고백을 쏟아낸다. 이렇게 진정으로 교사이기를 갈망하는 수많은 선생님들이 현장에서 우리 아이들의 미래를 위해서 고민하고 좌절하고 다시 일어서기를 반복하고 있음을 목격하면 교육에 대한 희망을 버릴 수 없게 된다. 우리는 이 선생님들을 믿어야 한다. 그리고 달리 방법도 없지 않는가? 교사들이 우리의 희망이다.

* * *

선생님의 역할이 얼마나 대단한 것인지를 보여주는 이야기가 있다.

톰슨 선생이라는 초등학교 여교사가 있었다. 개학날 담임을 맡은 5학년 반 아이들 앞에 선 그녀는 아이들에게 거짓말을 했다. 모두를 똑같이 사랑한다고 말했던 것이다. 그러나 바로 첫 줄에 구부정하니 앉아 있는 작은 남자 아이 테디가 있는 이상 그것은 거짓말이다. 톰슨 선생은 그 전부터 테디를 지켜보며 테디가 다른 아이들과 잘 어울리지 않을 뿐만 아니라 옷도 단정치 못하며, 잘 씻지도 않는다는 걸 알게 되었다. 때로 테디를 보면 기분이 불쾌할 때도 있었다. 끝내는 테디가 낸 시험지에 큰 X 표시를 하고 위에 커다란 F를 써넣는 것이 즐겁기까지 한 지경에 이르렀다.

톰슨 선생님이 있던 학교에서는 담임선생님이 아이들의 지난 생활기록부를 다 보도록 되어 있었다. 그러나 그녀는 테디의 것을 마지막으로

미뤄두었다. 그러다 어느 날 테디의 생활기록부를 보고는 깜짝 놀랄 수밖에 없었다. 테디의 1학년 담임선생님은 이렇게 썼다. '잘 웃고 밝은 아이임. 일을 깔끔하게 잘 마무리하고 예절이 바름. 함께 있으면 즐거운 아이임.' 2학년 담임선생님은 이렇게 썼다. '반 친구들이 좋아하는 훌륭한 학생임. 어머니가 불치병을 앓고 있음. 가정생활이 어려운 것으로 보임.' 3학년 담임선생님은 이렇게 썼다. '어머니가 돌아가셔서 마음고생을 많이 함. 최선을 다하지만 아버지가 별로 관심이 없음. 어떤 조치가 없으면 곧 가정생활이 학교생활에까지 영향을 미칠 것임.' 테디의 4학년 담임선생님은 이렇게 썼다. '내성적이고 학교에 관심이 없음. 친구가 많지 않고 수업시간에 잠을 자기도 함.' 여기까지 읽은 선생은 비로소 문제를 깨달았고 한없이 부끄러워졌다.

크리스마스에 반 아이들이 화려한 종이와 예쁜 리본으로 포장한 크리스마스 선물을 가져왔는데, 테디의 선물만 식료품 봉투의 두꺼운 갈색 종이로 어설프게 포장되어 있는 것을 보고는 더욱 부끄러워졌다. 선생은 애써 다른 선물을 제쳐두고 테디의 선물부터 포장을 뜯었다. 알이 몇 개 빠진 가짜 다이아몬드 팔찌와 사분의 일만 차 있는 향수병이 나오자 아이들 몇이 웃음을 터뜨렸다. 그러나 그녀가 팔찌를 차면서 정말 예쁘다며 감탄하고, 향수를 손목에 조금 뿌리자 아이들의 웃음이 잦아들었다. 테디는 그날 방과 후에 남아서 이렇게 말했다. "선생님, 오늘 선생님한테서 꼭 우리 엄마에게 나던 향기가 났어요."

그녀는 아이들이 돌아간 후 한 시간을 울었다. 바로 그날 그녀는 읽기, 쓰기, 국어, 산수 가르치기를 그만두었다. 그리고 아이들을 진정으로 가르치기 시작했다. 톰슨 선생은 테디를 특별하게 대했다. 테디에게 공부를 가르쳐줄 때면 테디의 눈빛이 살아나는 듯했다. 그녀가 격려하면 할수록 더 빨리 반응했다. 그해 말이 되자 테디는 반에서 가장 공부를 잘하는 아이가 되었고, 모두를 똑같이 사랑하겠다는 거짓말에도 불구하고 가장 귀여워하는 학생이 되었다. 일 년 후에 그녀는 교실 문 아래에서 테디가 쓴 쪽지를 발견했다. 거기에는 그녀가 자기 평생 최고의 교사였다고 쓰여 있었다. 몇 년이 흘러 그녀는 테디에게서 또 쪽지를 받았다. 고등학교를 반 2등으로 졸업했다고 쓰여 있었고, 아직도 그녀가 자기 평생 최고의 선생님인 것은 변함이 없다고 쓰여 있었다. 몇 년이 더 흘러 또 한 통의 편지가 왔다. 이번에는 대학 졸업 후에 공부를 더 하기로 마음먹었다고 쓰여 있었다. 이번에도 그녀가 평생 최고의 선생님이었고 자신이 가장 좋아하는 선생님이라 쓰여 있었다. 하지만 이번에는 이름이 조금 더 길었다. 편지에는 'Dr. 테디 스토다드 박사'라고 사인되어 있었다.

이야기는 여기서 끝나지 않는다. 그해 봄에 또 한 통의 편지가 왔다. 테디는 여자를 만나 결혼하게 되었다고 한다. 아버지는 몇 년 전에 돌아가셨으며, 톰슨 선생님에게 신랑의 어머니가 앉는 자리에 앉아줄 수 있는지를 물었다. 그녀는 기꺼이 좋다고 화답했다. 그런 다음 어찌 되었을까? 그녀는 가짜 다이아몬드가 몇 개 빠진 그 팔찌를 차고, 어머니와 함께 보낸 마지막 크리스마스에 어머니가 뿌렸었다는 그 향수를 뿌렸다. 이들이 서로 포옹하고 난 뒤 이제 어엿한 의사가 된 테디 스토다드는 톰슨 선생에게 귓속말로 속삭였다.

"선생님, 절 믿어주셔서 감사합니다. 제가 중요한 사람이라고 생각할 수 있게 해주셔서, 그리고 제가 훌륭한 일을 해낼 수 있다는 걸 알게 해주셔서 정말 감사합니다."

톰슨 선생은 또 눈물을 흘리며 속삭였다.

"테디, 너는 완전히 잘못 알고 있구나. 내가 훌륭한 일을 해낼 수 있다는 걸 알려준 사람이 바로 너란다. 널 만나기 전까지는 가르치는 법을 전혀 몰랐거든."

* * *

이제 우리나라의 사례를 이야기해 보려고 한다.

어떤 아이가 어릴 때부터 살아있는 동물에 흠뻑 빠져 있었다. 이 아이의 관심은 오직 동물에 관련된 것이었기 때문에 동물과 관련된 책은 거의 빠짐없이 다 읽고 중학교에 들어가자 이미 선생님보다 더 많은 지식을 가지게 되었다. 이 아이의 꿈은 수의사나 동물을 키우는 일이었다. 고등학교에서도 그 꿈은 더 깊어지고 외국의 전문 원서까지 읽는 수준이 되었는데, 자신이 좋아하는 분야에 대해 더 많은 것을 알기 위해 원서를 읽어야 하다 보니 외국어 실력이 덩달아 올라가게 되었다. 그러나 다른 과목의 성적은 생물을 제외하고는 형편없다 싶은 정도였다. 결국 이 아이는 서울에서 상당히 먼 지방대학으로 진학하게 된다.

여기까지이면 "그래, 거 봐라. 당연하지."라고 생각할 것이다. 그러나 아직 끝이 아니다. 물론 여기까지라고 하더라도 그 아이에게는 아무런 문제도 없다. 자신이 좋아하는 생물 관련 학과로 진학했기 때문에 너무 행복한 시간을 보냈으니. 얼마 지나지 않아 대학에서 이 아이는 눈에 확 드러나게 되었다. 이미 전문학자 수준으로 성장해 있던 터라 교수들의 관심을 받게 되고 연구에 참여하게 되었다. 학교를 졸업하고 대학원을 서울의 모 유명 사립대학에 진학한 것은 물론이고 다시 우리나라 최고 대학의 대학원으로 옮겨가게 되었다고 한다. 자신이 키우는 토끼와 대화를 나눈다고 말하는 이 아이를 왕따 취급받는 이상한 아이에서 탁월한 학자로 바꾼 것은 이 아이의 관심과 열정을 읽은 중학교 때 선생님의 격려였다.

"너는 이상한 게 아니야. 너는 정말 특별해. 다른 아이들이 이해하지 못하는 것은 네가 정말 대단하기 때문이야. 너는 훌륭한 생물학자가 될 거라는 걸 선생님은 진심으로 믿는단다."

또 어느 혁신학교 선생님의 이야기도 있다.

이 선생님은 방학식 날까지 아이들과 교육활동을 계속하였다. 그 마지막 활동은 선생님이 아이들이 가장 소중하게 생각할 것 같은 것을 선물하겠다고 약속한 후 한 학기 동안 자신이 해온 것들, 그리고 그중 가장 중요하고 소중하다고 생각하는 것들로 선생님이 줄 선물을 쌀 포장을 꾸며보는 것이었다고 한다. 아이들은 한 학기동안 했던 학습의 내용을 적기도 하고 선생님 말씀 중에 소중하다고 생각되는 것을 적기도 하였다. 아이들은 서로 상의하며 무엇이 즐거웠는지 자신들이 무엇을 배웠는지 적어보기도 했다. 그리고 아주 예쁘고 정성스럽게 자신들이 받을 선물을 기대하며 포장지를 꾸몄다. 방학식 바로 전날 아이들은 선생님께 자신들만의 포장지를 제출했고 선생님은 내일 선물을 주겠다고 이야기했다.

방학식을 하는 날이 되자 아이들은 선생님이 어떤 선물을 준비했을지 두근거리는 마음을 참을 수가 없었다. 그런데 아이들이 선생님으로부터 받은 선물은 자신들의 포장지 뒷면에 넓은 은박지를 붙인 것이었다. 그것을 받아든 아이들은 처음에는 무척 실망한 듯이 보였지만 모두들 선생님의 선물의 의미를 이해하고 너무도 즐거워했다. 세상에서 자신보다 소중한 것은 없다는 것을 아이들은 가슴 깊이 새기게 되었을 것이다. 선생님이 아이들에게 주고 싶은 선물도 바로 그 자존감이었다. 다들 한 번쯤 해본 일이라고? 그러나 선생님과 아이들이라는 특별한 관계에서는 정말 특별한 일이 일어난다. 그 반에는 가정 문제로 자신감이 없고 우울증에 시달리는 아이가 있었는데 그 아이가 이 이벤트로 가장 행복해했다는 것이다. 그 아이는 평소에도 선생님이 좋았지만 이제 선생님이 너무 좋아졌다면서 학교가 행복하다고 했다며 선생님은 흐뭇해했다.

이것이 우리가 꿈꾸는 혁신학교이다. 아이들이 보호받고 안전하다고 느끼는 학교, 교문을 들어서는 순간 행복해서 미소가 저절로 흘러나오는 학교. 이런 선생님이 있는 학교에 보내고 싶지 않은가? 이런 선생님이 많은, 그런 학교를 혁신학교는 꿈꾼다. 이런 제대로 된 혁신학교를 더 만들어 가자는 것이 우리들의 바람이다. 아이들이 행복하고 선생님이 즐거운 학교, 학부모가 아이를 보내고 싶은 학교, 멀리 있지 않다. 바로 우리 옆의 혁신학교를 보라. 이런 분들로부터 우리는 새로운 에너지를 얻는다. 혁신학교를 꿈꾸며 우리가 상상했던 선생님들을 곳곳에서 만날 수 있다. 희망을 만나는 것이다. 그래서 혁신학교를 가면 신이 난다. 가슴이 뛴다.

혁신학교 선생님들 중 많은 분들이 톰슨과 똑같은 이야기를 하고 있다. 아이들이 배우는 것이 아니라 자신이 배우는 시간이었고 교사로서 새롭게 태어난 것 같다고 한다. 혁신학교가 아니었으면 아예 모르고 살았을 교사로서의 삶을 찾게 된 것에 감사드린다고. 내가 그런 감사를 받을 자격이 있는지는 모르겠지만 감동적인 순간이다. 이런 이야기를 하는 선생님들의 목소리는 떨리고 눈가에는 눈물이 그렁그렁하다. 가식적으로는 절대할 수 없는 절절한 경험을 이야기한다는 것이 마음으로 전해진다. 교사의 DNA가 그 모습을 드러내는 것이다. 교사다움이 어떤 것인지를 스스로 알아가는 모습은 다른 이들에게도 고스란히 감동으로 전해진다. 선생님은 많은 것을 하려고 하지 않아도 된다. 선생님이 아이들을 진정으로 믿고 사랑하는 마음으로 작은 것부터 정성을 다하면 아이들이 알게 된다. 그때부터 이미 아이들은 변하기 시작한다. 그리고 자신을 믿는 선생님의 기대를 저버리지 않기 위해 스스로 배우려는 의지를 보인다. 그것으로 충분하다. 선생님도 아이들도 함께 성장하기 시작한 것이다.

교사는 아이들의 인생을 바꾸어 놓을 수 있는 거대한 힘을 가지고 있다. 또 아이들이 변하는 모습은 교사의 삶을 바꾸는 놀라운 힘이 된다. 교사로서의 DNA가 형성될 때 그 힘이 드러나게 되지만 교사로서의 DNA가 하루아침에 형성되는 것은 아닐 것이다. 선생으로 살면서 많은 것들에 깨지고 무너지고 감동하는 가운데 만들어지는 것이다.

학교 밖에서 아이들을 만나라

5

배움은 관계로부터 출발한다고 강조했었다. 나의 학창 시절을 되돌아 보면 내가 좋아하는 선생님의 과목은 잘하려고 노력했고 그래서 대체로 성적이 좋았던 것 같다. 아마 대부분 다 그런 기억을 가지고 있을 것이다. 고등학교 시절 내가 가장 잘 했던 과목은 1학년 지리와 국어였다. 국어는 원래 글쓰기를 좋아하기도 했지만 시인인 국어 선생님의 터프함에 빨려들 었기 때문이다. 지리 선생님은 처녀 선생님이었는데 내가 만난 선생님 중 가장 예쁜 선생님이었던 걸로 기억한다. 선생님이 좋아서 그 과목은 다른 과목을 제쳐놓고 열심히 시험공부를 했었다. 반면에 선생님 때문에 잘하 던 과목에 완전히 흥미를 잃기도 했다. 국어가 그랬는데 2학년에 올라가 국어선생님이 다른 분으로 바뀌면서 완전히 국어를 손에서 놓아버렸다. 지금에 와서 돌이켜보면 이런 태도가 결코 바람직하지도 나에게 도움이 되지도 않았지만 그만큼 교사와 학생의 관계가 무엇보다 우선되는 중요한 토대인 것만은 분명한 사실이다.

선생님과 아이들의 사이의 특별한 기억은 그저 사제관계 이상의 끈끈 함을 만든다. 그런 기억을 만드는 좋은 방법 중 하나가 학교 밖에서 아이 들을 만나는 것이다. 학교 밖에서 아이들을 만나면 선생님도 아이들도 긴 장이 약간 늦춰지고 좀 더 편안한 관계가 된다. 선생님과 보낸 그 시간들은 아이들에게는 행복한 기억이 되고, 그 아이는 선생님과 자신이 특별한 사이가 되었다고 느끼게 된다는 것이 아이들과 밖에서 만남을 시도해본 교사들의 공통된 이야기이다.

혁신학교를 탐방하면서 많은 이야기를 듣게 되지만 하나같이 아이들과의 관계 형성의 중요성을 제일로 꼽는다. 관계 형성은 아이들을 대하는 교사의 눈빛, 말투, 관심 등 여러 가지가 도움이 되며 결정적인 역할을 한다. 그러면서도 아이들과 가까워지는 계기로 가장 많이 예로 드는 것이 동아리 활동 같은 교과 수업 이외의 활동을 함께하는 것이었다. 동아리 활동은 혁신학교에서 아이들의 자발성을 높이고 재능과 흥미를 발견하게 하는 좋은 활동으로 강조하고 있기 때문일 것이다. 교사들이 아쉬워하는 것도 있는데, 이제는 거의 사라진 가정방문이다. 일부 혁신학교에서는 관심이 필요한 학생들을 대상으로 필요하다고 판단될 경우 선별적으로 가정방문을 하기도 하지만 공식적으로는 힘든 분위기이다.

시흥의 모 혁신중학교는 특정한 수업 방법을 도입해서 전국적으로 유명한 학교이다. 수업이 가장 큰 자랑거리인 그 학교에서 내가 받은 감명은 다른 것에 있었다. 그 학교 영어선생님과 이런 저런 이야기를 나누다가 자연스럽게 학생들과의 관계로 이야기가 옮겨가게 되었다. 이제 5년차 선생님답지 않게 수업과 아이들의 성장을 위한 핵심을 꿰뚫고 있다는 생각이 들었다. 이 선생님의 원칙은 잘 듣기였다. 아이들이 가장 부족한 것은 다른 사람의 말을 경청하는 것인데, 이 점은 필자도 배움의 기본 조건으로 여러 차례 강조하였다. 아이들뿐만 아니라 선생님도 잘 들으려고 노력해야 아이들이 마음을 연다는 것을 배웠다고 한다.

공동체를 만들어가기 위해 카페도 운영하고 카톡방도 운영하지만 단시간에 강한 친밀감을 느끼게 되는 것은 아이들과 주말에 밖에서 만나서 특별한 시간을 가지는 것이었다. 이 선생님만의 특별한 프로그램은 금요일과 토요일로 이어지는 1박 2일 가정방문이다. 선생님이 아이들의 집을 방문하는 것이 아니라 아이들이 선생님의 집을 방문하는 행사이다. 평소 너무 바빠 깊은 상담을 하기 어려워서 생각해낸 방법인데 기대하지 못했던 효과를 얻고 있어서 선생님 스스로도 놀라게 되었다고 한다.

이렇게 1박 2일을 함께 지내면 선생님을 편하게 느끼고 서로 소통이 잘 되기도 하지만, 아이들의 관계에 대해 선생님이 잘 이해하게 되는 계기도 되는 장점이 있다. 임의로 대상을 정하기 때문에 반에서 친하지 않은 아이들이 함께 오게 되는 경우도 많은데 하룻밤을 같이 지내면서 관계가 맺어지고 이런 사적인 관계가 많이 형성되다 보니 반에서 큰 문제가 일어나지 않게 되었단다. 이런 일도 있었다. 학기 초에 한 아이가 우울증 때문에 밤에 잠을 못자다 보니 아침에 늦게 일어나 학교에 못 오는 날이 많았다. 1박 2일 행사에서 이 아이의 이야기를 들었던 친구들이 3주 정도 그 아이를 깨워서 등교하게 되었고, 이후 반의 모든 아이들이 그 아이를 이해하고 이제는 구성원으로서 자리를 잡고 학교도 잘 다니게 되었다.

아이들의 변화는 수업의 변화로 이어진다. 관계가 형성되면 아이들은 마음을 열게 된다. 그리고 이것이 공동체라는 의식으로 발전하면서 서로 존중하고 기본적인 것을 지키게 되니 수업에 몰입하는 아이들이 늘어난다. 선생님과 아이들의 관계의 변화, 아이들 서로 간의 관계의 변화는 아이들을 진정한 배움의 길로 이끈다. 여기에 그 선생님의 핵심을 찌르는 말이 이어졌다. "아이들은 변해야 하지만 억지로 변화시킬 수는 없어요. 스스로 변화할 수 있도록 격려하면서 함께하는 것이 교사의 역할이라고 생각합니다."

* * *

나에게도 그런 선생님이 계셨다. 고등학교 시절 집안 사정으로 한때 좌절하고 방황하면서 공부에 흥미를 잃게 되었다. 아무런 준비도 없이 고3을 맞자 눈앞이 깜깜했다. 발등에 불은 떨어졌지만 그동안 너무 오래 공부를 손에서 놓은 터라 어디서부터 시작해야 할지 막막하기만 했다. 그때 엄청난 충격을 주는 말을 바로 담임선생님으로부터 듣게 되었다. 학기 초에 상담을 했는데 그냥 답답하다는 듯이 나를 쳐다보고 계신 선생님의 침묵이 너무 부담스러워서 "열심히 하겠습니다."라고 어렵게 말을 꺼냈다. 그러자 선생님은 "열심히 한다고 되겠냐? 야간자율학습 안 해도 되니까 다른 친구들 방해나 하지 마라." 그 말에 나는 얼어붙을 수밖에 없었다.

섭섭하거나 억울한 감정이 아니었다. 선생님이 의도했든 아니든 간에 그것은 나의 오기를 자극했다. 그러나 그것만으로 되는 것은 아니었다. 고3에 닥쳐서 공부를 한다는 것은 난관의 연속이었다. 그런 가운데에도 좌절하지 않을 수 있었던 것은 일주일도 못갈 거라고 생각했던 내가 포기하지 않고 자리에 붙어 앉아서 열심히 하자 선생님이 남다른 관심을 보여주었기 때문이다. 어느 날 야간 자율학습을 마치자 선생님이 부르시더니 오늘 집사람이 친정에 갔는데 우리 집에 가자는 것이었다. 얼떨결에 선생님에 이끌려 선생님 댁으로 갔는데 손수 라면을 끓여주시고 다음날 아침에 도시락까지 챙겨주신 것을 지금도 잊지 못한다. "지금이 제일 힘든 고비다. 이때만 잘 넘기고 지금 페이스대로만 가면 좋은 결과가 있을 거야."라는 한 마디를 하시고 방으로 들어가시던 무뚝뚝한 그 모습은 지금도 잊을 수 없는 소중한 기억이다. 선생님으로부터 특별한 관심을 받는다는 느낌은 나를 더 채찍질했고 버텨 나갈 수 있는 힘이 되었다.

*　*　*

내가 대학에 자리를 잡고 학생들의 선생이 되고 나서 매년 한두 번씩 나의 학생들을 잔뜩 데리고 집으로 가는 것이 연례행사가 되었던 것도 바로 그 선생님의 가르침 덕분이다. 집에 아껴둔 양주를 몇 병만 풀면 나는 학생들에게 거의 신이 된다. 학교 앞 지하철역에서 포장마차에 있는 제자들과 어울리는 것이 삭막하기만 한 교수와 학생 간의 관계를 바꾸는 특효

약이다. 그런 소문은 금방 아이들 사이에 퍼진다. 이렇게 사적인 관계를 맺은 학생들은 내 수업에 거의 빠지지 않는다. 학생들이 바뀌는 것을 수없이 보면서 늘 자신을 다그치게 된다. 내가 나태해져서 학생들의 이름을 기억하지 못하고 그 아이와의 사적인 경험을 기억하지 못하면 그 아이는 나로부터 멀어지고 그것은 배움으로부터 이탈을 의미한다.

수업은 기술이나 기법이 아니다. 교육 내용을 고민하라!

6

교사의 역할은 이렇게 중요하고 많은 사람의 인생을 바꿀 힘을 가지고 있다. 전통주의적 교육관에서 교사의 역할이 아이들에게 지식을 어떻게 잘 전수할 것이냐에 초점을 맞추었다면, 이제는 아이들이 어떻게 스스로 생각을 키워 나가고 협력적으로 문제를 해결하는 경험을 하도록 할 것인가에 중점을 두어야 할 것이다. 그래서 어떤 이들은 수업을 종합예술이라고도 하고, 수업은 교사와 아이들이 만들어가는 공동 작품이라고도 한다. 교사의 원맨쇼가 아니라는 것이 중요하다.

수업이 기술이 아니라는 의미는 교사의 화려한 말솜씨, 다양한 자료 준비나 머릿속에 쏙쏙 박히도록 전달하는 기법이 핵심이 아니라는 말이다. 수업은 어떻게 아이들이 자신의 생각으로 지식을 이해하고 사고를 키워나갈 수 있도록 할 것인지에 초점을 둔 잘 짜진 교육과정과, 탐구와 협력적 배움이 가능한 수업을 기획하는 교사의 열정, 그리고 매순간 아이들에 대한 세심한 관찰과 사고를 자극하는 교사의 역할로 채워져야 하기 때문이다.

혁신학교가 정착되면서 이제는 일반학교에서도 수업에 대한 관심이 높아지고 있다. 긍정적인 변화가 시작된 것으로 보아야 할 것이다. 그런데 막상 수업을 바꾸려고 마음먹었어도 어떻게 해야 하는지 막막해서 선뜻 시도하지 못하는 것이 현실이다. 상당수가 다른 교사들의 좋은 수업사례를 그대로 따라 하곤 한다. 이런 경우는 그 좋은 수업의 알맹이는 다 사라지고 절차와 형식만 남는 껍데기가 되기 십상이다. 거창한 계획이나 이론보다 작은 것부터 실천하는 노력부터 시작하라고 권하고 싶다.

앞서도 교사와 학생의 관계를 강조했듯이 배움이 일어나기 위한 선행조건은 아이들이 배울 준비가 되는 것이다. 아이들이 편안하고 행복한 마음을 가질 때 가능해지는 것이며 그 조건은 학교와 교사가 아이들을 배움의 주체로 이해하고 함께 성장하는 공동체의 일원이라는 생각을 가질 때 비로소 갖추어진다. 이것은 관계의 중요성을 의미하는 것이기도 하다.

이런 기본적인 교실의 조건이 갖추어지면 이제 교육목표를 설정하고 이를 달성하기 위한 내용, 학습방법을 결정하기 위한 교사의 교육적 고민이 요구된다. 교육과정을 재해석하고 어떤 내용으로 교육과정에서 추구하는 교육내용과 성취기준을 달성하는 학습이 이루어지도록 할 것인지는 오롯이 교사의 몫이다. 주어진 교과서의 내용을 기계적으로 전달하는 것이 아니라, 교사용 지도서나 다른 우수한 수업사례의 절차를 그대로 따라가는 방식의 수업이 아니라, 자신만의 수업을 만들어갈 때 아이들에게 진정한 배움이 일어나게 된다. 아무리 좋은 수업 방법이라고 해도 그것을 그대로 따라 하기만 하는 것으로는 좋은 수업을 만들 수 없다. 학교마다의 여건과 환경이 다르고 같은 내용으로 수업을 한다 해도 지식이나 학습관이 다르면 전혀 다른 결과를 가져오기 때문이다.

교과서의 내용을 그대로 전달하는 수업에 대한 비판에 대해 의아할 수도 있을 것이다. 이렇게 생각하면 된다. 교과서는 교육과정을 기반으로 학습에서 다루어야 할 내용들을 압축한 것이다. 압축은 전달의 수월성과 효과의 극대화를 위해 유용한 수단이다. 그러나 압축된 표현은 한편으로는 피상적 지식과 오해, 또는 잘못된 지식을 낳는 원인이 되기도 한다. 이러한 오류를 피하기 위해서는 자세한 설명이 필요한데 이런 경우 전달해야 할 정보의 양이 크게 늘어나며 지식의 폭이 좁아지는 문제가 생긴다. 교과서의 문제가 바로 이런 것에 있다. 제한된 시간 동안 인간으로서 알아야 하고 갖추어야 할 많은 것을 담으려 하다 보니 내용을 압축할 수밖에 없고 이로 인해서 피상적인 지식이나 잘못된 이해를 낳게 되는 것이다. 학교에서도 교과서에 압축된 내용에 대해 자세히 설명하기보다는 빠른 시간 내에 그 내용들을 전달하기에 급급하므로 제대로 된 깊이 있는 이해로 이어지기 힘들다. 이것이 교과서만을 절대라고 생각하고 교과서 진도 나가기에 몰두하는 학습의 한계이다.

교사가 교육과정에 대한 깊은 사유를 하고 어떤 내용으로 교육목표를 달성할 것인지를 고민해야 하는 이유는 이런 과정이 학습을 체계적이고 통합적으로 이루지도록 하여 배움의 질을 높일 수 있기 때문이다. 예를 들어 요즘 높은 호응을 얻고 있는 독서토론을 수업에 도입한다고 해보자. 한 학년 동안 몇 권의 책을 학생들이 읽어야 하는지를 결정하는 것은 어렵고도 중요한 문제이다. 일 년 동안 학생들이 제대로 읽을 수 있는 책의 수는 제한적일 수밖에 없기 때문이다. 독서토론이 좋다니 모든 교과에서 독서토론을 하면서 각 교과마다 책을 선정한다면 학생들에게 책을 읽는 자체가 엄청난 부담이 될 수 있다. 설령 읽는다 하더라도 깊이 있는 독서가 되지 못할 것이다. 이러한 문제는 전체 교사들이 함께 모여 여러 교과에서 공통으로 활용할 수 있는 책을 선정하고 이것을 효과적으로 활용하기 위한 교육과정을 기획할 때 해결될 수 있다.

독서토론 수업을 진행하기 위해 어떤 책을 선정하는 것이 다양한 교과의 특성을 만족할 수 있을 것인지에서부터 각 교과별 역할에 대해서 협의하고 조정할 때 독서토론의 교육적 효과를 배가시킬 수 있다. 예를 들어 국어과에서는 책 읽기, 토론 후 작업으로 쓰기, 다른 교과에서는 내용이나 주제에 대한 토론을 각 교과를 중심으로 진행하는 방법 등이 있겠다.

학교교육에서 교과의 목표는 각 교과에서 얻어야 할 핵심적인 지식을 창의적으로 내면화할 수 있도록 다양한 자료와 탐구방법을 활용해 교육

내용을 구성하고, 이를 평가할 수 있는 창의적 평가 시스템을 만드는 것이다. 그러나 이러한 작업은 한 교사나 한 교과, 한 학년의 노력만으로 이루어질 수도 없거니와 시도한다고 해도 제대로 된 배움이 일어나게 하기가 힘들다. 왜냐하면 교육과정에서 통합적이고 심화된 사고를 하게 만들기 위해서는 고전이나 예술작품뿐만 아니라 전통과 문화 같은 다양한 내용요소를 활용하고, 체험과 실천이 이루어지도록 독서토론, 프로젝트수업, 창의적 체험활동 같은 다양한 수업 방법을 실천해야 하는데, 이때 직면하는 여러 가지 어려움과 문제는 학교 전체의 차원에서 접근하지 않으면 해결되지 않기 때문이다. 학부모가 그 취지를 이해하고 과제로 주어지는 독서를 심도 있게 진행할 수 있도록 협력한다면 더 높은 효과를 얻을 수 있다.

구체적인 수업모델에 대해 할 말도 있다. 한때 경기도교육청의 혁신학교 모델로 오인되었던 배움 공동체수업에 대해서도 비판적 접근이 필요하다. 물론 배움 공동체수업이 아이들을 잠에서 깨우고 협력적인 학습이 가능하도록 한 긍정적인 측면도 있지만, 잘못 이해되어 하나의 틀로 여겨지면 교육내용이 아닌 기법으로 받아들일 부작용이 적지 않다. 가장 큰 문제는 진정한 협력의 의미에 대한 오해를 낳았다는 것이다. 진정한 의미의 협력은 잘하는 아이가 못하는 아이를 가르쳐주고 함께 나가도록 기다려주는 것이 아니다. 그것은 희생이지 협력이 아니다. 잘하는 아이도 협력 속에서 스스로 성장하는 경험을 할 수 있어야 진정한 협력이 지속될 수 있다. 동료에게 더 잘 배울 수 있다는 것을 강조하지만 잘하는 아이가 교사를 대신해서 다른 친구를 가르치는 또 다른 수동적인 학습의 모습일 수 있다. 그래서 모둠을 잘하는 아이와 뒤떨어지는 아이로 구성하고 모든 모둠에 리더를 두는 방식은 진정한 협력이 아니라 필연적으로 희생과 의존을 낳게 되는 결과를 초래한다. 누구나 상대에게 도움이 될 때 진정한 협력이라 할 수 있으므로 진정한 배움으로 나아가기 위해서는 이런 한계를 극복해야 한다.

교사와 아이들이 창조하는 새로운 수업

7

내용이나 형식적 방법과 더불어 수업 기획에서 중요한 것은 수업 운영에서의 교사의 역할이다. 교사가 수업을 주도하든 학생들이 주도하든 협력적 관계를 중심으로 하든, 교사가 아이들의 배움이라는 확고한 목표의식과 방향성을 가지고 임할 때 그 수업은 가치가 있다. 교사의 역할에서 핵심적인 것을 정리하면 의문(질문)을 갖도록 만들기, 다양한 의견을 공유할 수 있는 분위기 조성(경청과 협력 문화), 지적고뇌(배움의 희열) 던지기 등이다.

배움중심수업에서도 강조하고 있지만 진정한 배움은 상식이라고 알고 있고 당연하다고 여겨지는 모든 것에 의문을 가지고 의심하는 자세에서부터 시작된다. 이렇게 사물과 현상에 대한 의문을 통해 자신만의 독특한 시각으로 세상을 이해하는 것이 '비판적 사고' 또는 '성찰적 사고'이다. 진정한 배움을 위해 비판적 사고는 필수적으로 수반되어야 한다.

지금 우리의 학교는 해답을 찾는 방법과 암기하고 특정문제에 숙달된 아이들을 길러내는 데 그 초점이 맞추어져 있다. 비판적 사고와는 거리가 먼 학습을 하고 있는 것이다. 비판적 사고를 통해 진정한 배움에 도달하기 위해서는 교사가 비판적 사고를 이해해야 한다. 비판적 사고가 중요한 이유는 반복적 문제풀이와 암기식 학습은 이미 경험한 문제의 해결에는 유용하지만 새로운 문제에 직면하면 쓸모가 없는데 반해, 비판적 사고를 통한 학습은 수많은 낯선 문제에 효과적인 해답을 찾을 수 있게 만들기 때문이다.

모든 것에 의문을 가지라고 한다고 해서 비판적 사고가 단순히 사고를 많이 하는 것을 의미하지는 않는다. 자신을 둘러싼 문화와 성장과정에서 영향을 받은 고정관념을 스스로 인식하고, 자신의 신념조차 끊임없이 정제되고 수정되며 완성되어가야 할 대상이어야 한다. 비판적 사고의 핵심은 회의적 태도를 수용하는 것인데, 회의적 태도란 부정적 입장을 무조건 고수하는 것이 아니라 자신 앞에 제기된 주장들에 대해 의문을 제기하고 판단을 섣불리 하지 않음으로써 정당하지 않을 수 있는 주장들을 무작정 수용하기 전에 그것들을 이해하는 것에 시간을 할애하는 태도이다. 이런 태도로부터 고정관념, 관습, 전통 같은 권위에 도전하는 힘과 지적인 절제력, 생각을 명확하게 표현하는 능력을 기르고, 자신만의 고유한 시각과 입장을 형성하게 된다. 따라서 교사는 끊임없이 의문을 제기하고 권위에 도전하도록 자극하는 역할로 아이들의 비판적 사고를 키워가야 한다. 심지어 교사 자신의 권위에 도전하는 것도 즐길 수 있어야 한다.

비판적 사고를 통해서 우리는 맥락이 있는 상상력을 기를 수 있는 능력을 갖추게 되는데, 이것을 '창의성'이라고 정의할 수 있다. 맥락이 있는 상상력이란 현실에 기반을 둔 새로운 생각이다. 이 새로운 생각은 현실에 존재하는 서로 다른 생각들의 경계에서 발생한다. 물질세계에서도 서로 다른 물질들이 만날 때 그 사이에 경계면이 생긴다. 이 다르다는 것은 본질적인 차이만을 의미하지 않는다. 같은 물이라도 흐르는 속도가 다른 물줄기들이 만나면 역시 경계면이 생긴다. 그 경계면에서 새로운 현상이 생겨난다. 소용돌이가 생기기도 하고 균열이 생기거나 때로는 신기한 소리가 나기도 한다. 다양한 생물들은 서로 만나는 곳에서 공생하기도 하고 한 생물이 다른 생물의 먹이가 되기도 한다. 생각이 다른 사람들끼리 만나면 또다시 새로운 생각들이 생긴다. 문화적 배경이 서로 다른 사람들이 어우러져 사는 곳에 가면 독특하고도 다양한 문화들이 새롭게 창출되는 것을 본다. 모두가 경계에서 발생하는 현상들이다.

낯설고 새로운 것들을 접하게 될 때 우리 내부에 생각의 경계가 형성된다. 예술교육이 중요한 이유는 예술작품들은 전혀 생각하지 못했던 상황들을 머릿속에 그리고 상상하도록 만들어서 생각의 경계를 생성하고 새로운 발상의 단초를 제공하기 때문이다.

새로운 발상을 하거나 창조적인 생각을 하기 위해서는 늘 경계에 서는 훈련이 필요하다. 생각의 경계를 넓혀가기 위해서는 나와 다른 것에 대해 열린 태도와 새로운 것을 받아들이려는 자세가 필요하다. 새로운 것을 받아들이기 위해서는 생각의 경계면을 늘 잘 벼려두어야 한다. 생각의 경계면을 맑고 깨끗하고 날카롭게 유지하는 것이 새로운 생각들을 만나고 경계를 확장할 수 있는 길이다.(김성호, 《생각의 경계》, 한권의책, 2014)

이것은 다양성의 중요함을 일깨워준다. 공부를 잘하고 못하고 간에 다양한 배경에서 성장한 아이들의 다양한 생각을 모을 때 새로운 발상이 나올 수 있다. 이런 경험이 중요한 이유는 아이들에게 어떤 의견이든 자유롭게 말할 수 있는 자신감을 심어주고 서로의 생각을 존중하는 문화를 만들어가게 된다는 점이다. 모두가 소중한 존재라는 의식을 자연스럽게 형성하게 되고 협력의 가치를 이해해가는 과정이 된다.

교사의 역할은 모든 학생들이 자유롭게 의견을 표출할 수 있도록 세심하게 관찰하고 조절하는 것이다. 우리 교실의 문제는 누군가의 의견에 대해서 너무 쉽게 힐난하는 것이 허용된다는 점이다. 특히 자신과 다른 의견을 가진 친구의 생각에 대해 더 심해지곤 하는데 경청의 문화가 없기 때문이다. 경청의 문화를 만들기 위해서는 누구나 자신의 생각을 표현하는 것이 안전하고 당연한 일이라고 느낄 수 있도록 교실의 분위기를 만들어야 한다. 교사가 해야 할 중요한 일이다.

다양성의 가치에 대한 경험은 협력의 중요성을 이해하는 것으로 나아간다. 함께 문제를 해결해 나가는 것이 자신에게 도움이 된다는 것을 알게되는 것이다.

* * *

얼마 전 중2에 관한 다큐멘터리를 본 적이 있는데 아이들이 둘씩 짝지어서 통나무를 들고 그 위를 한 명씩 건너서 맞은편에 적어둔 자기의 꿈을 찾아가는 것이었다. 처음에는 버티지 못하고 무너지기도 하고 자신의 머리를 잡으려는 아이를 피하다가 통나무를 건너던 아이가 떨어지기도했다. 협력하지 않으면 안 된다는 것을 깨달은 아이들은 점차 서로 협력하게 되는데 가장 뚱뚱한 아이가 건널 차례가 되자 모두가 긴장하는 모습이었다. 그런데 이 아이까지 무사히 잘 건너 자신의 꿈을 찾아가자 모두가자기 일처럼 너무 기뻐해주었다. 누구도 감당하지 못한다는, 세상에서 제일 무서운 중2가 말이다. 그 통나무를 건넌 아이들의 소감은 우리를 반성하게 한다.

"아이들이 통나무를 놓칠 줄 알았는데 버텨줘서 믿을 수 있구나 하는마음이 생겼어요. 믿을 수 있는 사람들이 있으니까 좋았어요."

* * *

우리 아이들은 이렇게 믿고 함께할 수 있는 사람을 간절히 찾고 있었던 것은 아닐까? 이 아이들에게서 왕따가 사라지고 서로 협력하는 문화가생겨난 것은 너무도 당연해 보인다.

당근과 채찍의 환상에서 벗어나라

아이들의 흥미유발과 동기부여에 관한 오해도 수업에서 교사들이 경계해야 할 점이다. 인간은 본능적으로 동기가 유발되어 있는 상태이다. 이것은 애플과 구글을 컨설팅한 동기 유발 전문가인 수전 파울러의 이야기이다. 아이들도 이미 배우려는 동기 부여가 되어 있다. 걸음마를 배우는 아이를 보면 넘어지고 또 넘어져도 다시 일어서서 걸음을 떼게 되는 것은 그 누가 동기를 부여해서가 아니다. 어린 시절부터 본능적으로 가지고 있던 그 동기를 억누르고 좌절하게 하는 것이 학교와 학부모들이라면 매우 불행한 일이다. 학교와 부모의 잘못된 대응으로 인한 부작용뿐만 아니라 우리가 일반적으로 바람직하다고 생각해온 보상과 부적절한 칭찬이 아이들의 동기를 꺾는 요인이 되고 있다는 사실을 인지해야 한다.

1960년대 말 미국에서 이루어진 '소마(Soma) 퍼즐 실험'은 잘 알려진 실험이다. 돈이라는 외부 보상보다 조건 없이 퍼즐 자체의 즐거움에서 유발된 동기가 더 뛰어나고 지속적인 성과로 이어졌다는 얘기다.

* * *

영화 《머니 볼》의 실제 인물은 미국 메이저리그 오클랜드 어슬레틱스 단장인 빌리 빈이다. 촉망받던 선수였던 그는 순전히 돈에 끌려 고교 졸업 후 뉴욕 메츠에 입단했지만 금전에 따른 동기유발은 오래가지 못했다. 결국 별다른 두각을 나타내지 못하고 여러 팀을 전전하다 초라하게 은퇴한다. 하지만 지도자로서는 다른 모습을 보여줬고 '머니볼' 이론(선수 모집 육성에 통계학을 접목한 독창적 이론)으로 가난한 만년 하위팀 오클랜드를 정상권에 올려놓았다. 이런 그에게 다시 유혹이 찾아왔다. 명문 구단 보스턴 레드삭스가 당시로선 야구 역사상 최고 수준의 연봉과 인센티브, 전용기까지 제안한 것이다. 그러나 빌리 빈은 이를 단칼에 거절했다.

"내 인생에서 단 한 번 돈 때문에 결정을 내린 적이 있었소. 그 후 나 자신한테 다시는 그런 짓을 하지 않겠다고 맹세했소."

*   *   *

이렇게 사람은 금전적인 보상이나 명성에 이끌려 행동하지 않는다. 오히려 압박이나 강요 같은 '채찍'이나 물질적 보상과 칭찬 같은 '당근' 모두 동기 유발을 이끌어내는 데는 독(毒)이다. 동기는 가치관이나 숭고한 목적, 흥미와 관심 등에 의해 유발된다. 아이들에게도 '왜?'라는 이유가 납득되고, 그것이 소명으로 연결될 때 진정한 동기가 생겨나는 것이다.

또 동기는 재미와 즐거움만을 추구하는 것에서 나오진 않는다. 글을 쓸 때도 혼신의 노력과 고통이 따른다. 즐거운 글쓰기란 없다. 그런 고통을 깨고 나올 때 희열과 행복감을 느끼게 된다. 그 행복을 알 때 동기가 생겨나고 제대로 된 배움이 일어난다. 아이들을 어떻게 하면 지적 고뇌로 괴롭힐까를 고민하는 것도 수업에서 해야 할 교사의 중요한 역할이다. 수업에 아이들이 의문을 가지고 스스로 탐구해 나가는 과정에서 배움이 일어날 수 있기 때문이다.

수업에서 교사가 하는 일이 많아질수록 아이들이 할 일은 없어지고, 교사가 말을 많이 할수록 아이들은 말이 없어진다. 배움이 일어날 기회역시도 점점 줄어들게 된다. 그렇다면 배움을 위한 교사의 역할은 무엇일까? 가만히 지켜보는 것이 교사의 역할일까? 아이들이 수업을 주도적으로 이끌어가는 것이 중요함에도 교사가 존재해야 하는 이유는 아이들의 배움을 들여다보고 더 높은 단계로 발전할 수 있도록 적절한 개입을 해야 하기 때문이다. 아이들 스스로 한 단계 더 높은 점프를 하기는 쉽지 않다. 어느 정도 의문이 해소되면 스스로 만족하고 더 이상 나아가기 어렵게 된다. 이때 교사는 더 깊은 질문을 던지고 아이들의 머릿속에 갈등을 만들어야 한다. 도전할 수 있는 과제를 던지고 그것을 성취해가는 경험을 하도록 하는 것이 교사의 중요한 역할이다.

이때 아이에게 주어지는 도전의 수준은 적절해야 한다. 너무 쉬운 도전은 아이들의 흥미를 잃게 하고 너무 어려운 도전은 아이들이 지레 포기하도록 하기 때문이다. 교사의 무신경이나 과욕이 아이들을 학습으로부터 멀어지게 하는 이유가 바로 여기에 있다. 아이들의 자신감과 효능감은 작은 도전의 성취로부터 얻어진다. 너무 어렵게 생각하거나 아이들의 성취를 하찮게 여겨서는 안 된다. 그리고 이런 것들을 수업을 통해서 경험하는 것이 아이들을 배움에 몰입하게 하는 가장 효과적인 길이다. 이런 경험들은 나중에 중요한 기억이 되어서 하나하나 작은 것을 성취해가면서 커다란 목표에 도달해가는 힘이 된다.

또 하나 교사에게 요구되는 가장 중요한 덕목은 '기다림'이다. 요즘 학교에서는 진로교육을 강조한다. 그러나 아이들은 자신이 무엇을 좋아하는지 무엇을 하고 싶은지 잘 알지 못한다. 이런 저런 검사를 해보고 너는 이런 특성을 가지고 있고 어떤 직업이 맞을 것이라고 말해 줄 수는 있지만, 그것이 그 아이가 자신의 진로에 대해 확신을 갖도록 하지는 못한다. 어른인 우리도 자신이 무엇을 하고 싶은지 잘 모르지 않는가? 아이들은 아직 여러 가능성을 탐색해야 할 때이다. 물론 일찍부터 가능성과 관심을 드러내는 아이들도 있지만 적어도 중학생 이하에서는 가지를 뻗치기보다는 뿌리를 잘 내려야 할 때이다. 여러 가지를 흡수하고 튼튼하게 자리 잡아가는 시기로 보고 기다려주는 든든한 버팀목 같은 교사가 필요하다. 그 아이들이 어떻게 성장하고 가능성을 드러낼지는 누구도 알 수 없는 일이기 때문이다. 학교와 교사에게 요구되는 역할은 바로바로 눈에 보이는 효과를 얻는 것이 아니다. 어디까지 데려다주는 교육이 아니라 기다려주고, 아이들이 가다가 넘어졌을 때 스스로 일어날 수 있는 힘을 길러주는 교육이 되어야 한다.

이렇게 정리해 놓고 보니 교사의 역할이 참 쉽지 않다는 생각이 든다. 교사들에게 정말 어려운 일을 감당하도록 강요하고 있는 것은 아닌가 하는 미안한 마음도 든다. 교사는 그만큼 중요한 역할을 하고 있는 사람들이기 때문이기도 하거니와 교사만이 이런 일들을 할 수 있기 때문이기도 하다. 그것이 우리가 교사를 믿어야 하는 이유이고, 충분히 이런 일들을 감당할 수 있는 전문성이 우리나라의 교사들에게 있다고 믿는다.

교사는 전문가다!

9

교사는 전문가이다. 이 말에는 많은 의미가 담겨 있다. 전문가에 걸맞은 존중과 대우가 있어야 한다는 말이기도 하지만 전문가다운 행위와 책임을 요구하는 말이기도 하다.

그런데 우리의 현실은 교사를 전문가라고 부르면서, 실제로는 전문가답게 살지 못하도록 강요하고 있다. 국가와 교육청이 정해 놓은 틀 속에서 교사의 자유로운 생각이 숨 쉴 공간은 없다. 국가가 만든 교과서를, 또는 국가가 검사하거나 인정한 교과서를 교사는 선택해야 한다. 교육과정을 학교 단위에서 자율적으로 운영하라는 것이 최근 교육과정의 방향이라고 이야기하지만 이 말을 믿는 학교와 교사는 없다. 사사건건 교육부와 교육청이 지침과 컨설팅이란 이름으로 관여하고 통제한다. 이런 문화에서 교사들이 전문가로 살아가는 것은 꿈같은 이야기이다. 교사가 자율적으로 교육하지 못하는 교실에서 자율적이고 창의적인 아이들이 나오는 것을 기대하는 것은 숲에서 물고기를 기다리는 것과 같은 일이다.

교육과정을 만드는 과정에서도 교과서를 집필하는 과정에서도 교사들은 형식적으로만 참여하고 보조적인 역할을 할 뿐이다. 그러다 보니 초중등교육에서 어떻게 충실한 교육이 이루어질 수 있도록 할 것인지보다는 학문적인 관점에서 필요한 지식들을 나열하는 형태로 교육과정과 교과서가 만들어지고 있다. 이런 시스템이 심각한 문제를 드러내기도 했지만 여전히 바뀔 전망은 보이지 않는다. 최근에 벌어졌던 문제는 교육과정이 자주 바뀌는 가운데 초등학교 역사를 6학년에서 5학년으로 옮기면서 6학년에서 역사를 배우지 못하는 연령대의 아이들이 생겼다. 교육과정에 구멍이 생기는 어이없는 일이 발생한 것이다. 그런데도 최근에 전년도 5학년 교과서 내용이 다시 6학년에 똑같이 실리는 일이 벌어졌다. 현장 교사들을 중시하지 않는 문화가 원인이다.

실제로 우리나라 교사들의 수준은 세계 최고이다. 교대나 사대에 진학하는 학생들의 고등학교 성적은 다른 나라에서 부러워하는 수준이고, 거기다 바늘귀 통과에 비교될 정도로 어려운 임용고시라는 경쟁을 뚫고 선발된 우수한 집단임은 누구도 부정할 수 없다. 오랜 기간 동안 수동적인 삶을 강요당하고 통제와 지시에 짓눌려서 자신들이 전문가로서의 역할을 해야 한다는 의식은 희미해졌지만 그 자격은 충분하다. 실제로 교사들이 현장에서 보여주는 교육과정 해석 능력과 수업에 대한 놀라운 아이디어는 전문가로서의 자질을 여실히 드러내는 증거이다.

혁신학교와 혁신교육을 제대로 성공시키기 위해서는 교사가 핵심이다. 교사가 제대로 취지와 방향에 공감하고 자발적으로 나서주지 않았다면 지금까지의 혁신학교의 성공은 불가능했다. 이것은 분명한 사실이다. 그리고 앞으로 혁신학교의 내실화와 발전도 교사에게 달려 있다고 나는 확신한다. 혁신학교의 성공을 위해서는 교사를 전문가로 인정하고, 그에 걸맞은 대우와 책임을 동시에 요구해야 한다고 판단했다. 그래서 나온 것이 경기도교육청만의 독특한 교사전문성 신장 프로그램인 NTTP 사업과 행정실무사의 전 학교 배치이다. 이 두 가지 사업 모두 필자가 직접 기획하고 주관했던 사업이다.

다른 사람들은 학교에서 가장 중요한 사람은 교장이고, 교장이 변하지 않으면 학교가 변하지 않는다고 했지만 나는 생각이 달랐다. 최우선 순위는 교사들의 마음을 얻는 것이다. 교사들이 동참하겠다는 마음을 내지 않으면 성공할 수 없는 일이라고 생각했기 때문이다. 교장선생님들을 변화시키는 것은 긴 호흡이 필요한 일이었다. 그래서 그것은 마지막 수순으로 남겨 두었다. 혁신학교의 성공을 위해서는 교사를 아이들 곁으로 돌려보내야 한다는 확고한 신념이 우리에게 있었다. 그럼 선생님들이 아이들 곁에 있지 어디 딴 데 돌아다니냐고 반문할지 모르겠지만 몸만 곁에 있다고 함께 있는 것은 아니다. 행정업무를 처리하느라 컴퓨터에 코를 박고 아이들이 등교하는데도 눈길을 마주칠 겨를도 없는 교사들, 수업시간에도 울려대는 메신저 소리에 아이들을 팽개쳐두고 문서작성 기한에 쫓기는 교사들, 수업이 끝나도 아이들 상담보다는 밀린 업무 정리에 허덕이는 교사들. 이런 교사들이 과연 아이들 곁에 있다고 할 수 있을까?

이런 구조적인 모순을 먼저 해결하지 않으면 교사가 아이들에게 집중하고 아이들 하나하나를 보살핀다는 것은 불가능한 일이다. 그래서 행정실무사라는 이름으로 교사들의 행정업무를 전담해서 처리하는 인력을 일시에 모든 학교에 배치하는 일을 과감하게 한 것이다. 단일 사업에 무려 700억이 들어가는 선례가 없었기 때문에 모두가 놀랐다. 그리고 의회에서도 무리한 일이니 시범적으로 배치해보고 확대하자고 반대하는 것을 간곡히 설득했다. 이미 혁신학교에서 시범적으로 해본 일이고 교사들의 만족도는 물론이고 학부모의 만족도도 높아졌다는 자료로 무사히 예산이 통과되었다. 실제로 실시한 결과는 기대 이상이었다. 대부분의 교사들이 그제야 마음을 열고 혁신학교의 취지와 진정성을 이해하기 시작했다. 그러나 교사들을 편하게 하려고 그 많은 예산을 들인 것은 아니다. 더 이상 도망칠 핑계를 없애기 위해서 한 일이다. 이제는 업무 때문에 아이들에게 집중하는 것이 어렵다고, 수업을 제대로 배움으로 채우는 것이 어렵다고 변명하지 못하게 하기 위해서였다. 교사들에게 더 많은 것을 얻어내기 위해서 한 일이다.

그러나 교사들에 요구만 한 것은 아니다. 그것이 바로 NTTP를 하는 이유였다. 교사를 전문가로 인정하고 전문가답게 살아가도록 하자는 것이 NTTP의 취지이다. NTTP는 교사들의 전문성을 스스로 키워가고 그 전문성을 학교교육에 활용하는 것을 목적으로 한다. 교과교육연구회를 강화하고, 교사들의 학습연구년을 지속적으로 확대하고, 각 학교마다 학교교육을 함께 고민하는 배움과 실천의 공동체를 만들고, 학교가 자신들의 좋은 프로그램을 다른 학교와 교사들에게 퍼뜨리는 연수원학교까지 크게 이렇게 네 가지 사업으로 이루어졌다.

교사들의 지성이 모이는 것은 교과별 모임인 교과교육연구회이다. 한 동안 원래의 취지를 무색하게 하는 몇몇 사람들의 친목모임 성격으로 변질되어 비판을 받게 되었었는데, 이에 예산 지원을 아예 끊어버리는 강수를 두었다. 그러자 여기저기서 민원과 항의가 들어왔다. 그래서 제대로 운영하는 것을 방침으로 다시 새롭게 재편하기로 하고 예산을 기존의 두 배로 늘렸는데, 거기에는 조건이 있었다. 교과교육연구회가 교사 전문성의 핵심이 되도록 하는 것이었다. 자신들의 교과와 관련된 교사직무연수를 담당하고 교육과정 기획과 교과서 집필까지 할 것을 요구했다. 이전 운영방식을 생각하면 엄청난 일이었다. 방학 때 한 번 모여서 워크숍 명목으로 친목여행을 하고 자료집만 만들던 것에 비하면 할 일이 몇 배로 늘어난 것이다. 그런데 교사들은 그것을 두려워하거나 불만스러워 하지 않고 오히려 반겼다. 자신들이 주도적으로 이런 일들을 할 수 있도록 해준 것이 처음이었기 때문에 자긍심이 넘쳐났다.

그해 방학 때 실시한 교과교육연구회 주관 교사직무연수는 최대 규모의 태풍이 부는 악조건에서도 중도 탈락자 없이 성공적으로 마치게 되었다. 경기도 전역에서 선생님들이 모였다는 것을 생각하면 쉽지 않은 일이었다. 이 연수를 준비하면서 연수의 교육과정과 강사도 모두 교과교육연구회가 주관하도록 하고 반드시 현장교사가 강사의 80%를 넘도록 했다. 어떤 연구회는 며칠을 새벽까지 토론하면서 100가지 이상의 커리큘럼을 놓고 난상토론을 했다는 후문도 있었다. 명석을 깔아주니 신바람이 났던 것이다. 연수에 오는 교사들의 마음을 헤아린 배려까지 모든 부분이 완벽했다. 아이들도 그렇지만 교사들도 믿고 맡기면 그 능력을 충분히 발휘한다. 아무도 그런 기회를 주지 않고서 믿을 수 없다고만 한다. 교사들이 왜 전문가인지? 왜 교사들에게 맡기는 것이 필요한지는 연수 결과로 나타났다. 도교육청 게시판에 그렇게 많은 칭찬글이 올라온 것도 처음이라고 했고, 연수만족도는 경기도 교육청 전체 연수에서 최고였다. 역시 교사들은 전문가였다.

학습연구년 제도는 경기도가 가장 성공적으로 만들어낸 경우이다. 전국에서 가장 치열한 경쟁을 보인 것은 담당 장학사와 지원팀이 최대한 교사들의 마음을 읽고 전문가로서 대우하는 마음이 전달된 결과이기도 하지만 그만큼 교사들의 열의가 높았다는 반증이기도 하다. 그런 분위기가 조성되어 있었기 때문에 가능한 일이다. 교사들이 교수들처럼 일 년 동안 교실을 떠나서 자신을 돌아보고 다시 채우는 과정은 교사 본인에게뿐만 아니라 아이들에게도 의미 있는 일이었다. 일일이 다 설명할 수는 없지만 이런 프로그램들은 교사가 전문가로 성장하고 그것을 다시 서로 나누면서 함께 발전해가는 경험을 통해 아이들에게 이런 가치를 그대로 전할 수 있게 되었다는 점에서 그 의미를 평가할 수 있을 것이다. 그리고 이런 경험을 통해 교사들은 이제 단순히 누군가가 만들어 놓은 지식을 전달하는 지식 전달자나 소비자가 아니라, 지식을 재해석하고 창조하는 지식 생산자의 역할로 성장하게 되었다. 현장의 교사들이 교육과정을 재구성하고 교과서만이 아닌 다양한 자료를 활용한 수업을 기획하는 움직임이 활발하게 된 것이 새로운 변화이며 교사들이 전문가로서의 제 역할을 하고 있는 증거이다.

이런 교사의 전문성은 전문가처럼 행동하라고 시킨다고 해서 얻어지는 것이 아니다. 이와 관련해서는 수전 파울러가 주장하는 자율성

(Autonomy), 관계 맺기(Relatedness), 역량(Competence) 욕구가 잘 충족되도록 하는 것이 성공의 요인이었다. 교사들을 전문가로 성장시키려면 전문가다운 자율성이 보장되어야 한다. 그래서 NTTP에서는 교사들이 교과교육연구회와 단위학교의 학습공동체를 중심으로 자율적으로 학습(배움과 실천의 공동체)하고 교육과정과 수업에서의 자율성을 최대한 확대하려고 노력했다. 이 자율성은 역량이 갖추어져야 비로소 제대로 발휘된다. 또 이 역량은 혼자보다는 주위의 동료들과의 협력, 즉 관계 맺기의 정도에 따라서 성취의 정도가 크게 영향을 받게 된다. 그래서 연수원학교를 통해서 단위학교의 훌륭한 성과를 교사들끼리 공유할 수 있도록 하고, 지역 단위의 교과교육연구회를 크게 만드는 일을 하게 된 것이다. 이를 통해서 교사들의 자발성이나 역량이 크게 높아졌음을 교사들 스스로가 느끼고 인정하게 된 것이 진정한 성과이다. 교사들 마음에 다시 교사로서의 소명이 살아나고 스스로의 자존감이 높아진 것은 돈으로 환산하거나 무엇으로도 바꿀 수 없는 소중한 자산이다.

교육을 지탱해온 힘, 준비된 교사가 학교를 바꾼다

10

등불을 들고 기다리는 사람들, 그것이 교사의 소명이라고 하면 너무 지나친 부담을 주는 것일까? 혁신학교 초기에 교사들에게서 그런 모습을 보았다. 누군가 자신들에게 그런 기회를 주기만을 기다려온 사람들. 오랜 기간 이런 날을 위해서 준비하고 고민해온 사람들.

교육계의 분위기가 경쟁과 입시위주의 교육에 열패감을 느끼며 무기력하게 순응하고 있을 때, 그래도 아이들 미래의 온전한 삶을 생각하면서 갈등하고 괴로워하면서 참교육을 실천하기 위해 함께 길을 찾아온 사람들이 있었기에 혁신학교가 성공할 수 있었다. 이런 움직임은 오랜 교사운동과 그 뿌리를 같이 한다. 전교조의 모태가 되었던 교과연구회의 오랜 역사와 꾸준한 실천으로부터 '작은학교연대', '스쿨디자인21' 같은 교육의 변화를 위한 교사들의 모임이 바로 그런 역사이다. 특히 이런 실천의 중심에 경기도 교사들이 핵심으로 자리하고 있었다. 이런 끈끈한 연대와 강력한 열망이 교사들 내부와 학교현장에 자리 잡고 있었기 때문에 초기의 방해와 반발을 뚫고 혁신학교의 기반을 만들 수 있었음은 누가 뭐래도 명백한 사실이다. 혁신학교 정책을 추진했던 당사자가 인정하는 것이니만큼 누구도 부정할 수 없을 것이다.

많은 사람들이 혁신학교를 교육감의 공으로 생각하지만 그것은 공정하지 못하다. 교육감이나 정책을 만든 사람들은 그런 길을 열어주고 기회를 줬을 뿐이다. 실제로 현장에서 준비해오고 묵묵하게 실천해온 교사들이 없었다면 성공하기 어려웠다는 것은 두말할 나위가 없다. 그들은 누가 시키지도 않았는데 스스로 나서서 혁신학교를 만들어 나가기 위해 온몸을 내던졌다. 학부모를 설득하고 자신의 손해를 감수하고 혁신학교로 지정된 학교로 몰려들었다.

초기 혁신학교 성공의 원인을 여러 가지로 이야기할 수 있지만 또 다른 핵심적인 요인의 하나는 학부모들의 놀라운 호응이었다. 그런 배경에는 우리 교육에 대한 학부모들의 인내심이 한계에 이르렀기 때문이기도 하지만 어떤 정책이 나와도 신뢰하지 않고 냉소적으로 반응했던 그간의 태도를 생각해보면 매우 이례적이었다. 그 이면에는 교사들의 삶이 보여준 진정성이 자리 잡고 있다고 생각된다. 혁신학교에 참여하는 교사들이 그간 보여준 선생님으로서의 모습에 대한 신뢰가 바탕이 되었던 것이다. 어떠한 말로도 설득되지 않는 학부모들을 적극적인 지지자로 끌어들인 것은 정책의 참신성이나 설득력이 아니었다. 말이 아닌 행동으로 보여준 참 교육자로서의 모습, 아이들을 위해 헌신하고 희생해온 그 선생님들이 하는 일이고 열정을 보이는 일이었기 때문에 급속도로 학부모들의 입을 통해 혁신학교에 대한 소문과 기대가 퍼져나갔던 것이다. 이것은 혁신학교의 열성적인 학부모들에게서 직접 들었던 이야기이다. 그 선생님이 하시는 일이면 믿을 수 있다고. 교사들을 지지하는 학부모들의 지원은 엄청난 힘이 되었다. 교사들은 혁신학교를 해야 하는 이유를 진지하고 열정적으로 설명했고, 학부모들은 이 교사들을 지원하고 학교를 바꾸기 위해서 행동으로 나섰다.

그 뜨거운 분위기는 말로 다 설명하기 어렵다. 필자도 이런 학부모들의 요청으로 학부모와의 대화, 학부모 연수, 그리고 간담회에 열심히 불려 다녔다. 학부모들이 부르면 한 번도 거절하지 않고 달려갔다. 학부모들을 만날 때마다 내가 오히려 감동을 받고 배운다고 이야기를 할 때가 많았다. 진심으로 그러했다. 한 마디도 놓치지 않으려는 그 집중력은 솔직히 교사연수 어디에서도 쉽게 발견하기 어려웠다. 자신들의 어려움과 고민을 솔직히 이야기하고 진심으로 도움을 부탁하는 모습에서 진정한 갈망이라는 것을 배웠다. 시간을 넘겨가면서 우리는 진심으로 서로의 고민을 터놓고 함께 길을 찾기 위해서 많은 이야기를 쏟아내었다. 혁신학교를 추진하는 그리고 혁신학교로 몰려드는 교사들에 대한 학부모들의 깊은 신뢰가 학부모의 참여와 연대라는 놀라운 역사를 만들어낸 것에 어떻게 감동을 받지 않을 수 있을 것인가? 교사의 역할에 대해서 다시 깊이 생각해보지 않을 수 없는 이유이다. 교사가 자신의 삶으로 스스로의 행동으로 보여줘야 하는 의무가 있음을 부인할 수 없는 이유이다. 교사들에게 너무 무거운 부담을 주는 것이 아닌가 하는 불만을 이야기할 수도 있다. 그러나 교사들이 영향을 미치는 많은 사람들을 생각하면 무겁지만 기꺼이 짊어져야 할 의무일 것이다.

교육이란 것은 매우 어려운 일이다. 단순히 교육감 한 사람이 바뀐다고, 제도만 잘 만든다고 성공할 수 있는 것이 아니다. 교육은 사람과 사람이 만나는 일이고 현장에서 어떻게 실천되느냐에 따라서 결과는 전혀 다른 모습으로 나타난다. 교실 하나하나마다 다른 모습의 배움이 있고 이야기가 있다. 그 안에서 살아 숨 쉬는 교사와 아이들의 관계, 아이들과 아이들의 관계에서 답을 찾아야 한다. 그러기에 교사의 역할은 아무리 강조해도 부족하다.

그런데 여기에 중요한 비밀이 하나 숨어 있다. 흔히들 말하는 교육의 질은 교사의 수준을 넘지 못한다는 그런 식상한 말이 아니다. 물론 교육의 질에 절대적인 영향을 미치는 것은 교사의 수준일 것이다. 그러나 아이들은 교사의 지적수준이나 경험의 수준을 뛰어넘을 수 있으며 뛰어 넘어야 한다. 옛말에 스승은 제자가 자신을 뛰어넘을 때 가장 기쁘다고 하지 않았는가? 이것이 단순히 높은 학문을 하는 사람에게만 적용되는 이야기는 아닐 것이다. 학생들은 순간순간 교사의 사고를 뛰어넘는 성취를 보일 때가 있음을 많은 교사들이 경험해봤을 것이다. 아이들은 교사의 태도와 마음가짐에 따라서 극적으로 달라질 수 있는 존재들이다. 때로는 대책 없이 무력한 모습을 보이기도 하지만 때로는 교사를 깜짝 놀라게 하는 놀라운 수준의 사고와 성취를 보이기도 한다. 이런 모습들이 나타나는 것은 전적으로 교사들에게 달려 있다. 교사가 자신의 삶으로 증거를 보여줘야 하는 이유이기도 하다.

그런 모습을 극적으로 보여준 것이 홍덕고의 사례이다. 비평준화지역이었던 용인의 신설학교로 출발한 홍덕고는 열악함이 무엇인지를 그대로 보여주었다. 입학 첫해에는 중학교 성적이 최하위권인 아이들이 대다수였고, 혁신학교라 아이들에게 허용적일 것이라는 기대 때문에 소위 말하는 노는 아이들이 찾아오는 학교였다. 처음에는 수업자체가 되지 않을 정도였고, 학생들 때문에 주변의 원성을 고스란히 교사들이 받아야 하는 상황이었다. 그 안에서 교사들이 겪었어야 할 고뇌와 갈등은 감히 상상할 수도 없을 것이다. 그래서 처음에는 아이들 인성교육을 잘하는 학교 정도로 이해되었다. 그러나 교사들의 헌신 속에 아이들은 점차 놀라운 속도로 변해가기 시작했고 입학 당시에는 학교를 마칠 수 있을지조차 장담할 수 없었던 아이들이 목표를 찾고 대다수가 대학을 진학하는 성과를 보였다. 대학 진학이 의미를 갖는 것은 몇 명이 어느 대학을 진학했다가 아니라 목표조차 없었던 아이들이 목표와 자신의 삶에서 의미를 찾았다는 것에 있다. 놀라운 성과를 보인 것이다. 그것은 모두 교사들의 힘이다. 아이들을 포기하지 않고 끝까지 붙잡고 진정한 마음을 보여준 결과인 것이다.

그렇다고 홍덕고만을 대단한 일로 보거나 이것을 모델로 삼겠다고 하는 것은 적절하지 않다. 그 교사들의 노고는 높이 사야 하지만, 많은 학교에서 교사들이 이렇게 가슴앓이를 하면서 아이들을 붙잡고 가고 있기 때문이다. 그리고 홍덕고를 모델로 모든 학교에 적용하는 것은 거의 불가능한 일이다. 사실 홍덕고는 너무 큰 부담을 홀로 고스란히 지고 간, 어찌 보면 좋지 않은 사례이다. 그 교사들의 수고와 헌신을 생각한다면 그 짐을 나누어졌더라면 더 좋은 성과를 얻었을 것이 확실하기 때문이다. 아이들은 교사의 희생과 헌신을 바탕으로 성장한다. 그렇다고 희생과 헌신을 교사에게만 계속적으로 강요한다면 오래 지속하기 어렵다. 함께 나누고 같이 가야 한다.

교사들을 통해서 우리 교육의 희망을 보다

11

어느 혁신학교의 중년 여선생님 이야기이다. 이 분은 혁신학교라서 오신 것은 아니다. 그냥 학교를 옮길 시기가 되었는데 교육청에서 배정되다 보니 그 학교로 오게 된 것이다. 그런데 그 학교에 오고 얼마 되지 않아서 많은 선생님들이 이 분을 존경하게 되었다고 한다. 그 분 자체로 큰 어른이라고 평가하는 선생님도 있었다. 이 선생님의 훌륭함을 보여주는 사례가 하나 있다. 어떤 아이가 다른 학교에서 문제가 너무 심각해서 거의 강제전학을 당하다시피 이 학교로 왔다. 초등학생이 강제전학을 당하는 것은 드문 일이다. 그런데 그 아이는 이 선생님 반에 배정받자마자 그날로 아무런 문제가 없는 아이처럼 달라졌다고 한다. 그 학교의 모든 선생님들이 그 반에 배정되었기 때문에 그 아이가 그렇게 달라진 것이라고 이야기한다. 그 선생님이 주는 아이들을 향한 무한한 애정이 그 아이 내부에 타오르던 분노의 불길을 단숨에 잡아버린 것이라고.

다음은 혁신학교에서 이루어진 교사들의 수업협의회의 모습을 들여다보자. 수업협의회는 교사들이 수업을 개선하기 위해 같이 수업을 보고 의견을 나누는 모임이다. 이전에는 '공개수업'이라는 이름으로 관리자들이나 다른 교사들이 수업을 참관하고 평가를 하는 형식이어서 사실 교사들에게는 부담스러운 일이었다. 그런데 혁신학교에서는 같이 수업에 대해서 고민을 나누고 교사가 아니라 아이들의 참여를 중심으로 이야기를 하다 보니 교사들이 더 적극적으로 참여하는 분위기가 되었다.

수업 공개가 끝나자 교사들이 한 자리로 모여들었다. 같은 학년 선생님 들뿐만 아니라 다른 학년의 선생님들도 스스럼없이 참여했다. 여기서도 수업을 한 교사가 먼저 말문을 열었다. 선생님 자신이 긴장했고 아이들이 발표하지 않을 것을 예상했었는데 역시나 발표가 별로 없었다. 긴장하다 보니 빼먹은 것이 많아서 속상했고, 발표가 적었던 것은 교사의 발문이 부족했던 것 아닌가? 하는 생각이 든다고 스스로를 평가했다. 속상한 듯 풀이 죽은 목소리였다. 그리고 이어지는 동료 교사들의 이야기. 그런데 분위기가 좀 다르다. 교사에 대한 이야기보다는 아이들에게 초점이 맞추어져 있다.

"의외로 생각보다 아이들이 잘했다. ○○이랑 ○○이가 잘할지 불안했는데 적극적으로 참여하는 모습이 새로웠다." "○○이는 머리도 좋고 수업에도 참여하려고 하는데 늘 재미로 시작해서 장난으로 그치는 것 같다. 선행학습을 많이 한 탓인지 재미있는 상황에서는 잘하지만 어려운 것은 도전하지 않으려고 한다. 두려움이 있는 것 같다. 계속해서 다해야 하느냐고 반복해서 묻는데 하기 싫은 것이 아니라 하고 싶은 마음은 있지만 두려움이 있는 건 아닐까?" "○○이도 원래 반항적인 아이인데 준비를 열심히 하는 것을 보고 아이들이 해보고 싶은 마음이 있다는 걸 느낄 수 있었다." 등 아이들의 변화나 내면의 세계를 보려고 노력하는 교사들의 마음이 느껴지는 평가가 이어졌다.

"모둠수업에서 교사가 어디까지 개입해야 할까?" 등 수업을 보면서 자신들의 수업에 대한 생각을 다듬어가고 자신의 수업에서 활용하기 위한 고민을 나누려는 모습도 보인다. 그리고 "아이들은 다 참여하기를 원하는데 그것을 캐치하는 것이 교사의 역할인 것 같다. 자기 번호가 뽑히지 않으면 좋아하는 것 같지만 실제로는 아쉬워하는 모습이 보였다."는 등의 이야기가 끊임없이 쏟아졌다. 누구를 평가하는 자리가 아니라 교사가 자신의 수업에서 보기 힘든 점들을 이야기해주면서 수업을 좀 더 정확하게 바라볼 수 있도록 해주고 있었다. 아이들의 배움을 세심하게 관찰하고 자신의 수업에서 어떻게 아이들의 배움을 극대화시킬 것인지 해답을 찾고 싶은 갈증을 드러내는 과정이었다. 이렇게 교사들이 서로의 수업을 같이 보면서 진솔한 이야기를 나누는 문화가 편안하게 자신의 수업을 드러내고 부끄러움 없이 배우려는 자세를 만들어가고 있었다. 이것은 혁신학교의 공동체 문화에서 가능해진 일이다. 외부 전문가가 와도 볼 수 없는 장면들을 포착하고 그 맥락을 이해하고 있었다. 학교 내의 학습공동체가 얼마나 중요한지를 잘 보여주는 대목이다. 교사들은 이렇게 함께 성장하면서 아이들의 진정한 배움을 위해 끊임없이 노력하는 가운데 교사로서의 새롭게 태어남을 고백하고 있다.

*   *   *

이제 분당에 있는 유명한 혁신학교의 이야기를 들어보자. 소문난 잔치는 어떨지 필자도 생생한 교사들의 이야기를 듣고 싶었다. 이 학교에서 만난 선생님은 25년차 교사로 이 학교로 옮기면서 일 년 정도 있다가 명퇴할 계획이었단다. 그런데 이 학교에서 교사로서 자신의 인생이 송두리째 변하는 것을 경험했다고 고백했다.

"경력이 오래되었지만 학급당 학생이 40명이 넘고 교육과정은 전혀 모르는 단어들로 채워지는 상황이 당황스러웠다. 너무 힘들어서 체중이 빠지고 하교지도를 하자는데 무슨 의미일까? 반발심도 있었다. 그러다 어느 사이엔가 교육적인 효과가 나타나기 시작하는 것을 피부로 느끼게 되었다. 아이들이 빠져들 수 있는 수업을 하기 위해 노력하면서 나부터 달라지고 점점 자신도 모르게 재미가 생기게 되었다. 한 번도 한 적이 없었던 5시, 6시가 넘어 학교에 남게 되는 일들이 나에게도 일어났다.

이런 과정에는 교장선생님이 감성을 자극하는 것이 있었다. 처음 해보는 서술형 평가를 끝내고 교사들이 남아서 이야기를 했는데 그걸 아신 교장선생님이 남아서 기다리셨다. 교장선생님이 사는 저녁을 먹고 차를 마시면서 교육적인 대화를 나누다 보니 이런 분위기라면 나도 뭔가 해볼 수 있겠다는 생각이 들었다. 같이 만들어가는 학교라는 생각이 들자 학교가 재미있어졌다. 교실맞이도 처음에는 힘들었지만 아이들이 아침마다 안길 때 이 아이들이 나에게 사랑을 주는구나 하는 느낌을 받는다. 늦게 온 아이들은 들어가지 않고 안아주기를 기다린다. 아이들과 내가 마음을 열게 되는 순간이다. 마음이 먼저 와 닿기 때문에 벽이 깨뜨려지고 교사와 아이들 간의 유대감이 확실해진다. 우리 학교에는 어느 교실 하나만 잘하면 안 된다는 문화가 자리 잡고 있다. 다 같이 소통하고 나누는 학교를 추구하면서 교사 간의 벽이 허물어지고 진정한 공동체가 된 것 같다. 젊은 선생님이 스승의 날에 고맙다는 편지를 보내와서 너무 감동을 받았다. 학부모님이 사립 같은 공립이라고 이야기할 때마다 교사로서의 자긍심이 생긴다. 뿐만 아니라 교사들도 개인적으로 성장할 수 있는 학교이다. 남은 업무가 없어도 4시 30분에 퇴근하지 않는다. 아이들과의 수업을 위해서 투자하는 시간이 너무 즐겁다. 교직생활을 이렇게 마무리하는 것이 행복하다."

* * *

이 선생님과 인터뷰하는 동안 필자도 큰 감동을 받았다. 실제로 그 선생님을 인터뷰하게 된 계기도 5시가 넘은 시간에 남아 있었기 때문이었는데 교직생활을 이렇게 마무리하게 되어서 행복하다는 그 말이 내 가슴에 아직도 큰 울림으로 남아 있다. 이런 선생님과 함께하는 아이들이 어떻게 행복하지 않을 수 있겠는가?

이런 교사의 변화 뒤에는 학습공동체가 자리 잡고 있었다. 같은 학년에서 수업에 대한 이야기를 시작하면서 더 많은 이야기들이 나오기 시작하고, 그것이 학교 운영에 반영되면서 만족감으로 바뀌었다는 것이다. 거기에 교사의 품성과 태도를 바꾸는 것이 우선이라는 교장선생님의 전략이 맞아 떨어졌고 교사로서의 소양과 아이들과의 관계가 나아진 것이 수업으로 연결되는 과정으로 발전하게 되었다. 수업 준비하느라 바쁜 것이 처음이라는 이야기가 교사들 사이에서 나오지만 학교가 행복하다는 이 학교는 확실하게 혁신학교로 자리를 잡아가고 있었다.

혁신초등학교 아이들의 변화는 주변 중학교 선생님들로부터 확인하면 가장 정확하다. 앞서 소개한 초등학교 근처의 혁신중학교에서는 또 다른 학교문화가 만들어지고 있었다. 혁신학교 3년차이던 이 학교에서는 3학년 아이들의 변화를 실감하고 있었다. 3년 전 1학년이었던 너무 개성이 강하고 똑똑한 아이들은 무질서하기까지 해서 수업이 어려울 정도였지만 이제 아주 훌륭하게 변했다. 이것을 교사들은 당당하게 학교효과라고 말하며 자랑스러워했다. 모든 교사가 아이들을 동등하게 대하고, 수업시간에 아이들을 존중하고 경청하는 것이 아이들을 변화시킨 원인이라는 것이다. 교사들의 이런 태도는 아이들의 폭력 민감도를 높이는 결과로 이어졌고, 이런 문화가 자리 잡다 보니 문제를 일으키고 다른 학교에서 전학생이 들어오면 학교가 처음에 좀 흔들리다 곧 이 학생들을 변하게 만든다. 아이들에게 시비를 걸어도 대응하지 않으니 스스로 변하게 된다는 것이다.

이런 문화가 자리 잡는 데는 '수업친구'라는 교사들의 학습모임이 큰 역할을 했다. 4시 30분에 자발적으로 모이는 이 모임에는 거의 100%가 출석하는데 서로 배우고 자극받는 계기가 된다. 일반적으로 학교에서 어떤 학급이 어려우면 아이들을 탓하곤 하는데 이제는 해결책을 함께 논의하게 되었다고 한다. 이런 반에 대해서는 수업이 없는 선생님들이 다른 선생님을 위해서 보조교사 역할까지 기꺼이 하는데 수업친구에서 진솔한 이야기를 나누는 가운데 형성된 동료애가 바탕이 되었다고 느끼고 있었다.

수업친구는 수업에 많은 변화를 가져왔고 교사문화 혁신으로 이어져서 이 학교에서는 교사들 사이에 일찍 퇴근하는 운동을 해야 할 정도라고 한다. 선생님들 간에 쌓인 신뢰는 서로 늘 소통하게 만들고 학생들에 대한 정보를 서로 알려주고 그것이 수업에서 큰 효과를 발휘하고 있다. 어떤 아이가 수업 시간에 감정적으로 문제가 있는 경우, 다음 시간의 선생님에게 알려주면 그 아이에게 좀 더 조심스럽게 접근해서 문제를 해결할 수 있다는 것이다. 어떤 아이가 자신의 수업에 관심을 보이지 않을 때 다른 선생님들과 상의를 하면 그 아이의 관심이나 장점을 알 수 있게 되고 그것을 아이에게 슬쩍 슬쩍 내비치면 교사가 자신에게 관심이 있음을 알게 된 아이의 태도가 달라진다. 작은 일들처럼 보이지만 교사들이 특별한 노력으로 아이들에게로 관심의 촉수를 향하고 있지 않으면 불가능한 일이고, 그 결과는 아이들을 변화시키는 큰 힘으로 나타난다. 교사의 작은 몸짓조차 아이들에게는 커다란 울림으로 전해지는 경험을 통해서 교사도 변해간다.

이 학교에서 처음으로 자신이 교사라는 느낌을 받았고, 옆에 동료가 있다는 느낌, 교사가 학교의 주체라는 것을 인식하게 되었다는 말 속에서 자부심이 진하게 묻어나왔다. 자신이 존중받는 문화 속에서 교사들도 아이들을 존중하는 태도를 자연스럽게 가지게 되고, 그것이 이 학교에서 교사와 아이들 간의 관계를 특별하게 만들고 있는 것이다.

이것이 혁신학교의 힘이다. 아니 우리가 꿈꾸는 학교의 참 모습이다. 우리는 이런 선생님을 꿈꾼다. 이런 선생님들이 많은 학교, 그것이 우리가 꿈꾸는 혁신학교다. 이런 학교라면 아이들을 보낼 만하지 않은가? 제대로 더 많이 만들고 싶지 않은가?

일반고의 딜레마

　일반고 살리기? 이 말에는 좀처럼 공감이 되지 않는다. 일반고를 살려야 한다? 그럴 정도로 일반고가 망가져 있다는 말인가? 어떻게? 그리고 그 원인은? 어떤 이유 때문에 이런 이야기가 나오는 것인지 살펴볼 필요가 있겠다.

　일반고가 어려운 이유로 번번이 거론되는 것은 자신들 내부의 문제가 아니라 외부의 문제이다. 특목고나 자사고에 우수한 아이들을 다 빼앗겼기 때문에, 그래서 성적이 낮은 아이들로 채워진 교실에서 수업을 진행하기조차 어렵기 때문이라는 것이다. 대체적인 이야기는 한 반에 수업에 관심이 없고 방해하는 아이들이 서너 명만 넘으면 수업을 진행할 수 없는데 요즘 일반고에는 그런 아이들이 대 여섯 명이 넘어 교실이 붕괴상태라는 것이다. 이런 아이들은 수업을 따라가는 것은 고사하고 생활지도조차 어렵다는 것이다.

　특목고, 자사고야 그렇다 치고 예전의 실업계고등학교이던 특성화고에서 떨어진 아이들이 일반고로 오는데 이 아이들은 애초에 공부할 의사도 없고 대학 갈 생각도 없는 아이들이라 수업을 힘들게만 만든다는 것이다. 그것이 진짜 이유라면 예전의 특성화고에서는 교육을 하지 않았다는 이야기인가? 비평준화지역의 열악한 학교들은? 지금도 이들 학교에서는 교사들이 힘들다고 불만을 터뜨린다. 똑같은 이유와 핑계를 댄다. 홍덕고 같은 사례를 보고 배워야 할 것이다.

　홍덕고가 지나치게 교사들의 희생과 헌신을 요구하는 것이라고 핑계를 대고 싶을지도 모른다. 그러나 홍덕고에서 배워야 할 것은, 진짜 문제는 아이들이 아니라는 점이다. 우리 사회가, 어른들이, 우리 학교가 이 아이들에게서 꿈을 빼앗고 희망을 짓밟았다. 교장선생님이 '교문 앞 스토커'라는 별명을 얻어가며 아이들에게 매달리고 그 아이들에게 지금까지 쌓인 상처와 피해의식을 해소하려는 노력을 하지 않았다면 아이들은 바뀌지 않았을 것이다. 교사들이 끝까지 아이들에게 믿음을 거두지 않았기 때문에 아이들이 학교의 품으로 돌아온 것이다. 아이들의 마음을 얻고 교사와의 신뢰를 회복하는 것이 우선이다. 그것을 되살려야 할 책임은 바로 그 원인 제공자인 우리 사회, 어른들, 그리고 학교에 있는 것이다. 더 이상 핑계로 자기합리화를 하지 말아야 한다.

일반고의 대부분 고3 교실의 풍경은 어떨까? 수능의 중요 과목이라는 국어, 영어, 수학, 과학, 사회 시간 이외에는 아이들이 수업을 듣지도 않고 선생님도 수업을 진행할 생각도 없다. 모든 교실이 다 이렇다는 것은 아니다. 대부분 그렇다는 이야기이다. 정작 심각한 것은 이런 이유를 대면서 교사들이 너무도 편하게 수업을 하는데 길들여졌다는 것이다. 교사가 정말 수업할 의지가 있다면 수능에 들어가지 않는 교과목이라도 아이들의 배움을 일으키고 사고를 키우는 형태로 진행하면 아이들이 동참하게 될 것이고, 그것은 현재의 대학입시에도 충분히 의미 있고 필요한 과정일 것이다.

그리고 알다시피 수시전형은 점점 확대되고 있고 그것이 추세이다. 수능만으로 대학을 가는 것보다 수시모집으로 대학을 가는 학생이 더 많아지고 있는 것이다. 대학입시가 일반고에 유리한 방향으로 변해가고 있다. 그런데 일반고에서는 이런 학생부 선발에 대해 대비하고 있는지? 학생들에게 준비하도록 충분한 프로그램을 제공하고, 진로에 대한 지도를 하고 있는지? 이 질문에 대한 대답은 대단히 회의적이다. 이런 학생부 전형에서도 특목고나 자사고가 더 강세를 보이는 것은 왜일까? 이 질문에 대한 답에 일반고의 문제가 그대로 담겨 있다. 그리고 그 질문에 대한 철저한 자기반성과 대안을 찾을 때 일반고는 혁신과 발전의 길을 가게 될 것이다.

교사들도 더 이상 대학입시라는 방패막 뒤에 숨을 수 있다는 생각을 버려야 한다. 아이들이 수능과목이 아니라서 수업을 듣지 않는다고 자습을 시키는 교사들이 일반고의 어려움을 자초했다. 학원에서 배웠을 거라고 대충 넘어가고 뒤떨어지는 아이들에게 학원이라도 가라고 충고하는 교사를 아이들과 학부모가 존중하고 학교의 수업에 집중할 것이라 기대한다면 지나친 욕심이다. 그래서 교실을 오픈해야 한다. 아직도 많은 부분에서 부족하지만 교사들의 권리가 확대되면서 과거와 크게 달라진 것은 교장이나 교감이 수업시간에 관여하는 것이 어려워졌다는 점이다. 그런데 이런 분위기가 부작용을 낳고 있다. 앞에서 지적한 아이스크림이나 T 나라, 출판사 등에서 제공하는 자료로 수업을 해도 간섭받지 않기 때문에 버젓이 그런 수업을 하는 것이다.

이런 분위기에서는 수업의 변화도 학교의 혁신도 이루어지지 않는다. 이런 문화가 바뀌어야 한다. 교사들에게서 행정업무를 없애준 것은 아이들을 더 잘 가르치고 아이들에게 더 관심을 갖도록 하기 위한 시간을 주려는 것이다. 그것은 수업의 변화로 이어져야 한다. 교사들만 편해지고 아이들 교육은 변하지 않으면 그것은 완전한 정책의 실패이다. 그래서 교장과 교감선생님이 수업에 관심을 가지고 학교 전체의 수업혁신을 이끌어야 한다. 그것이 일반고의 문제를 해결하는 길이다.

교육부의 학교다양화 정책으로 만들어진 자사고는 여러 가지 문제점을 안고 있다. 그러나 자사고와 일반고의 문제를 연결 짓는 것은 무리가 있어 보인다. 자사고를 폐지하면 일반고가 살아날 수 있을까? 일반고를 살리는 방안으로 자사고 폐지를 주장한다면 그것은 문제의 본질을 한참 잘못 짚은 것이다. 자사고에 우수한 아이들이 대거 몰려가버려서, 일반고에는 점수가 떨어지는 아이들로만 채워지고 그래서 수업이 힘들어지고 학교가 슬럼화된다는 주장인데 이런 이야기들이 교육계에서 흘러나온다는 것을 도저히 믿고 싶지 않다. 그럼 일반고보다 더 낮은 점수의 아이들이 다니는 학교에서는 아예 교육이 불가능하다는 말인가? 그들이 말하는 우수한 아이들은 국영수를 잘하는 아이들일 것이다. 그러면 그 외의 아이들은 뒤처지는 아이들인가? 학교가 모든 아이들의 끼와 가능성을 살려주는 곳이 되어야 한다는 말들은 헛된 구호에 불과하다는 말인가?

그들이 늘 핑계로 삼는 대학입시도 이미 많이 바뀌었다. 이제 학교가 바뀔 차례이다. 대학입시가 비난을 받고 있기는 하지만 많은 노력을 해왔다는 것도 인정해야 한다. 입시제도를 바꾸려고 노력해왔음에도 학교나 학부모는 변하지 않고 사교육이 늘어나니 별 소용없다는 등의 주장만 해온 것은 아닐까? 수시로 뽑는 비중이 늘어나고 학생부에 대외 수상실적도 넣지 못하게 하는 것은 일반고에 엄청나게 유리한 조건이다. 그런데도 왜 특목고나 자사고가 이런 조건에서조차 더 나은 성과를 보이는가? 대학입시는 핑계일 뿐이다. 대학입시도 많이 바뀌었으니 이제 이에 대한 대응력이 문제이다. 언제까지 대학입시 핑계만 대면서 틀에 박힌 수업을 고집할 것인가?

실제로 제대로 운영되는 특목고나 자사고의 교육과정을 살펴보면 일반적으로 생각하는 입시준비학교라는 비난은 적절치 않다. 독서와 토론, 자기주도적 탐구, 그리고 다양한 과외 활동 등 혁신학교에서 추구하는 그런 교육을 지향하고 있다. 특목고와 자사고에서 일반고가 배워야 한다. 일반고가 자사고 때문에 피해를 보고 있다는 식의 설득력이 떨어지는 자기변명으로 일관할 것이 아니라 우리 아이들 하나하나의 가능성을 발견하고 그것을 키워주는 교육으로 변해야 한다.

교육청에서도 일반고를 살려갈 전략적 접근이 필요하다. 자사고를 폐지하려고만 하지 말고 일반고가 자사고와 경쟁하도록 하면 안 되는 일인가? 사고의 전환이 필요하다. 일반고 스스로 변하려는 노력을 하지 않으면 자사고를 폐지한다고 해서 일반고의 교육이 살아나지는 않는다는 점을 명심해야 한다.

6부

학부모가
'진짜' 혁신학교를
만든다

혁신학교의 일등공신, 학부모

1

혁신학교의 성공에는 학부모들의 역할이 크다. 초기에 교장들의 비협조로 인한 어려움에도 불구하고 단기간에 놀라운 정도로 확산되고 정착된 배경에는 학부모들의 열렬한 지지와 노력이 있었다. 학부모들이 적극적으로 나서서 협박에 가까운 설득을 하는데 대놓고 반대할 수 있는 교장선생님은 많지 않다. 교사들의 요구에 요지부동이던 교장들도 학부모들이 나서면 달라진다. 뒤에서는 방해할지언정 겉으로는 반대하지 못하게 되는 것이다.

오히려 교사들의 반대가 가장 극복하기 어려운 장벽이었다. 학부모들도 자신의 아이를 직접 가르치는 선생님에게 반대하는 이야기를 하기 힘든 약자이기 때문이다. 학교들이 혁신학교를 추진하는 데는 교사들의 의지와 노력이 가장 중요하다. 교사들이 반대하면 추진하기도 쉽지 않고, 혁신학교로 지정되더라도 교사들의 전폭적인 동의 없이 시작한 학교들은 거의 모두 실패하였다. 어쨌든 아이들을 직접 만나는 것은 교사들이기 때문에 교사들의 열의가 바탕이 되어야 하는 것은 두말할 필요가 없다. 이렇게 혁신학교의 추진은 교사들과 학부모들의 강한 동의와 협력이 있을 때 가능했고, 이런 학교들이 대부분 성공하는 결과를 가져왔다.

이와 달리 교장의 의지만으로 또는 학부모들만의 열의로 교장을 설득해서 혁신학교를 추진했던 경우는 바람직하지 못한 모습으로 전개되었다. 이런 학교들은 교장의 장악력이 강해서 교장의 결정이 그대로 추진되는 특징을 보인다. 혁신학교 문화의 핵심인 민주적인 의사결정 구조와는 거리가 먼 운영형태를 보이고 있어서 애초부터 성공하기 어려운 조건이었다. 이런 학교들의 또 다른 특징은 내부 구성원의 설득이나 준비 단계를 생략한 채 진행되었다는 것인데, 내부문화가 성숙되지 않은 한계도 있지만 혁신학교를 추진한 학부모들 일부의 잘못된 욕심이 원인이었다. 혁신학교가 되면 주변의 집값이 오르더라는 소문이 퍼진 것을 비롯해서 집값이 오르지 않더라도 자신이 사는 지역의 평판이 좋아질 것이라는 기대로 혁신학교를 추진한 경우가 그것이다. 이런 학부모들의 욕망과 학교장의 개인적인 욕심으로 추진한 경우도 많았다. 이런 학교들은 대부분 심사과정에서 걸러졌지만 혁신학교 수를 확대하면서는 일부 이런 학교들이 지정되는 경우도 생겼다. 결과는? 여지없이 실패했다.

불행히도 학교 보내기가 불안한 것이 우리나라 학부모들의 큰 고민거리이다. 우리나라 부모들은 두 가지 걱정을 가지고 있는데 하나는 학교폭력, 다른 하나는 군대 내 폭행이다. 여러 시행착오를 거치면서도 빠른 시간 동안 혁신학교가 확산되고 뜨거운 반응을 일으킨 것은 혁신학교에 대해 몇 가지 의미 있는 긍정적 경험이 있었기 때문이다.

많은 학부모들이 혁신학교의 학력에 대해서는 불신을 가지고 있다. 그런데 이런 학부모조차 왜 아이를 혁신학교에 보낼까? 혁신학교라고 하니 아무래도 학교폭력이 덜할 것이고, 촌지가 없을 것이라는 절대적인 믿음이 있다. 물론 이런 학부모들의 학교에 대한 기대는 이런 수준에 머무르기 때문에 학교가 끝난 후에는 열심히 사교육을 시킨다. 그럼에도 자신의 아이가 학교에서 친구들에게 왕따를 당하거나 교사에게 미움받지는 않을 거라는 믿음, 그 하나만으로도 혁신학교를 보내는 이유로 충분한 것이다.

또 하나는 아이들이 행복해한다는 것이다. 혁신학교를 다니는 아이들이 행복하다는 것은 아이들과 학부모들한테서 나온 이야기이다. 실제로 주 5일 수업이 전면적으로 시행되기 전에는 격주로 수업을 했었다. 이때는 부모들이 오히려 주 5일 근무를 하고 아이들은 격주만 토요일에 쉬었기 때문에 토요일에 체험학습 신청서를 내고 학교를 빠지는 아이들이 생기곤 했다. 그런데 아이가 혁신학교에 다니는 가정에서는 수업이 있는 토요일에 생소한 광경들이 벌어졌다. 부모는 함께 여행을 떠나고 싶어 하는데 아이들 때문에 그러지 못하는 것이다. 학교 가는 것이 너무 좋아서 학교를 빠지지 않겠다는 자녀들 때문에 가족 여행을 취소해야 하는 것이었다. 혁신학교에서는 수업이 있는 토요일에 체험학습으로 빠지는 아이들이 상대적으로 적었다는 이야기는 지어낸 이야기가 아니다.

학교가 행복하다니? 굉장히 낯선 말이다. 우리가 기억하는 학교는 지루하고 힘들지만 참아야 하는 그런 고통스러운 공간이다. 친구들과 함께 지내는 것이 즐겁기는 했지만 배우는 것이 신나고 행복했다는 기억은 없었던 것 같다. 그런데 이상한 아이들이 나타난 것이다. 수업시간에 눈빛이 살아서 움직이고 못다 풀린 의문이 궁금해서 수업이 끝나도 자리를 못 떠나는 별종들이 하나 둘씩 모습을 드러내기 시작했다. 아이들의 변화를 경험하면서 학부모들은 사교육을 시키면서도 혁신학교를 떠날 수 없게 되었다. 그렇다고 학력에 대한 불안감이 없어지고 당장 학원을 그만두는 아이들이 나오는 것은 아니지만 현재의 자녀 교육에 대해서 되돌아보는 계기가 된 것은 분명해 보인다. 이것은 혁신학교에 대한 긍정적·부정적 입장에 상관없이 비슷하다.

그러나 혁신학교에 대해서 긍정적인 입장을 가진 학부모들의 경험은 그 이상의 특별한 것이었다. 긍정적인 평가를 하는 학부모 대부분은 혁신학교를 통해 아이보다 학부모 자신이 변했다고 고백한다. 그중 한 학부모는 여기로 보내면 편하겠다는 마음으로 혁신학교를 선택했는데, 학교의 교육활동에 많이 참여하게 되는 혁신학교의 특성상 좋은 교육에 대해서 많이 듣게 되었고 스스로의 교육관에 대해 돌아보면서 달라졌다고 말했다. 혁신학교 부모들은 아이들이 학교생활을 통해서 성장하는 것을 보면서 자신도 같이 성장했다고 이야기한다.

"예전에는 친구 같은 부모가 되는 것이 훌륭한 부모라고 생각했는데 이제 학부모로서의 책임을 생각하게 되었다. 학부모 강좌에서 들었던 부모는 이불 같은 존재가 되어야 한다는 말이 가슴에 와 닿았다. 아이가 싫다고 차내면 버려졌다가 아이가 다시 끌어당기면 다시 다가가는 존재가 되어야 한다는 말이 가슴을 쳤다. 아이를 위해서 책임을 지는 사람이 부모구나 하는 깨달음을 얻었다. 혁신학교를 보내면서 우리 아이가 변할 줄 알았는데 부모인 내가 바뀌었다."

"1, 2학년 때는 아이 표정도 제대로 못 읽는 부모였다. 생각해 보면 1, 2학년 때 우리 아이는 불행했던 것 같다. 아이가 3학년 때 혁신학교가 되면서 행복한 경험을 하게 되고 많이 바뀐 걸 느낄 수 있었다. 담임선생님 덕분인데 그 선생님도 학교에서 변화와 성장을 할 수 있었기 때문에 가능했던 일이라고 생각된다. 그것이 혁신학교의 힘이 아닌가 싶다."

"스스로 공부해야 한다고 생각한다. 프로그램에 따라 잘 짜인 시간이 좋은 것만은 아니라는 생각으로 발전했다. 어른으로부터 주어진 시간이 아닐 때 아이에게는 더 좋은 시간인 것 같다. 뒹굴 거리는 아이 머릿속에서 무엇이 돌아가고 있는지 궁금하고 너무 좋다. 아이들은 힘이 있더라. 혼자 뒹굴 거릴 때 더 고차원적인 생각이 커간다. 그런 아이들은 궁금한 것이 너무 많다. 학원을 보내는 것은 회피이다. 불안한 건 부모이면서 자기 마음 편하자고 아이를 혹사시키는 잘못된 선택을 하는 것이다."

"처음 혁신학교에 왔을 때 한 학기 동안 참고서를 버리지 못했다. 그런데 아이가 그걸 보지 않으니까 다음해에는 버리게 되었다. 일반적인 객관식 시험이 있었으면 버리지 못했을 것이다. 평가 방식이 달라져야 한다. 중학교에 진학한 후 수학학원에 보내 봤는데 별로 효과가 없어서 다니지 않고 있다. 지금은 아는 대학생에게 수학만 배우고 있는데 자기가 공부했던 방법을 알려주니까 공부하는 방법을 깨닫는 것 같다. 학원을 안 보내긴 하지만 솔직히 불안하기는 하다."

모두 학부모들의 입에서 나온 이야기이다. 이렇게 학부모들은 혁신학교를 경험하면서 나름대로의 소신을 가지고 실천하려고 노력한다. 물론 여전히 사교육에 대한 갈등은 분명히 있다. 그러나 학교교육에 대한 신뢰가 생기고, 아이들 스스로 공부하는 것에 대한 자신감이 커지면 사교육에 대한 의존이 크게 줄어들 것이라 생각한다.

모 지역의 혁신학교에서는 처음에 학부모들이 다들 기대했는데 몇 달이 지나도록 특별한 이벤트 하나 없자 실망하기 시작하더란다. 세 달 정도 지나자 학부모들 사이에서 변화가 일어나기 시작했다. 특히 아빠들이 학교에 와서 "처음에는 혁신학교라 기대하고 이사를 왔는데 다른 학교와 별다른 것이 없어 보여서 실망했다. 그런데 이제 생각이 바뀌었다. 우리 아이가 존중받고 있다는 생각이 든다. 아이가 집에 와서 선생님이 내 말을 잘 들어주시고 존중해준다고 이야기한다. 혁신학교가 이런 거구나 하고 깨닫게 되었다."는 이야기를 하더라는 것이다. 정확한 이해이다. 이것이 혁신학교이다. 아이들이 스스로 존중받고 있다고 느끼는 학교는 이미 성공인 것이다. 그런 학교에서 어떤 아이가 불행하다고 느끼겠는가?

이런 학교에서는 학부모가 든든한 배경이 된다. 신입생이거나 전학을 와서 분위기가 익숙하지 않은 학부모들을 설득하고 학교를 이해시키는 것도 이 학부모들의 역할이다. 다양한 활동과 프로그램으로 교사가 감당하기 어려운 수준이 되었을 때 품을 나누고 교사의 힘이 되어준 것도 이 학부모들이다. 혁신학교는 이렇게 학부모와 함께할 때 진정한 배움을 위한 역할을 다할 수 있다. 학부모는 학교교육의 든든한 동반자이다.

학부모여! 아이들 교육에 당당하게 서라

2

여전히 학부모들은 학교에 대해 아쉬움이 많다. 학교교육에 참여하는 건 그리 힘들거나 어렵지 않다. 정작 그들의 고민은 자신들이 허드렛일이나 하고 있는 건 아닌가 싶다는 데 있다. '정말 학교교육의 동반자일까?' 하는 의문을 떨칠 수가 없는 것이다.

우리나라 학부모가 학교에 가는 것을 좋아하지 않는 이유는 아이가 사고 친 경우가 아니라면 청소, 급식, 교실 환경정리, 교통지도 등 귀찮은 심부름에 가까운 일이 대부분이기 때문이다. 학부모들이 원하지 않는 일을, 학부모들의 보편적인 동의가 아니라 아이를 볼모로 잡힌 입장이라 어쩔 수 없다는 심정으로 학교일에 참여해왔기 때문에 적극적으로 역할을 찾거나 학교교육에 참여하는 것을 상상하지 못한다.

성공적인 혁신학교의 특징은 학부모의 참여와 역할이 남다르다는 점이다. 학부모회가 잘 조직되어 있고 단순 노동이 아니라 교사의 교육활동을 실질적으로 지원하는 역할을 해내고 있다. 아침마다 아이들에게 책 읽어주기, 수업에 필요한 학습준비물을 전담해서 준비해주기, 도서관에서 자원봉사하기, 재능기부 수업 등 교육에 참여하고 있다는 자부심이 드는 일들을 하면서 학교와 더 가까워지고 교육에 대한 이해도 높아지게 되었다. 학부모들의 이해가 높아지면 교사들은 더 자신 있게 교육활동을 펼칠 수 있는 선순환 구조가 만들어진다. 학부모의 능동적이고 전문적인 참여가 필요한 이유이다.

또 학부모들은 교사들로부터의 정보가 목마르다. 선생님이 정보를 조금만 더 주면 학부모가 변한다. 그것은 매우 사소한 것에서 시작된다. 어느 교사가 밴드에 오늘 수업에서 진도를 나가지 못한 이유를 올렸다. 아이들 사이의 관계가 안 좋아서 할 수 없이 아이들의 관계를 개선하기 위한 시간으로 활용했다는 이야기인데, 이런 것에 학부모들은 감동한다.

혁신학교가 달라야 하는 부분은 교사와 교육에 대한 고민을 나눌 수 있는 문화가 있어야 한다는 것이다. 혁신학교에서 좋은 사례 중 하나가 교직원-학부모 대표자회의를 운영하는 것이다. 외국에서도 학부모-교사 협의회(PTA)라는 이름으로 운영되고 있으며, 이 회의를 정기적인 소통의 시간으로 활용한 결과 학교의 중요한 일들과 교육적 관심사를 서로 나눌 수 있게 되었다. 고양의 모 혁신초등학교에서는 교직원-학부모 대표자회의가 활발하게 이루어지면서 관심이 필요한 아이를 학부모들이 함께 돌보는 프로젝트를 운영하게 되었다. 과잉행동을 보이는 아이를 교사 혼자 감당할 수 없는 수준이 되었다는 것을 알고 서로 돕는 모임이 만들어진 것이다. 서로 적극적으로 소통하면 이런 일도 가능해진다.

적극적인 참여가 이루어지고 교육에 대한 관심은 높아졌지만 학교교육에 대해 교사와 많은 이야기를 나눌 기회가 별로 없다는 불만도 높다. 교사들에게는 부담일 수 있지만 학부모들의 참여가 교육을 얼마나 더 풍부하게 하고 교사에게 도움이 되는지를 이해해야 한다. 혁신학교의 교육이 우수하다는 믿음을 줘야 한다. 학부모들도 당당하고 적극적으로 학교교육을 위해 함께 참여하는 자세를 보여야 한다. 우리 아이들이 어떤 교육을 받는지 알 권리가 있고 요구해야 한다. 그러나 막무가내인 비판자나 갑질이 아니라 든든한 후원자이자 동반자로서의 마음은 잃지 않도록 하자.

교육은 가정교육에서 시작된다

3

 오늘날 학교교육의 문제는 단순히 학교 내부에만 원인이 있는 것이 아니다. 현재 교육이 안고 있는 문제는 학교 내부와 우리 사회, 특히 학부모의 모순된 기대 구조에서 시작된다고 보아야 한다. 모든 것을 학교와 교사의 책임으로 전가하고 피해자인양 하는 것은 정당하지 못하다. 그것은 현재 학교에 요구되는 역할과 책무를 자세히 살펴보면 쉽게 드러난다. 한 마디로 오늘날 학교는 그 인력구조나 권한에 비해 과도한 역할과 책임에 짓눌려 본래의 기능조차 하기 어렵다. 학교가 해야 할 교육 본연의 일보다 잡다하게 더해진 여러 가지 역할들로 인해 주객이 전도된 상황, 좀 더 적나라하게 말하면 수업이나 아이들을 상담하고 돌보는 일은 뒷전이 된 형편이다.

 행정업무, 보충수업, 방과 후, 보육, 이제 또 마을공동체까지? 학교 본연의 역할은 아이들의 교육이다. 그런데 이 교육이 포괄하는 범위가 넓어지다 보니 학교는 너무 많은 책임에 짓눌려 숨쉬기조차 힘들 지경이다. 교사들이 해야 할 행정업무가 하나 둘씩 늘어나더니 수업을 방해할 정도로까지 늘어났고, 이것을 해결하기 위해 수백 억을 들여서 행정실무사를 배치했다. 거기서 끝난 것이 아니다. 중·고등학교에서 일부 교사들이 보충수업 수입 때문에 자신의 반에 학생들을 더 모으기 위해 정규수업보다 보충수업에 더 정성을 쏟는다는 것은 아주 유명한 이야기이다. 정규수업만으로 모든 교육이 완성되어야 마땅함에도 당연히 보충수업을 해야 한다는 것은 모순이다. 초등학교에서는 학교마다 수많은 방과 후 학교를 개설하고 이를 관리하는 업무가 교사들의 스트레스가 되고 있다. 아이들의 교육과 관계된 일이긴 하지만 엄밀히 말하자면 교사 본래의 업무는 아니다.

더구나 아이들을 돌보는 것도 교육의 중요한 부분으로 인식되면서 엉뚱하게도 방과 후 돌봄교실이라는 이름으로 아이들을 돌보는 것이 학교의 책임으로 전가되고 있다. 그것뿐만이 아니다. 주 5일 수업이 실시되면서 맞벌이 부모를 둔 아이들을 위해 토요일에도 학교에 프로그램을 만들라는 교육부 지시에 따라 각 학교가 토요 프로그램을 개설하고 이를 운영하고 있다.

비용을 들이고 전담인력을 채용해 운영해야 하는 것들임에도 불구하고 만만한 교사들에게 업무를 떠넘기는 편의주의적 행정을 하고 있는 것이다. 물론 한정된 예산으로 인한 어려움을 모르는 것은 아니다. 그렇다면 애초부터 대안을 찾아서 합리적으로 운영할 방안을 마련했어야 한다. 학생들의 폭넓은 성장을 위한다는 명목으로 교사들을 지치게 해서 본래 할 일인 수업까지 위축시키는 우를 범하고 있음을 직시해야 한다.

주 5일 수업을 한다면서 토요일에 학교에서 프로그램을 만들어 학생들을 등교시킨다면 주 5일 수업이 무슨 의미인가? 물론 맞벌이 부모의 자녀를 어떤 식으로든 돌봐야 하는 것은 맞지만 이것을 모두 학교에 떠넘기는 것은 옳지 못하다. 이런 일들은 현재 논의되고 있는 마을공동체 개념처럼 지역사회가 공동으로 책임져야 할 부분이다. 경기도에서 시작한 혁신교육지구는 지역사회가 함께 지역의 아이들을 책임져야 함을 강조하고 있다. 혁신교육지구 사업에서 방과 후 교육지원센터는 이런 일들을 전담하는 역할을 전제로 한 것이고, 지역 공부방의 확대는 맞벌이 부모의 자녀들을 학교 단위가 아니라 마을에서 돌보고 가정학습 같은 기능을 담당하도록 하는 것이 포함되어 있다. 이런 방법들을 찾아 학교의 정규 교육 외적인 부담

을 과감하게 줄여야 한다. 그것이 교사들을 정규 수업시간에 집중하도록 하는 길이며, 그 효과는 고스란히 우리 아이들의 교육의 질로 연결된다.

이런 학교의 부담에 비해 가정의 교육은 심각하게 붕괴되어 있다. 단적인 예를 들면 맞벌이 부부가 아닌 가정에서도 유치원의 종일반이나 학교의 돌봄교실에 아이들을 맡기는 일이 허다하다. 정부에서 돈을 지원해준다고 자신의 아이들을 책임지지 않는 사회, 이것이 우리 가정교육의 현주소이다. 자식이 눈앞에 없을 때가 가장 행복한 시간이라는 부모들과 부모가 집에 없을 때가 가장 편안하다는 아이들. 아이들과 대화가 힘들어진 부모에게 학원을 보내는 것은 가장 손쉬운 부모 노릇이다. 심하게 말하면 자기가 감당하기 힘드니까 돈을 들여서라도 아이들을 격리시키는 것이다. 유치원 아이들이 초등학생보다 더 오래 학교에 붙잡혀 있어야 하는 비교육적인 일까지 생기고 있다. 부모가 맞벌이가 아닌데 굳이 아이를 종일 유치원에 맡겨야 하는 이유를 알 수 없지만 유아 단계에서는 부모와 살을 맞대고 보내는 정서적 교류가 매우 중요하다는 것을 생각하면 바람직하지는 않은 현상이다.

교육은 학교의 역할만으로는 제대로 되기 힘들다. 교육은 학교, 가정, 사회의 공동책임이다. 지방자치시대 이후로 지자체나 지역사회의 교육지원은 양적으로나 질적으로 상당히 발전되었다. 그리고 혁신교육의 확산으로 학교의 수업과 학생의 변화도 눈에 띄게 두드러지고 있다. 이제는 가정교육의 회복이 교육을 살리는 최대의 과제가 되어야 한다. 혁신학교를 제대로 정착시키기 위해서도 학부모들이 확고한 교육관을 가지고 가정에서 아이들을 책임지는 모습을 보여야 한다.

우리나라 부모들의 교육열이 높다고 하지만 실제로 열의만 높지 제대로 실천이나 노력을 하지 않는 것도 사실이다. 미국의 사커맘들은 아이들을 위해서 몸으로 뛴다. 돈을 들여서 아이를 방치하는 것이 아니라 아이들이 학교를 마치면 차에 태워서 스포츠클럽에 데려다주고, 아이의 활동을 지켜보다가 끝나면 데리고 온다. 주말이 되면 아이의 시합을 위해서 몇 백 킬로미터를 운전해서 달려간다. 그래서 사커맘이라는 말에는 엄마의 노고가 그대로 묻어 있다.

교사들 사이에 이런 이야기가 있다. "학부모를 불러서 해결될 아이는 부모를 부르지 않아도 해결된다." 문제 성향을 보이는 아이 뒤에는 반드시 문제 부모가 있다는 말이기도 하다. 대개의 경우 잘 들어맞는 말이다. 국내외 연구를 통해서도 입증된 것처럼 그 사람의 사회경제적 배경이 교육적 효과에 가장 큰 영향을 미치기 때문이다. 실제로 아이가 잘못된 행동을 해서 부모가 학교에 오면 거의 대부분 "우리 아이가 그럴 리 없다. 나쁜 친구 때문에 이렇게 됐다."라는 반응을 보이며 학교가 괜히 트집을 잡아서 아이를 괴롭힌다는 듯이 이야기한다고 한다. 그 나쁜 친구라고 불리는 아이에게 자기 자식은 모범적인 친구일까?

이렇듯 부모가 자식의 잘못을 인정하지 않으면 아이에게 부정적인 영향을 미친다. 아이들은 실수할 때도 있고 잘못된 행동을 저지를 때도 있다. 그것을 바로잡고 올바른 판단을 할 수 있도록 이끌어주는 것이 교육이다. 부모의 이런 태도는 아이에게 자신의 잘못이 무엇인지 정확하게 인식하지 못하고 억울하다는 느낌만 들게 만든다. 별 큰 문제도 아닌 걸 가지고 학교가 과도하게 자신을 괴롭힌다고 생각할 수도 있을 것이다.

교육의 일차적인 책임은 가정에 있다는 사실은 너무도 분명하다. 자기 자식 한 둘도 감당이 안 돼서 학교에서 밤늦게까지 잡아두지 않는다고 항의하고, 방학이 왜 이리 긴지 모르겠다고 푸념하면서 30, 40명이나 되는 아이들을 감당해야 하는 선생님의 입장을 한 번이라도 생각해봤을지 의문이다. 십수 년을 부모가 교육시킨 아이들의 행동에 대한 책임은 가정에 있는 것이다. 가정에서 실패한 교육이 학교에서 성공하기를 기대하는 것은 무리한 욕심이다.

선행학습의 협박에 대응하는 학부모의 자세

4

학부모나 교사 연수에서 지루한 표정을 짓고 있는 사람들에게 물어보면 비슷한 이야기를 몇 번째 듣는다는 경우가 많다. 비슷한 주제의 연수를 교육청의 여러 기관들이 저마다 실시하다 보니 그런 경우가 생기고 또 학교에서 의무적으로 차출해서 보내는 잘못된 관행 때문에 생기는 폐단이다. 그래서 강의를 시작하기 전에 내 강의를 전에 들었는지 확인하는 버릇이 생겼다. 여기서 선행학습에 관한 이야기를 하고자 한다. 한두 시간짜리 강의도 이미 들었던 이야기를 다시 들으면 아무리 재미있고 유익한 강의라고 하더라도 흥미가 떨어진다. 자기가 알고 있는 내용이기 때문이다. 그런데 하루에 여섯 일곱 시간씩 학교 수업을 듣는 아이들이 이미 자기가 학원에서 배운 내용을 반복해서 들어야 한다면 어떤 심정일까? 당연히 수업에 흥미가 떨어지고 집중하지 못하게 된다. 사교육기관에서는 최소한 1개 학년을, 심한 경우 3개 학년을 선행해야 학부모들이 선망하는 -사실, 학생들보다 학부모들의 욕망이다.- 특목고와 SKY에 갈 수 있다고 협박한다. 이렇게 불안감을 조성하면 웬만한 학부모들은 흔들리게 마련이다. 이해하지 못하는 것은 아니다. 그러나 그렇다고 해서 부모의 욕심과 막연한 기대심리 때문에 아이들이 진정한 배움과 무관한 수동적인 학습에 길들여지고, 자신의 재능과 꿈을 찾지도 못한 채 부모가 원하는 삶에 맞추기 위해

긴 고통을 감내해야 하는 비극적인 현실에 대한 책임이 면해지는 것은 아니다.

사교육이 비난받아 마땅한 이유가 학부모들의 주머니에서 피땀 어린 돈을 긁어내기 위해 존재하지 않는 위협으로 불안감을 조성하기 때문만은 아니다. 그렇게 해서라도 아이들이 쏟아붓는 시간만큼의 배움이 있다면 다행일 텐데, 아이들은 스스로 공부하는 것이 아니라 선생님의 학습을 구경하고만 있는 것이 문제이다. 선행학습을 한 아이들에게 학원에서 배운 내용과 비슷한 수준의 문제를 풀어보라고 했을 때 제대로 푸는 아이는 거의 없다. 이것이 진실이다. 학원에서 선생님이 풀어주는 문제를 쳐다보고 있으면 아는 것 같지만 그것은 자기의 지식이 아니다. 막연히 아는 것처럼 느껴질 뿐이다. 오히려 이미 안다고 생각하기 때문에 수업에 흥미를 잃고 집중하지 않게 만드는 역효과를 내는 경우가 더 많다. 학원을 다니면서 한 선행학습은 아이에게만 영향을 미치는 것이 아니다. 수업에 집중하지 못하는 아이들로 인해 전체적인 수업분위기가 흐트러지고 이것이 오늘날 교실붕괴의 한 원인이 되고 있다. 학교 운영에 대한 직접적인 압력이나 교권에 대한 위협은 아니지만, 사교육에 대한 맹목적인 집착은 학교교육을 방해하는 원인이 되고 이것은 아이들에게 결코 좋은 영향으로 돌아가지 않는다는 사실을 직시해야 한다.

이제 학교는 많은 변화를 시도하고 있다. 지역사회도 교육에 대한 지원을 아끼지 않고 있다. 그런데 여전히 학부모들은 변하지 않고 있다. 대학입시가 바뀌면 바뀔 거라고 하지만 천만의 말씀이다. 우리나라 대학입시가 그렇게 많은 변화를 시도했음에도 불구하고 오히려 매번 방향을 잃고 갈지자걸음을 해온 것은, 여론이라는 이름의 학부모들 반발 때문이었다.

우리나라 청소년들에게 왜 공부하는지 물었을 때 가장 많은 대답은 부모님이 원하기 때문이라는 것이었다. 배움의 기쁨이나 희열까지는 아니더라도 스스로의 목표나 이유가 있을 때 학습에 대한 흥미가 생기고 더 깊은 탐구와 창의적인 사고로 이어진다는 것을 생각하면 이런 응답결과는 대단히 부정적인 미래를 예견하고 있다. 이것은 우리나라 청소년의 학습흥미도가 OECD 국가 중 최하위라는 결과가 나온 원인을 짐작하게 한다.

시험에서 좋은 성적을 받아야 한다는 강박관념을 가진 아이에게 이유를 물었더니 부모님이 원하기 때문이라고 대답하는 것을 보고 안타까웠는데, 이것이 그 아이만의 특별한 사연이 아니라는 점이 우리교육의 심각성을 보여주는 것이다. 부모를 위해서 공부하고 부모를 위해서 학원을 가주는 아이들은 배움이 즐겁지 않다. 고통스럽고 벗어나고 싶지만 어쩔 수 없는 현실에 체념하고 자신의 한계까지 묵묵히 참아낸다. 불행하게도 우리 사회와 어른들은 그런 아이들의 호소에 귀를 기울일 생각이 없는 듯하다. 아이들이 수업에 집중하지 못하고 딴짓을 하거나 엎드려 자는 것을 그저 문제아들의 일탈로 치부해버린다. 아이들은 견디기 힘든 신음을 내고 있는데도 말이다. 더 이상 참아낼 수 없는 임계점에 이르면 아이들은 끊어진 고무줄처럼 예상하지 못하는 방향으로 튕겨져 나가버린다. 끊어진 고무줄을 다시 돌릴 수 없듯이 이렇게 튕겨져 나간 아이들 대부분은 학업 중단을 선택하지만 더 불행한 선택을 하는 아이들도 적지 않다. 우리나라에서 한 해 약 7만 명의 아이들이 학교를 떠난다는 통계는 아이들의 고통의 수준이 어디까지 이르렀는지를 잘 보여준다. 이런 아이들은 부모와의 관계도 최악의 상황으로 치닫게 된다.

이런 문제를 야기한 책임은 아이들이 아니라 우리 사회와 부모에게 있다. 그런데 가장 큰 희생은 아이들이 치르게 된다는 게 문제이다. 일차적인 책임은 아이들의 모든 가능성을 닫아버리고 영어 단어 몇 개와 수학공식 몇 개를 더 알고 있는지로 아이들을 평가하는 우리 사회에 있지만, 자기 자녀들이 무엇을 원하는지 귀를 기울이기보다는 막연한 불안감에 우유부단하게 휘둘리면서 아이들을 실패의 길로 내몰고 있는 부모들의 책임도 가볍다고 할 수 없다. 어쨌든 자녀들의 미래에 대해서는 누구도 걱정해주지 않는다. 아무리 사회적 분위기가 어떻고 다른 사람들이 다 그렇게 하니까 따라간 것이라고 변명해도 실패하고 나면 누구도 책임지지도 관심을 가지지도 않는다. 누구에게 하소연할 길도 없고, 그 모든 짐은 고스란히 아이들과 부모의 몫이 된다.

사랑하기 때문이라는 말로 책임이 면해질 수는 없다. 제대로 사랑하는 법을 배워야 한다. 그래서 학부모들이 바뀌어야 하는 것이다. 부모가 용기를 내야 한다. 다른 사람의 이야기가 아니라 자신의 생각으로 책임 있는 선택을 하는 부모가 되기 위한 용기가 필요하다. 용기를 내려면 확신이 있어야 한다. 그 확신은 같은 반 누구 엄마, 지금 당장 선행학습을 하지 않으면 좋은 대학은 물 건너간다고 협박하는 학원의 이야기로부터 생기는 것이 아니다. 과거에는 나에게 확신을 주는 어떤 롤모델이 없었다. 그러나 이제 달라지고 있다. 혁신학교의 성과들이 나오고 있고, 아이들이 변하는 모습을 마음만 먹으면 얼마든지 찾아볼 수 있게 되었다.

그럼에도 눈앞의 실제 성과를 믿지 않고 실체도 없는 과장된 신화에 마음을 빼앗기는 것이 학부모들의 마음이다. 여기에 기묘한 모순이 자리 잡고 있다. 많은 학부모들이 학원을 다녀도 아이들 성적이 오르지 않는 것을 경험했다. 그런데도 학원을 보내는 이유는 불안감과 기대심리가 서로 갈등하면서 자리 잡고 있기 때문이다. 불안감은 이마저도 안 하면 지금보다 더 떨어질 것 같은 불안감과 지금 시작하지 않으면 소위 좋은 학교에 가는 건 꿈도 꾸지 말라는 학원의 공포 마케팅에 그 뿌리를 두고 있다. 한편으로는 선행학습을 해야 입시성적이 좋은 학교에 갈 수 있고, 그 학교의 입시성적이 좋은 아이들의 일부에 자신들이 포함될 것이라는 희망 섞인 기대심리가 있다. 이 두 가지 심리는 모순된 입장에 기반하고 있기 때문에 학부모들도 늘 갈등하고 혼란스럽다고 이야기하는 것인지도 모르겠다.

그러면 입시성적이 좋은 학교의 실체를 제대로 알고 있는지 살펴보자. 소위 말하는 입시성적이 좋다는 평판은 원래 공부를 잘하던 아이들을 선점한 몇몇 특별한 학교의 대학 입시결과를 자신들의 기대와 일치시켜 만든 우상일 뿐이다. 정말 그 학교가 입시에 특별하다면 입학했던 아이들은 모두 다 좋은 결과를 얻어야 한다. 그러나 결과는 어떤가? 상당수는 좋은 결과를 얻지 못한다. 그런데도 부모들은 일부 아이들의 좋은 결과에만 열광한다. 너무 단순하게 생각하는 건 아닌가 싶다. 지금 성적이 좋은 아이들을 모두 데려가서 모두 다 좋은 결과를 내지 못한 것은 교육의 실패라고 할 수 있는데, 그것이 오히려 선망의 대상이 되다니? 100명 중 30명이 성공한다면 70명은 실패라는 것을 의미한다. 입시만이 목적이라고 보는 일반적인 기준으로 본다면 말이다. 그래도 다른 일반학교보다는 성공률이 높지 않으냐고 강변하고 싶겠지만, 일반학교의 성공한 아이들보다 이 학교의 실패한 아이들이 입학 당시엔 성적이 더 좋은 경우가 많았다는 것을 생각하면 그것을 성공이라고 보기 어렵다는 이유를 이해하게 될 것이다. 우리가 아무런 문제의식 없이 믿고 있는 여러 가지 사실, 혹은 사실이라고 불리는 것들은 이렇게 실제로는 사실이 아닌 경우가 많다.

몰라서 못 믿는 것이 아니라 믿기 싫어 못 믿는다는 말이 있다. 다른 사람들의 이야기가 아니라 제대로 된 정보를 통해 현실을 정확히 이해하고 진실과 허구를 냉정하게 판단하는 것은 학부모들의 책임이다. 정말로 아이를 위한 선택을 하고 있는지 자신을 돌아보아야 한다. 나의 체면 때문에 혹은 내가 이루지 못한 꿈에 대한 보상심리는 아닌지에 대한 솔직한 자기반성이 있을 때 우리 아이들에게 정말 필요한 선택을 할 수 있는 눈이 열리게 된다. 일찍 용기를 내었던 부모들과 그 아이들은 행복한 삶을 살아가고 있다. 혁신학교의 아이들과 학부모 이야기이다. 모든 지표에서 혁신학교 아이들이 더 잘 성장하고 있음이 드러나고 있다.

학원 보내지 말고, 부모의 미래를 설계하라

C 5

아이를 학교에 보낸 부모는 모든 것이 궁금하다. 그러나 어디에서도 제대로 된 정보를 받을 수가 없다. 받을 수 있는 정보라고는 수치화된 점수와 등수뿐이다 보니 그 점수와 등수에 목을 매게 되는 것이다. 아이가 백점을 받아도 다른 아이들의 점수가 더 궁금한 것은 학부모들 탓만이 아니다. 점수만으로 아이를 닦달하는 것은 다른 위안을 받을 정보가 없기 때문이다.

시험점수에만 관심을 보이고 행복해하고 절망하는 부모의 모습을 보면서 아이들은 시험점수가 인생의 목표가 된다. 그리고 그 대가는 혹독하다. 시험을 목표로 공부한 아이들에게는 시험이 끝나면 배웠던 모든 정보가 무의미해진다. 왜 배워야 하는지에 대한 질문을 한 번도 해본 적이 없는 아이들과 부모들에게는 그게 무슨 대수냐 싶겠지만 학교를 졸업한 후의 긴 인생을 생각하면 아찔한 일이다. 더구나 이 시험점수라는 것이 단기적으로 효과를 보일 수 있다는 데 함정이 있다. 일시적으로 쥐어짜면 성적이 오르는 경우가 있다. 이런 신기루 같은 성공의 경험은 기대심리를 버리지 못하게 하고 의미 없는 시험을 위한 공부로 아이들을 내몰게 된다.

시험성적만 잘 나오면 되는 것 아니냐고 반문할 수도 있겠지만 시험을 목표로 한 아이들은 세부적으로 시험에 나올 내용들을 잘 기억할 뿐 전체적인 개념은 파악하지 못한다. 아니, 하지 않는다. 왜? 필요 없다고 생각하기 때문이다. 그때그때 시험성적만 중요한 아이들은 시험성적을 높이는 방법에만 관심이 있다. 그래서 영어지문을 한글로 번역해서 무작정 외우는 아이들이 나오는 것이다. 그 아이들의 잘못이 아니다. 그런 아이들을 만든 건 바로 우리 사회와 학교, 학부모들이기 때문이다.

* * *

이런 학습 방식이 왜 문제일까? 그것을 제대로 보여주는 실험결과가 있다. 같은 학교의 아이들을 무작위로 두 그룹으로 나누어서 문제를 나누어주고 한 그룹에게는 시험이니까 열심히 풀어보라고 했다. 나머지 한 그룹의 아이들에게는 아무런 정보를 주지 않고 그냥 얼마나 잘 아는지를 보려고 한다고 하면서 문제를 풀도록 했다. 결과는 어땠을까? 시험이라고 생각하지 않고 문제를 푼 아이들의 성적이 더 낮게 나타났다. '거 봐라.' 싶을 것이다. 그러나 반전은 지금부터이다. 똑같은 실험군의 아이들을 대상으로 다시 시험을 치르도록 했다. 시험이라고 하고 문제를 푼 아이들이 똑같은 문제를 일주일 후에 다시 풀었을 때 성적이 25%나 떨어졌다. 그에 반해 그냥 능력을 보고자 한다고 하고 문제를 푼 아이들은 10% 정도만 성적이 떨어졌다.

* * *

시험을 목표로 공부하고 단기적으로 성적이 높아질 수도 있다. 문제는 장기적으로 지속될 수 없다는 것이다. 공부를 왜 해야 하는지에 대한 이유를 모르고 하는 공부는 효율도 떨어지지만 그 지식이 지속되지도 않는다. 그런데도 현실적으로 많은 학부모들은 시험성적에 매달릴 수밖에 없는 상황이다. 원인을 두 가지로 분석할 수 있는데, 첫 번째는 학부모의 뚜렷한 가치관이 없기 때문이고 두 번째는 정보의 부족이다.

후자의 경우는 학교의 책임이 크다고 보아야 한다. 학교로부터 자신의 아이에 대한 다양한 정보를 제공받지 못하다 보니 성적으로 자신의 아이를 판단할 수밖에 없는 것이다. 만약 우리 아이가 시험 성적은 좋지 않아도 다른 부분에 남들보다 탁월하고 가능성을 보인다는 것을 알면 시험성적이 그렇게 심각한 기준이 되진 않을 것이다. 그런 정보를 줄 수 없는 학교의 구조와 한계를 탓할 수도 있지만 그런 시도조차 하지 않았다는 점에서 반성해야 할 부분이기도 하다.

전자의 경우는 학부모들이 제대로 된 판단기준이나 가치관을 가지고 있지 않다는 것인데, 학부모들이 교육에 대해 제대로 알려고 하기보다는 주변의 이야기에 의존하고 자신만의 가치판단을 가지고 있지 않기 때문에 발생하는 문제이다.

기분이 상할 수도 있겠지만 우리나라 학부모들은 교육을 잘 알고 있는 것처럼 이야기하지만 실제로는 교육에 대해 거의 생각이 없는 수준이다. 억울하다면 자신이 아이 교육에 대해서 어떤 신념이나 철학을 가지고 있는지 생각해보자. 다른 사람이 한 이야기나 의견 말고 자신만의 생각이 있는지. 사회적 분위기와 막연한 불안감에 휘둘리면서 다른 사람들의 의견에 이러저리 쫓아다니다 지친다. 아이에게 공부를 열심히 하라고 다그치지만 정작 왜 공부를 해야 하는지 아이들이 이해할 수 있는 설명을 하지는 못한다. 설령 설명한다고 하더라도 좋은 대학을 가야 좋은 직장을 잡고 그러면 결혼도 잘하고 행복하게 살 수 있다는 정도의 수준이다. 그러니 열심히 공부해야 한다는 안 그러면 실패자로 살 수밖에 없다는 협박인데, 이런 협박으로는 두려움을 불러일으킬 수는 있으나 동기를 불러일으키지는 못한다. 더구나 아이들은 이미 그것이 환상이라는 것을 알고 있다. 한 마디로 부모들은 씨알도 안 먹히는 이야기를 하고 있는 셈이다. 대학을 졸업해도 제대로 된 직장을 잡기가 힘든 88만 원 세대의 현실이 자신들의 미래임을 잘 알고 있다. 아무리 노력해도 되지 않는 것이 있다는 좌절감부터 배우는 아이들에게 부모들이 늘어놓는 막연한 장밋빛 미래에 대한 희망은 설득력이 없는 공허한 이야기일 뿐이다.

아이들은 어른인 우리와 다른 세상에서, 다른 가치와 사고를 가지고 살아가야 한다. 우리가 굳게 믿고 있는 경험의 힘이라는 것은 과거에 기초하고 있다. 미래를 과거의 경험으로 판단하는 것은 대단히 어리석은 일이다. 그것은 오판을 낳고 의도하지 않았더라도 거짓이 되고 만다. 10년이면 강산도 변하던 시대를 살아온 우리의 경험이 한 달이면 주변이 확확 바뀌는 시대에 제대로 적용될 것이라고 생각한다면 엄청난 착각이다.

미래에 없어지게 될 직업 중에는 현재 매우 선망받는 직업들도 포함되어 있다. 자신의 모든 꿈과 행복을 포기하고 그 길을 택했는데 어느 날 자신의 직업이 더 이상 사회적으로 중요하지 않고 몰락해간다면 어떤 생각을 하게 될까? 부모와 사회가 자신을 속였다는 생각이 들 것이다. 세상에 믿을 놈 하나도 없다는 말은 이런 경우에 가장 하고 싶은 말이 아닐까? 우리가 살아갈 미래를 예측하기는 어렵다. 우리의 부모 세대만 해도 사회의 변화가 심하지 않았다. 그래서 어른들의 경험이 중요했다. 그러나 이제는 전혀 다른 사회의 흐름을 겪고 있다. 과거의 경험이 더 이상 연륜이 되지 못한다. 오히려 고정관념이 되어서 잘못된 판단을 하기 십상이다. 우리의 경험이 아이들에게 도움은커녕 독으로 작용할 수 있다는 점을 늘 경계해야 한다.

아이 스스로 생각하고 판단하고 결정할 수 있는 힘만 키워주고 지켜보면 된다. 책임지지도 못할 일을 너무 자신 있게 개입하는 것은 사랑이 아니다. 그저 자신의 욕망일 뿐이다. 다 너희들 잘 되라고 하는 것이라고? 잘 된다는 보장은 있는가? 그리고 그것이 자신의 욕심이 아니라고 확신할 수 있을까?

우리나라 학부모들은 삶 자체가 아이들을 위해서 존재하는 것처럼 보이지만 정작 가정교육에 대한 책임을 회피하고 있다는 점에서 욕심일 가능성이 높다. 아이 교육은 학교와 학원에 떠넘기고, 아이들을 돌보는 것이

버거워져버린 것이 정확한 부모들의 모습이다. 학교가 더 오래 아이들을 붙잡아 두기를 바라고 직장을 다니는 것도 아니면서 어린 아이들을 종일 유치원이나 어린이집에 떼놓는 부모들은 우리나라만의 특이한 현상이다. 특히 유아기에는 가능하면 더 많은 시간을 부모와 함께하는 것이 정서뿐만 아니라 지능 발달에도 도움이 된다고 하는데 말이다. 그런데도 아이들을 다른 누군가에게 맡겨야 안심이 되는 것은 어찌 보면 우리 부모들이 자녀 교육에 대해 자신감이 없고 두려움이 가득하기 때문일 수도 있다. 충분히 이해한다. 그러나 그 두려움 때문에 자신의 책임을 회피하고 다른 누군가에게 그 책임을 떠넘기는 것은 좋은 부모가 할 선택은 아니다.

또 지금보다 훨씬 복잡하고 급격한 변화를 겪게 될 미래를 살아갈 아이들과 소통하기 위해서는 부모도 끊임없이 배워야 한다. 사회의 흐름을 읽고, 자식이 아니라 자신의 삶을 풍요롭게 살아가기 위해서라도 배워야 한다. 자기 자신이나 책임지는 것이 우선이 아닐까? 이제 다가올 100세 시대를 대비해야 한다. 과거에는 노후 대비라는 것이 큰 의미가 없었다. 퇴직 후 살아가는 시간이 그리 길지 않았다. 그러나 지금 학부모세대는 한참을 더 살아가야 하므로 노후대비가 필수이다. 그래도 자식들 학원비에 돈 쓸 여유가 있을까? 우리의 노후는 지금의 선택에 달려 있다.

우리 아이들은 100년 이상을 살게 될 것이다. 이 아이들이야말로 진정으로 시민으로서 자신의 삶을 행복하게 유지해야 할 엄청난 부담을 짊어진 존재들이다. 요즘 60세까지 유지되는 보험은 찾아볼 수 없다. 현재의 노인세대 중 그나마 여유가 있어서 노후를 준비한다고 했던 분들조차 이미 만기가 되어 쓸모없는 보험만 들고 있는 상황이다. 우리가 미래를 예측한다는 것은 이렇게 별 의미가 없다. 자신의 미래조차 예측하지 못하고 대비하지 못하면서 아이들에게 미래를 이야기하고 자신들의 말을 잘 들으면 행복한 삶을 살 수 있다며 "다 너 잘 되라고 하는 이야기야."라고 자신 있게 이야기하는 부모들을 보면 그 무식한 용기에 놀랍고도 끔찍하다. 그것을 믿고 열심히 살았던 아이들이 미래에 느끼게 될 절망감과 배신감은 누가 보상할 것인가?

* * *

학부모 대상의 강연이 있을 때마다 하는 이야기가 있다. "여러분의 미래는 안녕하십니까?"이다. "여러분은 몇 세까지 살고 싶으세요?"라고 질문하면 대부분 80세를 이야기한다. 그건 현재의 평균수명에 약간의 기대치를 더한 나이이다. 그러면 "여러분은 앞으로 100세까지는 살 것입니다." 라고 말하며 그 이유를 설명한다. 여기저기서 "아휴, 징그러워." "지겨워서 어떡해."라는 이야기들이 쏟아진다. 진심일까? 사실 그런 이야기를 하면서도 약간은 즐거워 보인다. 누구나 오래 살고 싶은 욕망은 같은가 보다. 그런데 여기서 이런 질문을 던지면 일순 주변이 싸늘해진다. "그런데 그때까지 사실 준비는 되어 있으십니까?" 참으로 곤란한 질문이다. 그럴 때 한 번 더 잔인하게 파고든다. "중형아파트 하나로 버티지 못하실 텐데요." 그러면서 "학원비 내느라 자신들의 노후에 대한 아무런 준비도 하지 못한다면 그것은 바보 같은 삶을 사는 것입니다. 여러분이 늙어서 대책이 없다면 그것은 바로 자식들에 대한 부담이 됩니다. 다시 생각해 보십시오. 지금 여러분이 하는 선택이 정말 아이들을 위한 것일까요? 아이들이 그것을 바랄까요? 학원비 낼 돈으로 여러분 미래나 책임지세요. 여러분 자신도 책임지지 못하면서 아이들의 미래를 어떻게 책임집니까? 아이들한테 부담이나 안 되면 다행입니다." 이런 이야기가 이어지는 동안 대부분 얼굴에 수심이 가득차고 불안한 눈빛이 된다. 물론 이런 이야기를 들었다고 그중에 몇 명이나 정말 학원비를 줄여서 노후 준비를 할까? 사실 자신 없다. 수백 명의 사람 중에 한두 명이라도 심경의 변화를 일으켜 주기를 희망할 뿐.

* * *

이 글을 읽는 독자들에게도 같은 질문을 던지고 싶다.

"여러분은 몇 살까지 살 것 같습니까? 80세, 100세, 120세?"

정년 후 몇 년 더 살지 못했던 과거와 달리 이제는 자신이 일을 했던 시간만큼의 세월을 소득 없이 살아야 하는 시대가 되었다. 늘어나는 노령인구에 비해 급격한 저 출산으로 인해 국가의 지원을 기대하기는 어렵다는 것도 분명하게 보인다. 자식들이 부모를 공양하는 것도 옛말이 되었고 그 부담도 크다. 그래서 은퇴 이후의 시간을 위해 스스로 무엇인가를 준비해야 하는 것은 선택이 아니라 피할 수 없는 숙명이다. 우리의 삶이 인간답게 유지되기를 그리고 아름답게 마무리되기를 바라는 것이 모두의 공통된 희망이라는 것에 동의한다면 다음의 질문에 진지하게 답해야 할 것이다.

"여러분의 미래는 안녕하십니까?" 솔직하게 정면으로 이 질문에 맞서야 한다. 그것이 우리의 미래뿐 아니라 우리 아이들의 미래에 대한 해답을 찾는 길이기 때문이다.

사실 아무도 미래를 정확하게 예견할 수 없다. 그리고 미래에 어떤 지식이나 직업이 나의 삶을 행복하게 할 수 있을지 누구도 알지 못한다. 어떤 미래학자가 솔직하게 밝힌 것처럼 자신이 10년 전에 예견한 것 중에 10%도 적중하지 못했다는 것이 미래에 대한 전망의 실체이다. 행복한 삶을 살고 싶다면 자신의 삶을 책임질 수 있는 힘을 기르고 그 힘만을 믿어야 할 뿐. 그 힘을 기르는 것이 학교와 교육이 해야 할 역할이다. 그 힘은 어디에서 나올까? 아이들을 경쟁으로 내모는 것으로? 물질주의에 대한 환상과 개인의 성공에 대한 극단적인 추구로? 우리 아이들을 건강한 시민으로 길러야 할 이유는 너무도 분명하다. 그들의 미래가 안전하고 행복한 삶이 되도록 스스로 결정할 권리를 인정해야 하기 때문이다. 자신들의 운명을 스스로 판단하고 결정할 수 있는 힘을 길러주어야 하는 것이 부모가, 학교가, 그리고 사회가 해야 할 역할이자 책임이다.

이쯤 되면 우리가 지금 책임지지도 못할 일을 하고 있다는 생각이 번뜩 들지 않는가? 부모가 책임져줄 수 없는 아이들 미래의 삶이 행복하기 위해서는 아이들 스스로 자신들의 삶에 대한 결정권을 가져야 한다. 교육은 그런 결정을 하는 경험을 제공해야 한다. 처음에는 서툴고 많은 실수를 할 수도 있다. 그 자체가 훌륭한 배움이다. 답답하다고 나서서 해결해주면 백번을 반복해도 스스로 할 수 있는 힘을 기르지 못한다. 중대한 실수가 있을 때 비난이 아니라 수습할 수 있도록 바람막이가 되고 힘이 되어주자. 입이 근질거리고 속이 터져도 참고 참으면서 기다려주는 것이 어른들이 할 역할이다. 제대로 된 어른으로서, 성숙한 학부모로서 역할을 다하기 위해서는 무엇을 해야 할까? 그것은 바람직한 학부모의 교육 참여이다.

학부모의 참여가 교육을 살리는 힘!

6

　요즘 교육계에서 가장 핫한 용어 중의 하나는 '마을공동체'일 것이다. 마을공동체와 교육이 무슨 관계가 있는지 의아해할 수도 있다. 예전 대가족 시대에는 집안 어른의 권위가 가족관계를 유지하는 힘이었고 따라서 마을의 어른들도 비슷한 권위를 인정받았다. 이런 구조에서는 가족 모두의 관계가 중요하므로 부모가 자신의 자녀만을 감싸거나 떠받들 수 없다. 그리고 밖에 나가면 누구 집 자식이라는 꼬리표를 달고 다니므로 행동에도 조심하게 되고, 아이가 잘못하면 마을의 누구라도 부모와 같은 권위로 나무랄 수 있었다. 가족과 마을이 모두 함께 아이들을 키워왔던 것이다.

　그런데 이런 대가족 구조가 해체되면서 마을의 기능도 사라졌다. 이것이 가정교육의 붕괴, 공동체성의 붕괴로 이어졌다는 문제의식에서 마을의 공동체성을 회복하자는 운동이다. 이런 시도가 처음은 아니다. 이미 '혁신교육지구'라는 것이 지역의 교육 기능과 참여를 되살리자는 의도에서 시작되었으므로, 마을공동체는 이것을 더 강조하고 교육의 중심에 놓고자 하는 시도로 보면 될 것이다. 핵심은 학부모이다. 학부모들의 제대로 된 참여만이 가정교육의 회복과 마을공동체의 활성화를 가능하게 하는 힘이기 때문이다. 그런 점에서 마을공동체 운동이 지금까지처럼 활동가 몇 명만 움직이는, 시민이 없는 시민단체 중심의 사업처럼 전개되는 것은 경계해야 할 부분이다.

학부모의 교육 참여가 필요하다는 데는 누구도 부정하지 못할 것이다. 그러나 학부모의 참여가 어떤 모습이어야 할지에 대해서는 제대로 이해하지 못하는 것 같다. 그러다 보니 학부모들이 교육에 참여하고 싶지만 어떻게 해야 할지 모르겠다는 이야기가 나오고, 학부모의 참여에 대해 부담스러워 하는 교사들도 나온다. 학교교육에 참여했다가 실망만 안고 돌아서는 경우도 허다하다. 그래서 올바른 학부모의 교육 참여가 어떤 것인지를 함께 고민하고 알아야 할 필요가 있다.

앞에서도 잠깐 언급한 것처럼 우리 학교에서 학부모의 역할은 대단히 수동적이거나 부정적인 모습으로 이해된다. 과거 '치맛바람'이라는 말로 대변되던, 자기 아이만을 위해 물불을 가리지 않고 나서던 극성스러운 어머니들의 모습은 교육계에 좋지 않은 선례로 기억된다. 학교를 가려면 얼마짜리 봉투를 준비해야 할지 고민해야 하는, 그래서 학교 한 번 가는 것이 큰 부담이었던 시절의 기억들은 학부모들의 교육참여를 곱지 않은 시선으로 바라보게 했다.

학부모들의 또 다른 모습은 학교교육에 아예 관심을 가지지 않거나 학교의 온갖 잡일과 학부모가 동원되어야 할 일에 불려 나가는 것이다. 전자는 중학교 이상의 학부모들이 보이는 모습으로 학교에 아이를 보내고 나면 아이가 사고를 치지 않는 이상 학교 근처는 가까이 갈 이유가 없다고 생각한다. 어떤 학원에서 이번 주에 뭘 하는지는 훤해도 학교에서 무슨 일이 일어나는지는 관심조차 없다. 억지로 등 떠밀려서 임원이 된 학부모들만 여기저기 겹치기로 불려 다니는 신세라 자신의 역할에 대한 보람이나 만족감과는 거리가 멀 수밖에 없다.

주로 초등학교 학부모들의 모습에 해당되는 후자는 녹색어머니, 교실청소, 급식도우미, 교실환경정리 등 온갖 허드렛일에 불려 다닌다. 이런 일들이다 보니 학부모의 역할은 서로 나누어져야 하는 부담이 되었고, 시간을 낼 수 없는 직장맘들은 늘 이유 없이 미안해야 하고, 전업주부들은 또 그들대로 불만을 토로한다. 학부모 스스로 학부모의 역할이 학교에 꼭 필요한 일이라고 느끼게 될 때 그 일이 즐겁고 보람 있는 일이 되고, 서로 하고 싶어 하는 분위기가 될 것이다. 단순히 몸으로 때우는 별로 중요하진 않은 허드렛일이라고 느껴진다면 억지 노역일 뿐이다.

학부모들이 학교교육에 참여할 수 있는 분야는 다양하다. 우리나라 학부모들의 학력 수준이 세계 최고이기 때문이기도 하다. 미국 대학교의 신입생 설문조사 항목 중에는 일가친척 중 자신이 처음 대학에 진학하는 경우인지를 묻는 질문이 있다. 처음에는 잘 이해할 수 없었다. 우리나라의 경우 이런 질문을 할 필요가 없기 때문이다. 그만큼 대학진학을 하지 않는 사람이 많다는 것을 반영하는 사례일 것이다. 그럼에도 OECD 국가 평균에 비해 여성의 사회적 활동이 매우 낮은 현실은 이런 자원들이 그대로 사장되고 있다는 것을 의미하므로 대단히 안타까운 일이며 사회적 낭비이다. 특히 직접적인 교육활동에까지 참여할 수 있는 역량을 갖춘 학부모들이 존재한다는 것은 우리나라만의 강점이라고 할 수 있다. 학부모들은 지금보다 더 중요한 역할을 할 수 있으며 그것이 우리 교육을 획기적으로 개선할 수 있는 힘이 될 것이다. 이를 위해서는 학교나 교사들도 학부모의 역할에 대한 인식의 변화가 우선되어야 함은 물론이지만 학부모들의 올바른 이해와 준비도 매우 중요하다.

학부모들의 역량을 보면 직접적으로 교실의 보조교사로 지원하거나 학습준비를 위한 역할, 방과 후 수업을 위한 운영과 참여, 창의적 체험활동에서 강사 지원, 동아리 활동 지원 등 수도 없이 많고 필요한 부분들이다. 교사들에게 이 모든 것을 감당하라고 하는 것이 현재 우리 학교의 현실이며, 이것이 오히려 정규교육을 부실하게 만드는 원인이 되고 있다. 아이들이 제대로 배우고 잘 성장하기를 바라는가? 그럼 아이를 학원으로 내몰 것이 아니라 우리 부모들이 교육에 필요한 부분을 메꾸어주고 교사들이 우리 아이들 하나하나를 제대로 보살필 수 있는 여유와 힘을 갖추도록 해주자.

물론 교육에 참여하는 것이 학력만 가지고 되는 일은 아니다. 아이들을 대하는 방법이나 자신이 담당할 역할에 필요한 역량을 갖추어야 한다. 그래서 학부모가 배워야 한다. 학부모가 제대로 자녀 교육의 한 축을 담당하기 위해서는 자신의 확고한 교육철학이 필요하다. 그래야 교육을 제대로 이해할 수 있고 학교를 온전히 바라볼 수 있는 시선을 갖추게 되기 때문이다. 세계 어느 나라나 마찬가지겠지만 아이들에게는 열심히 공부하라고 하면서 정작 부모들은 배우는 것에 소극적이다. 자신들이 열심히 학부모 교육에 쫓아다닌다고 믿는 부모들도 정작 자신의 성장을 위한 배움에는 별로 관심이 없고, 자녀의 성적과 진학에 유용한 정보에만 안테나를 높이 세우고 있는 경우가 대다수이다. 진학설명회에는 누가 동원하지 않아도 통로까지 메우면서 학부모 교육에는 억지로 동원하지 않으면 강좌를 제대로 구성하기도 힘든 것이 이런 실상을 그대로 대변하는 것이다.

학부모들이 교육에 참여해야 한다고 하는 이유는 우리의 교육기반이 대단히 취약하기 때문이므로 부모들의 힘이라도 빌려야 할 상황이라는 것, 그리고 부모들이 교육을 제대로 이해해야 올바른 선택을 할 수 있기 때문이다. 아이들 일이라면 물불을 가리지 않는 학부모들의 열의를 제대로 유도할 수만 있다면 우리나라 교육은 획기적인 변화가 가능하다. 그리고 솔직히 믿을 건 우리 학부모들 자신뿐이다.

국가는 공교육에 대한 의지가 없다!
학부모가 깨어야 한다
7

우리나라의 교육기반이 취약하다는 것은 국가의 공교육비 비중이 OECD 국가 평균에 한없이 못 미친다는 것만이 아니다. 30명에서 40명에 달하는 학급당 학생 수, 교사 일 인당 학생 수와 같은 기본적인 교육지표만 보아도 쉽게 알 수 있는 사실이다. 아이들의 끼를 살리는 교육을 이야기하면서 다양한 과목을 개설할 수 없는 학교의 실정은 그 말의 진정성을 의심하게 한다. 이런 환경에서는 창의적인 인재를 키우는 것은 고사하고 아이들의 가능성마저 학교가 짓밟는다는 비판을 들을 수밖에 없다.

안타깝게도 이런 상황은 전혀 개선될 가능성이 없어 보인다. 우리나라는 초·중등교육에 소요되는 재정, 즉 지방교육재정을 균일하게 유지하기 위해 국가가 교부하도록 하는 매우 바람직한 제도를 가지고 있다. 지방재정에 거의 전적으로 의존하게 하는 미국의 경우 지역별 교육 격차가 매우 심각한 것에 비하면 대단히 훌륭한 제도이다. 그러나 양적인 면에서는 아직도 미흡한 것이 사실이다. 물론 학생 수가 감소함에 따라 이런 정도의 교육재정이 유지되다 보면 우리나라의 교육여건이 점차 개선되리라는 기대가 있었다. 현재 수준의 교사 수급과 학급 수를 유지하면 우리도 선진국 수준의 학급당 학생 수, 그리고 다양한 교과목의 개설로 아이들의 다양한 가능성을 기를 수 있는 교육이 가능해지리라는 희망이 있었다.

그것이 얼마나 순진한 기대였는지는 요사이 정부의 행태를 보면 그대로 드러난다. 지방교육재정이 획기적으로 개선되기 시작한 것은 참여정부시절이었다. 처음 법이 제정된 1972년 내국세(우리 국내에서 걷히는 국세)의 11.8%에서 출발한 지방교육재정은 노무현 대통령의 참여정부시절에 교원의 급여를 지원하던 봉급교부금이 지방교육재정교부금에 포함되면서 20%대로 증가되고, 이명박 정부시절에 약간 오른 20.27%로 유지되고 있다. 이런 재정으로는 여전히 후진적인 교육환경에 머무를 수밖에 없다는 것이 우리 교육 실상에 그대로 나타나고 있다.

　그럼에도 불구하고 학생 수가 줄어들면 나아질 것으로 예상되었던 교육환경에 대한 기대마저 접어야 할 것으로 보인다. 교부금을 건드리기가 부담스러웠던 정부는 무상보육을 실시하면서 그 예산을 교육재정으로 떠넘기는 불법을 저지르고 만다. 이것은 명백한 불법이다. 법적으로 하면 안 되는 일을 서슴지 않고 하는 것이 우리나라 정부기관의 실체이다. 지방재정교부금법을 개정하지 않는 이상 현재 어린이집에 다니는 아이들의 보육비를 교육재정으로 부담하게 하는 것은 완전한 불법이자 국민에 대한 사기극이다. 더구나 무상급식에 대해 '부잣집 자식에게 공짜 밥' 운운하던 사람들이 무상보육은 보편적으로 시행하는 모습을 보면서 일말의 염치를 기대한 것이 얼마나 헛된 일인지 확실하게 깨닫게 되었다. 한 마디로 우리 정부에게서 교육의 선진화를 기대하는 것은 헛꿈이라는 생각이다. 이런 사실을 아는 학부모는 얼마 되지 않을 것이다. 교육감들을 비롯한 교육당국도 법 위반에 대해 명확히 대응하지 못한 책임이 있다.

　이런 문제점을 지적하는 것은 우리 교육을 정부가 개선해줄 것이라는 믿음이 얼마나 허망하고 실현 가능성이 없는 일인지를 말하고자 하는 것이다. 기대할 것이 없다. 그것이 필자의 분명한 판단이고 결론이다. 그래서 국민들이 나서야 한다. 학부모들이 나서서 교육을 지원해야 우리 아이들이 제대로 배우고 성장할 수 있는 환경을 만들 수 있다는 것을 말하고자 한다. 교육은 돈으로 해결될 수 없는 부분이 많다.

오랜 기간의 경제 봉쇄로 우리보다 훨씬 경제적으로 어려운 쿠바의 이야기를 해보려고 한다. 쿠바는 세계에서 손꼽힐 정도로 못사는 나라이지만 교육과 의료에서만큼은 세계 최고를 자랑한다. 쿠바에서는 교실을 더 지을 돈이 없어서 학급당 학생 수를 줄이지 못하자 한 교실에 교사를 두 명씩 배치하는 방법으로 교육의 질을 높이고 있다. 모든 나라의 고민인지 특히 중학교에서부터는 30명의 학생에 두 명의 교사를 배치하고, 학생들을 나누어서 가르치도록 해서 탁월한 효과를 보고 있다. 쿠바의 경우는 교사들의 급여가 높지 않아서 가능한 일일 것이다.

그럼 우리는 어떻게 해야 할까? 학부모들의 도움과 참여가 필요하다. 경기도의 혁신교육지구에서 이미 시도한 학습보조교사제도는 한 학급에 보조교사가 들어가서 정규교사를 돕는 방식이다. 이 제도는 이미 많은 교사들이 그 효과를 인정했고 학부모들의 만족도도 높다. 그런데 예산 문제로 많은 교실에 적용하지는 못하고 있는 형편이다. 그래서 학부모들의 힘이 필요한 것이다. 이외에도 교사들의 학습준비를 위한 지원이나 방과 후 학교 코디네이터 등 학부모들이 필요한 분야는 너무 많지만, 처음에는 자원봉사라는 이름으로 시작되었다가 나중에는 급여를 지급해야 하는 일로 바뀌고 있다. 그것은 순수한 자원봉사가 아니다. 기부라는 것은 순수하게 대가 없이 이루어져야 하는 것이다. 학부모들의 순수한 교육기부가 필요하다. 앞에서 언급한 것처럼 국가로부터 기대할 것이 없는 상황에서 학부모들이 나서서 아이들의 교육환경을 제대로 만든다는 자부심으로 동참할 것을 호소하고 싶다. 이런 일들에 참여하는 것은 스스로의 자긍심을 높일 뿐만 아니라 자녀들의 부모에 대한 인식도 변화시키게 된다. 얼마 안 되는 보상에 비할 바는 아닐 것이다. 더구나 빈약한 교육여건을 생각하면 아이들을 제대로 가르칠 수 있는 교육환경을 만들기 위해 교육의 중요한 한 축인 학부모로서의 책임을 다하는 일이기도 한다.

얻는 것은 더 있다. 교육에 직접적으로 참여하면 교육에 대한 학부모들의 인식 역시 달라질 수 있을 것이다. 제대로 이해하면 보지 못하던 것을 보게 된다. 우리 반 선생님이 왜 교과서가 아닌 다른 자료로 아이들과 색다른 배움을 하고 있는지, 아이들의 가능성은 성적으로만 판단할 것이 아니라는 사실들이 눈이 띄게 될 것이다. 백문이 불여일견이다. 이런 이야기를 한 번 들었다고 마음이 바뀌거나 실천할 수 있게 되지는 않는다. 자꾸 보면서도 다시 마음이 흔들리는 것은 당연하다. 그러면서 천천히 마음속에 확신이 쌓여가게 될 것이다. 많은 혁신학교 학부모들의 생생한 경험으로부터 나온 결론이다. 대단한 사람들이거나 확고한 교육적 신념을 가진 사람들이 아니다. 아이들이 변하는 것을 보고 수업과 학교의 모습을 보면서 점차 확신을 얻었다는 것이다.

실제로 혁신교육지구나 화성창의지성교육도시에서는 학부모들이 체험활동이나 사서도우미, 방과 후 교실에서의 교육기부를 통해 학교교육에 적극적으로 참여하고 있다. 이런 참여를 통해서 학부모들 스스로가 변하고 있음을 체험하게 된다. 여러 가지 사례가 있지만 학부모들의 교육기부가 아이들을 위한 일에서 그치지 않고 스스로의 자아실현으로 이어진 가장 바람직한 경우도 있다.

* * *

용인의 한 신설학교에서는 혁신학교를 추진하기 위한 준비과정에서 문화예술교육을 중점적으로 추진하였다. 이 학교의 교장선생님은 경기도의 NTTP 추진에서도 사업단장을 맡으면서 뛰어난 능력을 보였던 분이다. 여성의 친화력에다 추진력까지 갖추고 열악한 소규모 신설학교를 탄탄하게 안정시켰을 뿐만 아니라 혁신학교로 만드는 등 짧은 시간에 학교를 발전시켜 학부모로부터도 인정을 받았다. 이 학교는 문화예술교육을 위해 모차르트, 고흐, 조수미를 교육과정에 완전히 녹여내 교육과정 안에서 스토리텔링 수업을 진행했다. 아이들에게 모차르트를 가르치면서 현악사중주의 아름다움에 대해 설명하면 아이들은 현악사중주가 무엇인지 궁금해하기 마련이다. 그때 학부모들이 바이올린, 비올라, 첼로를 연주해준다. 이런 식으로 학부모들이 참여해서 수업을 지원하는 것으로 아이들은 제대로 된 예술교육을 할 수 있었다고 한다. 선생님 혼자서 어떻게든 수업을 이끌어 나가려고 했으면 그냥 영상을 보여준다든지 그림으로 설명하든지 했을 것이다. 선생님의 힘만으로는 이렇게 입체적이고 현실감 있는 수업을 만들기 어렵다.

*　　*　　*

이렇게 이 학교는 학부모들의 재능을 활용해서 살아 있는 감동적인 문화예술교육을 할 수 있었다. 여기서 그치지 않고 학부모들은 내친김에 자신들끼리 스스로 오케스트라를 조직했다. 아이들 교육을 돕는 것에서 스스로를 실현하는 데까지 나아간 것이다. 학부모들의 희생이나 배려를 넘어 스스로의 만족을 통한 지속가능한 교육참여의 모델을 제시했다는 점에서 대단히 중요한 사례이다. 이 학부모들은 오케스트라를 통해서 교육에 참여하지만 함께 연습하고 공연을 준비하는 과정에서 새로운 공동체를 만들어낸 것이다. 아이들이 졸업을 하더라도 계속 모임이 이어져서 마을 또는 지역의 공동체를 형성하고 지속적인 교육참여를 가능하게 하는 끈끈한 연대를 만들어가는 기초가 되었다는 점에서 중요하다.

아이들의 소리 없는 외침, "내 이야기를 들어주세요!"

8

학부모와 어른들이 배워야 하는 이유는 우리가 대체로 오해하는 것처럼 공부 못하는 아이들이 실패자는 아니라는 것이다. 많은 전문가들이 공부를 못하는 아이들은 못하는 것이 아니라 안 하는 것이라고 이야기한다. 많이들 들어본 이야기이겠지만 우리나라 아이들은 세계 어디에 가도 공부 잘한다는 소리를 듣는다. 필자가 몸으로 체험한 사실이다. 우리나라에서 공부를 못하는 축에 속했던 우리 아이들이 미국의 학교에서는 '스마트보이'라는 말을 들을 정도였다. 영어가 제대로 안 되는 채로 고등학교 때 미국학교에 전학 간 필자의 딸은 한국 고등학교 성적이 말할 수 없이 형편없었음에도 불구하고 GPA가 3.5 이상이 되었다. 필자의 아들도 수학만큼은 뛰어나다고 했는데 사실 우리나라에서의 실력으로 보면 하위권에 불과했을 것이다. 이렇게 국제적 기준으로 보면 전혀 뒤처지지 않는 정상적인 아이들인데, 그것을 모두 다 서열화하려다 보니 억지로 못하는 아이들을 만들어내고 있는 것이다. 서열 그 자체로 인해 아이들은 스스로를 공부 못하는 아이라고 생각하게 되고 인생의 실패자로 느끼게 된다.

공부 잘하는 아이들만 간다는 특목고나 과학고, 자사고에서도 공부 못하는 아이들이 있다는 사실을 어떻게 받아들여야 할까? 모든 아이들을 상대적으로 비교하는 것은 이런 부작용을 일으키게 된다. 이것이 과연 정당한 것일지에 대한 진지한 성찰이 필요하다. 이런 환경에서 등급제로까지 경쟁을 시키니까 배울 의욕이 더 떨어진다고 한다. 이것은 아이들로부터 배울 권리를 뺏는 일이다. 학교와 학부모들 모두 그런 적이 없다고 발뺌할 일이 아니다. 비교와 경쟁의 부담 때문에 공부가 싫어지고 공부를 안 하는 아이가 못하는 아이로 치부되면 아이들은 점점 배우고자 하는 자신의 본능에 반항하게 된다.

아이들이 하는 이야기를 들어야 한다. 자신들을 필요 없는 인간이라고 생각하게 되고 자존감이 떨어지는 것은 교사와 학부모 때문인 것이 대부분이다. 아이들은 공부로 인해 상처를 받는다. 자타가 공히 인정하는 '깔창'이라는 이름으로 불리는 아이들은, 학교는 상위 10% 아이들만을 위해 존재하고 인성마저 성적으로 판단한다고 믿는다. 그런 항변에 대해 '공부 못하는 건 게을러서 그런 것이다. 공부 잘하는 아이들은 그런 소리도 하지 않는다.'라고 이야기하면 아이들은 씻기 힘든 상처를 받게 된다.

불행히도 그것은 그 아이들의 근거 없는 피해의식이 아니다. 실제로 있었던 일들을 일일이 예로 들기에 시간과 지면이 모자랄 정도이다. 공부 못하는 아이가 글짓기에서 상을 받게 되었는데, 공부 잘하는 아이의 앞길을 막는다면 상을 주지 않는 교사와 학교가 특별한 케이스일까? 문제가 발생했을 때 무턱대고 공부 못하는 아이를 의심해서 학교를 그만두게 한 사례는 특정학교만의 일일까? 성적순으로 식판을 받게 한 사례는 어떤가? 동아리도 공부를 잘하는 아이들을 위한 특혜로 전락되었고 방과 후 수업을 우열반으로 편성하는 것은 아예 문젯거리도 되지 않는다.

이런 학교에서 공부를 못하는 아이들은 자신을 잘하는 아이들을 돋보이게 하는 엑스트라 같은 존재로 받아들이게 되고, 자존감이 떨어진다. 공부를 못해서 죄인 같다는 아이들은 부모조차 자신을 믿지 않는 상황에서 학업에 대한 의지가 한없이 약해진다. 초등학생들조차 공부만 하면 머리가 아프고 팔다리가 저리다고 한다. 공부할 때 배가 아프다고 하는 것은 일상적인 현상이다. 아프면 공부 안 할 수 있으니 아프기를 바라는 아이들, 밤 12시에 잠자리에 들고 가끔 공부 때문에 밤도 새워야 하는 초등학생들에게 9시 등교는 너무나 한가한 이야기이다. 본질을 보지 못하는 것이다. 아이들에게 잠잘 권리를 찾아주고 싶다면 등교시간이 아니라 이런 근본적인 구조를 바꾸어야 한다.

이런 문화가 공부를 못하는 아이들만 괴롭히는 것이 아니다. 공부를 잘하는 아이들도 늘 불안하고 무서운 마음이 든다. 아이들 모두가 피해자인 것이다. 모든 것을 성적으로 평가하고 서열화하는 것은 아이들을 무의식적으로 경쟁하게 만들고 잔인하게 만들어간다. '성적이 계급'이라는 아이들의 문화에서는 성적이 좋은 아이들도 자신의 성적이 떨어질까 봐 늘 불안하고 힘들게 하루하루를 보낸다. 성적이 좋을 때는 추악한 우월감이 생기고 안도감을 느끼게 된다. 그렇게 점점 점수에 목을 매게 되고 스스로가 찌질해진다고 생각되기 시작하면 배우는 것이 즐거운 것이 아니라 무섭다고들 고백한다. 공부하려고 할 때 성적만 생각나고 모두가 경쟁자로 보이면서 자신이 한심스러워지는 아이들이 배움의 즐거움을 느낀다는 것은 상상할 수 없다. 이런 아이들이 창의적이고 자기주도적이기를 바라는 것은 지나친 욕심이자 망상이다. 다 알지만 현실은 쉽지 않다는 것을 모르는 뜬 구름 잡는 소리를 하자는 것은 아니다.

일반고 전교 3등, 자사고 전교 50등, 특목고 전교 150등.

이것이 무슨 숫자일까? 입시계에서 당연한 진실처럼 떠들고 있는 고1 때부터 이 안에 들어야 SKY에 갈 수 있다는 등수이다. 이런 협박에 흔들리지 않을 부모는 없을 것이다. 흔들리지 않는 것이 이상할 정도로 그들의 말은 귀를 솔깃하게 한다. 그러나 현실적으로 SKY를 졸업해도 취업이 절반도 안 된다는 이야기는 절대하지 않는다.

정작 중요한 것은 아이들 미래의 삶이라는 것도 이들에게는 관심 밖인 이야기이다. 이런 협박에 흔들리지 않으려면 부모가 배워야 한다. 제대로

부모가 되기 위해서 배우고 새롭게 태어나야 한다. 부모들이 교육에 참여함으로써 살아 있는 이야기를 만나고, 교육의 현실을 경험하면서 올바른 교육관을 만들어가야 한다. 아이들의 이야기를 듣고 그 아이들의 현실에 관심을 가질 때 네 탓으로 몰아붙이던 자신의 아이도 이해할 수 있다. 그것이 제대로 배워야 하는 이유이다.

* * *

필자는 작은 아이는 대안학교에, 큰 아이는 일반학교에 보냈다. 그러면서 공부를 위한 학원에는 한 번도 보내지 않았고 아이의 성적표도 의식적으로 보지 않았다. 성적으로 아이를 평가하고 싶지 않았기 때문이다. 늘 공부보다 더 중요한 것은 자기가 하고 싶은 일을 하고 사는 것이라고 이야기했었는데, 그래서인지 작은 아이는 대학을 가지 않기로 결정했다. 프로게이머가 되는 것이 현재로서는 그 아이의 꿈이고 그 결정을 존중한다. 마음이 혼쾌하지는 않지만 자기가 하고 싶은 일을 하는 것이 중요하다고 해놓은 말이 있으니 뭐라고 할 수도 없는 일이다.

큰 아이는 우리나라에서 공부는 바닥이었고 질풍노도와 같은 중학생 시절을 보내면서 많은 방황을 했다. 공부보다 더 중요한 것이 있다고 했을 뿐인데 공부를 하지 않아도 된다고 이해한 모양이지만 결국은 자신이 좋아하는 디자인을 공부하기 위해 누구나 부러워하는 대학에 진학했다. 기적이라고 해야 할지도 모르겠다. 더 놀라운 것은 고등학교 때까지 열심히 하는 모습을 한 번도 보이지 않던 아이가 대학에서는 며칠씩 밤을 새워서 공부하는 열정을 보인다는 것이다. 나라고 이 과정에서 흔들리지 않거나 갈등이 없었을까? 당연히 부모로서 내가 제대로 된 선택을 하고 있는지 늘 불안하고 두려웠다. 그렇지만 한 가지, 아이를 믿고 기다리는 것은 후회되지 않을 것이라는 믿음이 있었다. 아이의 긴 인생을 생각하면 언젠가 자신이 원한다면 할 수 있는 힘을 길러주는 것이 부모의 역할이지, 부모가 무엇이 되라고 무엇을 하라고 강요하는 것은 별로 소용이 없다는 것을 나의 삶을 통해서 절실히 느꼈던 것이 영향을 미쳤는지도 모른다. 자신이 하고 싶은 일을 하게 될 때 인간은 진정으로 행복해진다는 것이 내가 삶에서 배운 교훈이다.

* * *

다니엘 핑크는 사람들에게 높은 성과와 만족감을 일으키는 세 가지 요소로 자율성, 숙달성, 소명욕구를 들면서 당근과 채찍이 사람들의 동기를 유발하는 것이 아님을 강조하고 있다. 자율성의 보장은 스스로의 욕구에 의해서 몰입을 일으키는 최상의 방법이다. 그리고 숙달성은 특정분야에서 전문성을 가지고자 하는 욕구인데, 이것은 자신의 일과 상관없이 재미가 만족감을 주고 거꾸로 자신의 일에 긍정적인 영향을 미친다. 그리고 가장 높은 수준의 성과와 만족감을 일으키는 요소로 사명감을 들고 있다. 오픈 소스를 추구하는 리눅스, 위키피디아, 웹서버의 과반수 이상이 사용하는 아파치는 이런 소명욕구의 강력한 힘을 잘 보여준다. 이런 제품이나 작업들은 모두 자원봉사로 이루어지고 무료로 제공되는 특징을 가지고 있다. 이미 직업이 있는 사람들의 정교한 기술력과 높은 역량을 갖춘 사람들이 자신의 시간을 투여해서 돈이 생기지도 않는 이런 일을 하는 이유는 초월적 소명감 때문이라는 것이다. 보상이 아니라 스스로의 만족감이 더 큰 동기를 만들고, 자신이 하는 일이 다른 사람에게 긍정적인 영향을 미친다는 믿음이 있을 때 더 몰입하게 된다는 것이다.

자, 이제 우리 아이들이 공부하는 모습과 이 세 가지 요소를 비교해 보자.

첫 번째 자율성, 스스로 공부해야겠다는 마음보다는 경쟁과 압박에 밀려 공부하는 아이들에게 몰입을 기대할 수 없는 것은 당연한 결과이다.

두 번째 숙달성, 아이들은 어떤 일에 전문적이기를 원하기보다는 성적을 위해 목을 맨다. 공부를 하면 성적에 대한 걱정이 앞서서 두렵고 불안하다. 공부에서 만족감을 느끼는 것은 너무도 먼 이야기로 보인다.

세 번째로 소명욕구, 공부를 하면서 다른 사람들을 모두 경쟁자로 보고 다른 아이의 성적이 떨어져야 자신이 만족하는 상황에서 소명의식이 자리 잡을 공간은 남아 있지 않다.

이렇게 보니 모든 면에서 아이들이 높은 성취를 얻기를 바라는 것은 불가능한 일처럼 느껴진다. 또 우리나라 학생들의 학업시간 대비 학업성취도가 OECD 최하위권인 이유 역시 알 수 있을 듯하다. 학교와 학부모 모두가 아이들을 위한다고 하지만 정작 결과는 그들이 원하지 않는 방향으로 흘러가고 있다. 이런 사실을 몰라서 일 수도, 알면서도 인정하기 싫은 것일 수도 있지만 결과적으로 아이들은 가장 믿고 가깝다고 생각했던 사람들로부터 상처를 받고 좌절하고 있다는 사실은 변하지 않는다.

아이들이 미래를 행복하게 살기 바라는가? 당장 더 높은 성취를 하기를 바라는가? 그렇다면 아이들의 호소에 귀를 기울이고 자신의 욕망보다는 아이가 원하는 것을 들을 수 있는 마음의 귀를 열어야 한다. 아이들을 믿고 참고 참고 또 참으면서 기다리는 부모의 인내가 필요하다. 아이의 성취는 그 아이의 자존감에 비례한다는 입증된 사실에 대한 믿음을 선행학습 필수론과 같은 근거 없는 미신의 위에 두고 흔들리지 않는 신념으로 무장해야 한다.

혁신학교의 학부모는 흔들리지 않는다?

9

필자가 만난 혁신학교 학부모들은 다양한 배경과 교육관을 가지고 있었다. 대단한 의지가 있거나 별난 사람들이 아니라는 말이다. 공동육아 경험이 있을 정도로 교육에 대한 확고한 신념이 있는 부모도 있지만, 친구의 이야기를 듣거나 신문기사를 보고 학교를 선택한 경우도 있다. 생활의 불편을 무릅쓰고 학교를 위해서 이사를 할 정도로 적극적인 부모들도 간혹 있지만, 그냥 사는 곳 근처라는 이유로 혁신학교의 학부모가 된 경우가 대다수이다. 일부러 전학 온 경우에도 그다지 크게 만족하지 못하는 경우도 많았다고 한다. 시간이 필요했던 것이다. 몇 년이 지나고서야 제대로 학교도 정착되고 혁신학교에 대해 제대로 알게 되었다는 소회도 있었다.

혁신학교 학부모도 학습이나 진학에 대한 불안감은 크다. 졸업 후 아이들은 친한 친구와 함께 일반학교로 진학하기도 하고 혁신학교를 찾아가기도 한다. 특히 고등학교는 혁신학교가 거의 없는 데다가 입시 때문에 심각한 고민거리가 되고 있다. 혁신학교로 진학할 때 무엇보다 중요한 것은 마음을 함께하는 학부모들이 서로 모이는 것이라는 게 공통된 의견이다.

다른 학교에 비해 학부모의 참여를 많이 요구하지만 힘들지는 않았다고 한다. 오히려 학부모들은 교사들이 전해주는 정보에 목마르다. 청소나 정리 등 심부름에 가까운 단순한 일들을 하면서 '정말 동반자일까?' 하는 교육 역할에 대한 고민과 회의가 들기도 했다며 몇 년이 지난 후에 다음과 같은 이야기를 전했다. "혁신학교에서만이라도 편안하게 교사와 교육에 대한 고민을 나눌 수 있어야 한다고 생각합니다. 그런 부분이 달라야 하고 한계를 넘어서야 합니다. 학교 수업에 대해 담임선생님과 더 많이 이야기하고 싶었지만 그럴 기회가 별로 없었어요. 담임선생님에 따라서 그 차이가 너무 심합니다."

여러 가지 참여와 소통을 위한 노력이 있었으나 학부모는 을이라는 여전한 인식 등 현실적으로 쉽지 않은 점들이 있다. 그중 시스템을 만든 것은 좋은 효과를 보였다. 반면에 여전히 학교의 학력에 대한 불신이 있는 것도 사실이다. 혁신학교의 교육이 우수하다는 믿음을 줘야 한다. 이를 위해 학부모들이 제안하는 내용을 들어보자.

"학습적인 부분에 대해 불만이 있는 학부모들에게는 수업을 보여주는 것이 제일 효과적일 것입니다. 내 경우에도 외부활동이 많은데 수업이 어떨까 싶었다가 수업참관 후 안심하게 되었습니다. 혁신학교는 다른 학교에 비해서 문턱이 낮아서 좋은데 여전히 교실의 문을 열지 않는 교사들이 많죠. 학교의 중심은 교사입니다. 당연히 교사가 어떤가에 따라서 영향을 받습니다."

학부모들은 일반학교와 혁신학교의 핵심적인 차이를 수업이라고 꼽았는데, 외향적인 아이들뿐만 아니라 내성적인 아이들까지도 편안하게 토론할 수 있는 분위기와 작은 장기도 인정해주고 높이 사주는 점이 아이들을 행복하게 하는 것 같다는 것이다. 학부모들은 우리 아이가 어떤 능력을 가지고 있는가가 아니라 어떤 에너지가 있는지를 봐줬으면 하고 바란다. 학부모들은 이렇게 앞서가고 있다. 학교와 교사가 다시금 생각해보아야 할 대목이다. 혁신학교는 이렇게 아이들뿐만 아니라 학부모까지 변화시키고 있다. 한 학부모는 혁신학교를 보낼 때 마냥 편할 것이라고만 생각했다가 좋은 교육이 무엇인지 많이 듣고 생각하면서 달라졌다고 고백했다.

"협동과 배려, 나눔을 말로는 하면서도 실감하지 못하던 아이가 일 년 내내 친구가 중요하다는 것을 온몸으로 배우면서 같이 배우는 것의 의미를 알게 되는 것 같아요. 모둠을 짜는데 한 블록(두 시간)이 걸린 적도 있다는 이야기도 하고, 소외되는 아이들에 대해서 이야기하는 것을 보고 아이가 마음으로 느끼고 있다는 것을 알게 되었습니다."

사교육에 대해서는 학부모들도 확신은 없는 것 같다. 불안해서 보내는 것이다. 특히 수학에 대한 부담은 모든 아이들과 학부모들에게 큰 짐이다. 그러나 사교육에 대한 의미 있는 변화도 느껴진다.

"아이가 혁신학교에 다니면서 스스로 공부해야 한다는 것을 느끼며 발전하는 것을 느낍니다. 그런 아이를 무작정 학원에 보내는 것이 부모 마음 편하자고 하는 회피가 아닌지 고민하고 있습니다."

상담도 중요한 부분이었다. 혁신학교를 다니다가 일반학교로 진학한 학부모는 교사가 상담을 꺼리는 분위기이거나 성적에 따라 어느 학교를 갈 수 있다는 정도가 이야기의 핵심인 형식적인 것이었다고 말한다. 혁신학교에서는 아이의 그림을 놓고 성향을 이야기하기도 하고 가정방문도 가서 가족과 선생님이 함께 사진을 찍고 교실에 붙여두는 경우도 있다. 가정을 봐야 아이를 제대로 이해할 수 있다는 것이다.

교사들의 생각과 달리 학부모들은 정확히 교육을 보는 눈을 가지고 있다. 학부모들은 교육과정 설명회만 하고 평가회를 안 하는 것에 대해 불만을 가지고 있는데, 특정한 사례로 교육과정 중 지방자치는 실망이었다고 한다. 모의 교육감 선거에서 모든 교실에 로봇청소기를 나누어주겠다는 무리한 공약이나 허위 학력을 기재하는 등 그냥 아이들 스스로 이런 경험을 했다는 것에 만족하는 분위기여서 아쉬웠다고도 했다. 이런 문제들에 대해 이야기하고 싶은데 기회가 없으니 자리를 만들어야 한다는 것 또한 강한 바람이다.

이렇게 혁신학교의 학부모들도 흔들리고 갈등하면서 아이들과 함께 성장하고 있다. 원래부터 혁신학교의 열광적인 광신도라서가 아니라 하나하나 경험하면서 마음에 확신이 쌓여 혁신학교를 지지하고 사랑하게 된 것이다. 혁신학교에서 기대하는 학부모는 이렇게 수없이 흔들리면서 스스로의 껍질을 깨고, 올바른 부모의 역할을 위한 확고한 교육관으로 무장한 채 학교교육을 위해 적극적으로 참여하는 소명욕구를 가지고 성장해가는 사람들이다.

학교폭력에 대한 이야기

: 썩은 사과상자 이론 :

썩은 사과상자 이론은 썩은 상자 안에 멀쩡한 사과를 넣고 일정 기간이 지난 후 상자 안을 들여다보니 사과가 모두 썩어 있었다는 이야기이다. 나쁜 환경이 그 안에 놓여 있는 내용물을 썩게 만든다는 '상황지배론'이다. 잘못된 행동을 하는 사람에 대한 우리의 일반적인 생각, 즉 그 원인은 그들의 개인적 자질이 문제라는 상식을 완전히 뒤집는 이론이다. 개인의 자질이 다른 이들과 특별하게 다르지 않은 매우 '평범한' 것일지라도 그들이 놓인 '구조적 상황'에 따라 얼마든지 비인간적인 행위를 할 수 있다는 것을 사회심리학자 짐바르도는 '스탠퍼드 교도소 실험'을 통해 증명하고 있다.

*   *   *

영화 《엑스페리먼트》의 소재가 되기도 한 '스탠퍼드 교도소 실험'은 스탠퍼드대학교 지하에 감옥을 만들고 그 안에 평범한 젊은이들을 교도관과 수감자 두 그룹으로 나눠 일정 역할을 수행하도록 한 실험이다. 이 실험을 주도한 짐바르도 교수는 전혀 범죄 경력도 없고 범죄를 저지르지도 않을 것 같은 평범한 이들만을 철저한 신원조회와 각종 심리검사를 통해서 선발했다.

총 14일간으로 예정되어 있던 실험은 단 5일 만에 중단되고 마는데 그 이유는 평범했던 젊은이들이 악랄한 교도관으로 바뀌어 각종 폭력을 행사하고, 그로 인해 더 이상의 실험이 어렵게 되었기 때문이다. 더욱 충격적인 사실은 수감자 역할을 한 이들 중 부당한 폭력에 저항한 사람은 오직 한 명이었으며, 이 사람을 다른 수감자 역의 사람들이 '말썽꾼'으로 여겼다는 것이다. 가해자만이 아니라 피해자조차 '폭력'을 내재화한 것이다. 진짜 범죄자도 교도관도 아닌 그저 실험을 위해 동원된 평범한 이들이 단 5일 만에 이렇게 폭력적으로 돌변한 것은 기존의 상식을 뒤엎는 일이었다. 이 상황에 대한 짐바르도 교수의 분석이 바로 썩은 사과상자 이론이다.

"개인의 자질에만 초점을 맞춘다면 폭력 문제를 해결할 수 없다. 어떤 인간이 저지른 행동은 그것이 아무리 끔찍한 것이라고 하더라도 우리들 모두가 저지를 수 있는 것이다. 적절한 아니 부적절한 상황적 조건만 형성된다면 말이다. 썩은 사과가 썩은 상자를 만드는 게 아니라 썩은 상자가 썩은 사과를 만드는 것이다."

* * *

개인들 간의 폭력이 '구조적 원인'으로 인해 발생하게 된다는 짐바르도 교수의 해석은 폭력을 단순히 개인적 자질의 문제에 국한시키거나 기껏해야 자라온 환경 요인 정도로만 이해했던 기존의 인식에 충격을 안겨주게 되었다.

교도소라는 억압적 구조에서 교도관들이 가한 부당한 폭력은 일종의 '수직폭력'이다. 그리고 교도관들에게 저항하지 못하고 같은 수감자를 말썽꾼으로 취급하는 행태는 '수평폭력'이라는 개념으로 설명된다. 이것은 폭력의 이중적 구조를 설명하고 있는데 폭력은 개인적인 문제가 아니라 구조적인 문제로부터 발생하며, 폭력이 발생하면 피해자들은 자신에게 가해진 수직폭력으로 인한 분노를 그 발생의 원인 제공자에게 저항하는 방식으로 표출하지 못하고, 자신과 비슷하거나 약한 상대에게 폭력을 가함으로써 즉 수평적인 폭력을 행사하는 방식으로 표출하게 된다는 것이다. 이는 폭력이 발생하는 근원에는 폭력을 용인하는 구조적인 문제와 폭력의 실체에 대해서 명확하게 인식하지 못하거나 폭력의 발생을 원천적으로 방지하고 막을 수 있는 시스템의 부재가 병존함을 잘 말해주고 있다.

문제는 수평폭력은 수직폭력이 일어나는 근본적인 원인에 대한 관심을 피해자들 사이에서 일어나는 폭력으로 돌려놓아 수직폭력이 발생하는 구조적 문제(교도소라는 특수상황)를 은폐시키게 된다는 점이다. 이로 인해서 폭력을 발생시키는 사회 구조적 원인에 저항하지 못하고 개인적 자질 문제에 초점을 맞추도록 하는 결과를 낳는다.

학교폭력의 문제도 전혀 다르지 않다. 학교가 효율성을 추구하면서 만들어내는 소외와 억압 구조로 만들어낸 수직폭력으로 인해, 폭력의 피해자인 학생들은 분노를 수평폭력으로 표출하는 것이다. 여기에도 앞에서 언급한 이중적 문제가 존재한다. 효율성과 경제성 논리가 지배하는 조직에서 수직폭력을 용인하는 구조적인 문제와 폭력의 근원을 제대로 인식하지 못하거나 혹은 폭력에 대해서 저항하고 거부할 수 있는 시스템이 부재함으로 인해 발생하는 수평폭력의 문제이다. 그럼에도 정부와 교육자들은 손쉬운 통제를 위해 학교의 시스템에 저항하거나 다른 방식으로 분노를 표출하는 학생들을 일탈자로 낙인찍어 문제의 본질을 은폐하려고 한다. 저항하는 주체를 문제아나 말썽꾼으로 낙인찍는 것은 시스템과 권력이 응당 짊어져야 할 폭력의 책임을 교묘하게 개인의 책임이나 자질 문제로 전가하여, 폭력의 피해자가 이중적 희생양이 되는 구조를 만들어낸다.

이렇게 개인에게 책임을 전가하고 그 뒤에 숨어버린 거대한 학교 사회와 교육 권력의 모순 구조를 해결하지 않고서는 절대로 학교폭력 문제를 해결할 수 없다. 폭력을 행사하는 아이들 뒤에 존재하는 두 가지의 근원적인 문제를 제대로 바라봐야 하는데 이것이 썩은 상자와 수평폭력의 위험성이다.

학교폭력의 문제가 수면으로 드러났을 때 모든 국민들이 경악했다. 어린 학생들이라고는 믿어지지 않는 폭력의 잔혹성과 대담성은 평범한 사고의 범위를 넘어서는 충격적인 양상으로 전개되고 있었다. 뒤늦게 그간 감춰졌던 학교폭력에 대한 신고가 잇따르면서 신이 난 언론은 폭로성 후속취재에 열을 올리고 정부는 반드시 학교폭력을 뿌리 뽑겠다고 비장한 태도로 여러 가지 대책을 쏟아내었다. 그 요란스러운 관심은 채 일 년을 가지 못하고 학교현장에 여러 가지 정책들로만 남아 있을 뿐이다. 학교폭력은 이제 국민의 관심이 더 높은 충격적인 사안으로 옮겨갔을 뿐 사라진 것이 아니다. 폭력의 심각성도 낮아진 것이 아니다.

학교에서는 웬만하면 덮으려고만 하고 대구 중학생 자살 사건과 같은 충격적인 일이 아니면 언론도 관심을 갖지 않는다. 아니 그 정도의 사건은 이제 별 기삿거리도 되지 못한다, 더 경악할 만한 일이 벌어져야만 관심을 가질 것이다. 최근의 여고생 자살 사건은 대구 중학생 자살 사건과 비슷한 유형이지만 언론이나 우리 사회가 그만큼 주목하지 않는다. 내성이 생긴 것일까?

애초에 이런 접근이 실효성이 없을 것이라는 것은 예상하고 있었던 사실이다. 그것은 학교폭력이 썩은 상자와 수평폭력적 성격을 모두 가지고 있기 때문이다. 폭력이 유발될 수밖에 없는 구조, 그리고 수직적 폭력이 상존해 있는 상황, 그것을 해결하지 않고 학교폭력을 해결하겠다는 것은 어불성설이다. 이러한 구조적 문제를 해결하자고 하는 것이 '학생인권조례'이다. 학교를 평화적인 환경으로 바꾸고 그 가운데에서 구조적인 모순을 해결할 수 있다는 것이 학생인권조례를 추진한 진짜 이유이다.

혁신학교 5년의 경험에서 배우는
진짜 혁신학교 이야기

전국적으로 혁신학교가 600개를 넘어서고 있다. 혁신학교다운 모습으로 발전하는 학교도 있지만 그렇지 않은 학교도 생겨나고 있다. 잘 운영되는 학교를 배우는 것도 중요하지만 문제점을 정확히 파악하는 것은 더 중요한 일이다. 혁신학교의 정착이 제대로 이루어지지 못한 학교에서 배워야 할 점은 몇 명의 리더나 교장의 의지만으로 추진되어서는 안 된다는 것이다. 이것은 공동체의 형성 없이 학교문화의 변화는 불가능하다는 것을 잘 보여준다. 학교 혁신을 이끌어 나가기 위해서는 핵심적인 역량이 필수적인데 준비된 교사들과 이를 이해하는 학교장, 학부모들의 역량이 뒷받침되지 못하면 성공하기 어렵다.

또한 수업의 혁신 없이 혁신학교의 지속성을 기대하기 어렵다는 것도 중요한 교훈이다. 처음에는 교사 몇 명의 헌신으로 이끌어 나갈 수도 있지만 그것만으로는 지속하기 힘들다. 교사들의 힘이 결집되는 것이 매우 중요한 이유이기도 하다. 교실에서 아이들을 직접 만나는 것은 교사들이다. 이 교사들이 준비되고 훈련되지 않으면 수업의 변화나 학교 혁신을 기대하기 어려운 것은 당연한 일이다. 그래서 경기도에서는 교사의 전문성을 살리고 준비된 교사를 육성하기 위한 NTTP에 많은 예산과 노력을 투입했던 것이다. 그럼에도 불구하고 필자는 혁신학교의 성급한 확대는 경계했었는데 준비된 교사의 육성이 쉽지 않은 일이기 때문이었다. 현재 벌어지고 있는 혁신학교의 질 관리 논란은 바로 이런 이유로 예견되었던 문제이다.

학교의 문화가 바뀌지 않은 상태에서 다른 학교에서 좋다고 알려진 사업을 도입한다고 해서 학교가 바뀌진 않는다. 소통할 수 없는 분위기에서는 마음을 닫아버린 사람들은 들으려고 하지 않는다. 이렇게 되면 회의도 자주 하기 힘들어지고 형식적으로 흐르기 십상이어서 회의를 싫어하는 분위기가 형성된다. 그러면 소통은 더 힘들어진다. 회의에서도 의견을 내는 사람들만 말을 하게 되고 나머지는 빨리 끝냈으면 하는 눈치를 보낸다. 의견을 내는 측에서는 선생님들이 예전에 해왔던 것에 익숙해져서 변하려 하지 않는다고 불평하고, 나머지는 새로운 것을 시작하는 것은 괜한 일을 만드는 거라고 생각하는 괴리가 생겨 서로의 인식은 점점 벌어진다.

이렇게 학교 내부의 공동체를 형성하는 데 실패하면 중추세력이 결집되지 못하고 교사들 사이의 갈등으로 많은 교사들이 지쳐서 떨어져 나간다. 아이들과의 삶은 아무리 힘들어도 교사들을 지치게 하지 않는다. 그러나 교사들 간의 갈등과 이해부족은 교사의 삶을 갉아먹는 강한 힘을 발휘하고 결국 혁신학교에서 아무런 보람을 느끼지 못하고 떠나는 이유로 작용하고 있다.

반면에 처음에는 혁신교육에 대한 핵심적인 역량을 갖춘 교사가 몇 명 되지 않았어도 교사들 간에 동료성이 강한 학교는 서서히 그 힘을 키워나가는 것을 경험할 수 있었다. 서로 배우고 격려해가면서 한 단계 한 단계 성장하며 교사들이 느끼는 희열과 성취감은 더욱 단단한 공동체를 형성하고, 이는 아이들에게도 직접적으로 영향을 미치게 된다. 혁신학교에서 강조하는 것이 바로 이렇게 함께 배우고 성장하는 가치 아닌가? 교사들이 이를 경험해야 그 진실성이 아이들에게 그대로 전달되고 아이들이 그대로 그 힘을 빨아들이게 되는 것이다. 스스로 동료성을 경험하지 못하고 늘 갈등하는 교사들이, 아무리 협력의 가치를 강조한다고 해도 그것은 아이들

가슴에 닿지 못하고 공허하게 허공으로 흩어질 뿐이다. 준비된 구성원은 혁신학교의 성공을 뒷받침하는 강력한 동력이다. 학부모들의 이해와 지지는 혁신교육을 추진하는 데 끊임없는 에너지를 공급하는 추동력이 되므로, 학부모와의 소통과 참여를 이끌어내려는 노력은 매우 중요하다.

학교장과 교사들의 혁신교육에 대한 이해는 혁신교육을 이끌어가는 엔진 역할을 한다. 특히 학교장은 학교를 민주적 공동체로 이끌어가고 교사들이 학생들에게 집중할 수 있도록 든든한 버팀목과 바람막이가 되어주어야 한다. 학교장이 제대로 혁신교육을 이해하지 못하면 업무경감이 제대로 이루어지지 않아 교사들이 잡무에 시달리면서 수업에 집중하지 못하게 되는 사례들을 남긴다. 혁신학교를 하면서도 이런 저런 사업들을 동시에 추진하느라 교사들의 에너지를 소진시키고 외형적인 행사와 보여주기 식의 업무 추진으로 일을 만들어내는 행태들이 혁신학교를 전혀 혁신학교답지 못하게 만들어간다. 이런 경우 학교장 스스로는 의욕적으로 일을 추진했다고 생각할지 몰라도, 잘못된 방향으로의 의욕은 아이들의 배움에 걸림돌이 된다. 학교장에게 기대되는 역할은 학부모와의 갈등이나 교사들 간의 의견이 충돌될 때 이를 조정하고 논의를 이끌어가는 것이다. 이런 이해가 부족하면 내적 동력을 저하시켜 실패의 원인이 된다.

무엇보다 교사들에게 중요한 것은 수업이다. 수업의 혁신이 동반되지 못할 때 교사는 지치게 된다. 아무리 힘들어도 버틸 수 있는 힘은 수업의 변화를 실감할 때 생긴다. 혁신학교의 지속성을 담보할 수 있는 중요한 요소는 바로 수업혁신이다. 혁신학교 재지정에서 탈락한 한 학교의 사례도 바로 이런 경우이다. 이 학교는 열악한 아이들의 환경 때문에 돌봄에 너무 치중한 나머지 수업혁신에 대한 노력이 부족했다. 혁신학교에 대한 이해 부족이 낳은 결과였다. 그러다 보니 아이들과의 관계는 좋아졌지만 수업의 변화가 생기지 않았고, 결국 교사들이 버티지 못하고 학교를 떠나는 이유가 되었다. "수업에 변화가 있었으면 힘들어도 같이 했을 텐데."라는 교사들의 회한 섞인 이야기에 주목해야 한다.

학력향상 중점학교로 지정되어 1억이라는 예산을 써가며 밤 9교시까지 수업을 하고, 교사들은 아이들을 먹여가면서 엄마처럼 돌봤다. 너무 힘들었던 시기를 보낸 것이다. 아이들이 달라지는 것에 놀랐지만 선생님이 마냥 행복하지는 않았다. 언제까지 헌신할 것인가에 대한 회의가 늘 교사들을 괴롭힌 것도 사실이다. 이 짐을 함께 나누이질 동료성과 수업의 변화가 동반되지 못한 것이 실패의 원인이 된 것이다.

혁신학교가 제대로 정착되지 못한 학교들의 대부분은 교육과정에 대한 고민이 부족했다. 수업을 혁신하기 위한 장기적 계획 없이 당장 눈에 보이는 성과를 추구하다 보니 업무경감이 제대로 효과를 보지 못했고, 교사들에 대한 투자를 할 여유가 없다 보니 다음 단계로 나가지 못하는 것이다.

혁신학교는 양적 확대의 단계에 들어섰다. 그것이 바람직하든 아니든 이제 현실이 되었다. 그래서 우려되는 점이 적지 않다. 혁신학교를 추진하려면 준비된 교사와 학교의 여건이 필수적인데 그 상황이 만만치 않기 때문이다. 경기도만 해도 꾸준히 교사의 전문성을 높이기 위해 노력해왔지만 여전히 혁신학교를 추진할 교사의 동력이 부족한 형편이다. 그것이 현실이다. 학교의 문화도 여전히 공동체성이나 민주적 의사결정 구조가 미흡한 상태이다. 이런 문제들을 해결하지 않은 상태에서 혁신학교의 숫자를 늘리는 것은 사실상 무늬만 혁신학교인 곳들을 늘게 되어서 역풍을 맞게 될 위험이 크다.

혁신학교 5년의 경험은 이런 교훈을 충분히 보여주었다. 이제 혁신학교는 새로운 도전에 직면하게 되었다. 이를 현명하게 극복하고 학교혁신에 대한 신뢰를 얻기 위해서는 앞에서 언급한 학교문화의 변화, 공동체성과 민주적 의사결정구조의 확립, 그리고 수업의 혁신을 확실하게 이루어가기 위한 정교한 전략과 지원이 필요하다.